Les Ateliers Hachette présentent

CM
Cycle 3

W0385343

SCIENCES

EXPÉRIMENTALES ET TECHNOLOGIE

Guide pédagogique

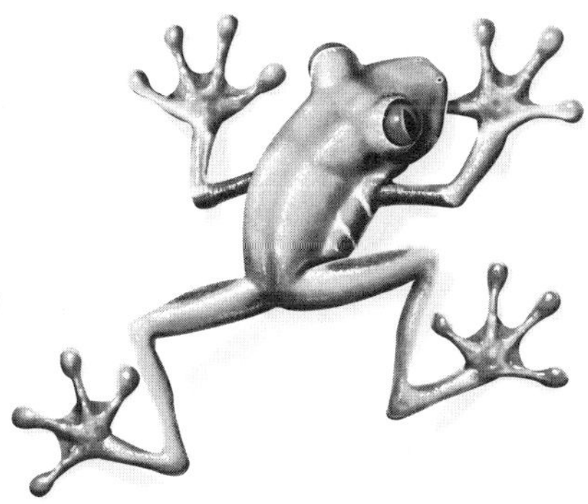

Sous la direction de
Jack GUICHARD
Professeur des Universités,
IUFM de PARIS

Lucien DAVID
Inspecteur de l'Éducation nationale

Marie-Christine DECOURCHELLE
Inspectrice de l'Éducation nationale

Françoise GUICHARD
Professeur à l'IUFM de Versailles

Maryse LEMAIRE
Conseillère pédagogique

LES ATELIERS HACHETTE

HACHETTE Éducation

Responsable éditoriale : Stéphanie-Paule SAÏSSE
Assistante d'édition : Delphine DEVEAUX
Création de la maquette intérieure : Valérie GOUSSOT
Création de la maquette de couverture : Laurent CARRÉ
Illustration de la couverture : Alain BOYER
Exécution de la couverture : MÉDIAMAX
Mise en pages : Caroline RIMBAULT

ISBN : 978-2-01-116434-6

Avant-propos

« Les Ateliers Sciences » constituent une collection d'utilisation simple, destinée en particulier aux enseignants qui ne sont pas scientifiques et n'ont pas l'habitude de faire des sciences !
En suivant les indications du *Guide pédagogique*, tout enseignant peut mener facilement chaque séquence de sciences ou de technologie. Ces séquences correspondent à la logique des programmes, en associant la découverte des sciences et des techniques et la maîtrise de la langue.

En quoi cette collection répond-elle aux programmes 2002 pour l'école élémentaire ?

Les auteurs de cette collection sont des enseignants-formateurs du premier degré, dont un membre du groupe d'experts qui a participé à l'élaboration des nouveaux programmes.

Chaque leçon comprend des activités qui permettent à l'élève :
- d'atteindre les compétences exigées par les programmes en sciences et technologie, « avoir compris et retenu » des savoirs de base et « être capable de » mettre en œuvre des démarches scientifiques ;
- de lier les découvertes en sciences à des activités d'écriture et de lecture dans le cadre des ateliers exigés par les programmes en « maîtrise de la langue ».

Le livre est un manuel de référence pour l'élève

Le manuel induit directement, par la structure de chacun de ses chapitres, la démarche scientifique préconisée par les programmes : photographies induisant le questionnement, propositions d'expériences et d'observations, textes à lire pour comprendre ou pour ouvrir le sujet, savoirs de référence…
Attractif par ses propositions d'expériences présentées par des schémas réalistes et ses documents photographiques de qualité, le manuel rassemble aussi des textes à lire dans le cadre des ateliers de lecture scientifique prévus par les programmes. Ces textes permettent d'apporter des éléments nécessaires à la démarche scientifique et de fournir une ouverture des sciences vers l'art et la littérature.
Le manuel regroupe les progressions du CM1 et du CM2. Il permet à l'élève de CM2 de faire plus facilement les liens avec l'enseignement de CM1 et facilite la progression pédagogique au sein du cycle 3. Chaque niveau est identifié par une mascotte : un raton laveur pour le CM1, un crocodile pour le CM2, que l'on retrouve dans chacun des deux *Carnets de chercheur*.

Pourquoi ce guide pédagogique ?

Les nouveaux programmes représentent une obligation d'enseignement et une augmentation significative du volume horaire en sciences (3 heures par semaine en moyenne comprenant un atelier de lecture documentaire). Afin de permettre aux enseignants, même à ceux qui n'ont pas été formés en sciences, de mener cet enseignement, le guide propose des fiches de préparation précises et documentées, des informations scientifiques simples, les représentations et les obstacles à surmonter et de la documentation pour en savoir plus…
Ce guide induit une démarche active de découverte des sciences et des techniques en partant de situations de questionnement, passant par des mises en situation d'observation ou d'expérimentation jusqu'aux savoirs de base à retenir.
Selon qu'il s'agit d'activités de recherche faisant appel à l'expérience, à l'observation directe ou à la recherche documentaire, les rubriques varient. Mais dans tous les cas, elles font appel à des écrits personnels de l'élève et à des écrits collectifs validés par l'enseignant qui prennent alors le statut de savoirs.

La structure d'une leçon

Dans le manuel, chaque chapitre est construit en double page, avec des encadrés de couleur et toujours les mêmes rubriques :

– « J'observe »
Les élèves, motivés par un questionnement, sont actifs. À partir d'une ou plusieurs photographies montrant des phénomènes ou des objets qui correspondent à une réalité concrète, ils enquêtent et cherchent des indices pour résoudre une situation-problème.
- Comment se repérer ?
- Comment les animaux font-ils des petits ?
- Où passe le sang ?
- Peut-on peser l'air ?

L'objectif est de susciter la curiosité des élèves et de les inciter à chercher des réponses aux questions qu'ils se posent ou que l'enseignant leur pose.

– « Je lis »
Les différents supports sont illustrés par des photographies ou des schémas attractifs.
- Écrits scientifiques : compte rendu d'expérience, fiche technique…
- Écrits littéraires : narratifs, informatifs, poétiques…
- Reproduction de tableau.

L'objectif est de compléter, par la lecture, les activités de recherche et d'investigation.

– « **Je comprends** »
L'élève peut, suivant les cas :
- réaliser une expérience selon un protocole décrit ;
- effectuer une analyse critique d'une expérience décrite ;
- effectuer une analyse critique d'un schéma ou d'une photographie.

L'objectif est de structurer les connaissances acquises et de les présenter dans un cadre pour une mise en mémoire : « avoir compris et retenu ».

– « **Sur ton Carnet de chercheur** »
L'élève peut travailler en autonomie ou avec de l'aide. Les différentes activités proposées sont en cohérence avec celles qui ont été développées lors de la séquence. **L'objectif est de donner aux élèves des occasions supplémentaires d'observer, d'expérimenter, de se documenter et de dessiner en se constituant ainsi une trace écrite personnelle.**

– « **Étonnant !** »
Il s'agit d'un texte court et anecdotique dont les élèves auront plaisir à mémoriser le contenu pour étonner, à leur tour, amis ou parents !

– « **Vocabulaire** »
Cette rubrique permet de trouver immédiatement les définitions de nouveaux termes afin d'enrichir progressivement le vocabulaire scientifique des élèves.

Pourquoi deux *Carnets de chercheur* ?

Le manuel est accompagné d'un carnet d'expériences et d'observations dit *Carnet de chercheur*. Il y a un *Carnet de chercheur* pour chaque niveau, un pour le CM1 et un pour le CM2, afin d'assurer le suivi de chaque élève sur une année.

Le *Carnet de chercheur* incite l'élève à observer et à manipuler grâce à des textes et des schémas. De la place est laissée à l'enfant pour qu'il dessine ce qu'il observe (avec une aide) ou qu'il écrive les résultats de son expérience. Ce carnet correspond à l'esprit des nouveaux programmes, en fournissant aux enfants un support construit qui les aide à s'habituer à l'utilisation d'un carnet d'expériences et d'observations.

Pour le maître, le carnet est un outil qui facilite la mise en œuvre des nouveaux programmes. Il accompagne la démarche de chaque élève : il lui permet de conserver des traces personnelles de ses découvertes. Les situations proposées incitent à développer le questionnement et à mettre en œuvre des démarches d'investigation scientifique.

Les élèves écrivent dans leur carnet leurs interrogations, leurs hypothèses, les résultats de leurs recherches, de leurs observations, de leurs expériences, ainsi que leurs interprétations. À ce niveau, le maître assure un rôle régulateur et le manuel sert de référence.

Dans le cadre de la maîtrise de la langue, le carnet initie les élèves à différentes formes d'écrits instrumentaux et d'investigation : explications, descriptions d'expériences ou d'observations, argumentations, modes d'emploi, comptes rendus, recherches dans un document, enquêtes…

Démarche générale d'une séquence

Problématisation (séance 1)

- Situation déclenchante.
- Recueil des représentations initiales (dessins, textes, faire raconter).
- Confrontation des représentations.
- Formulation d'un problème à résoudre, d'une question scientifique.
- Hypothèses (formulées de la manière la plus précise possible), arguments.

Investigation (séance 2)

- Élaboration de protocoles d'expérimentation, manipulation, recueil des résultats.
- Observations.
- Documentation.

Ces activités, à mener avec rigueur, ne se font pas les unes après les autres, mais sont complémentaires.

Expérimentation

- L'élève peut réaliser une expérience qu'il a lui-même conçue.
- L'élève peut réaliser une expérience selon un protocole proposé.
- L'élève peut observer une expérience réalisée par le maître (en fonction du caractère dangereux).
- L'élève peut étudier une expérience décrite (pour en tirer une conclusion).
- L'élève peut effectuer une analyse critique d'un protocole expérimental.

Observations

- Observations libres au cours de recherches (descriptions, acquisitions de savoirs).
- Observations guidées : explorations systématiques (au cours d'une sortie, par exemple) pour répondre à des questions.
- Observations avec ou sans instruments : loupe, jumelles, instruments de mesure...
- Observations continues, prolongées (exemple : croissance d'une plante, d'un animal), en prenant des repères et des mesures.
- Observations avec croquis. Elles permettent de focaliser l'attention et de formuler les perceptions autrement que par le langage oral.
- Observations directes ou sur des documents de substitution, ou les deux.

Documentation

Le document (image et/ou texte) permet :

- la description de la réalité visible (microscopique, intérieur du corps...) ;
- la représentation simplifiée ou schématisée ;
- la présentation d'explications.

Structuration (séances 2 et 3)

- Analyse des résultats, interprétation, mise en relation des résultats obtenus avec l'hypothèse de départ.
- Conclusion, connaissances scientifiques construites.
- Généralisation éventuelle.
- Traces écrites pour mémoriser, communiquer (séance 3 et *Carnet de chercheur*).

Évaluation (séance 4)

- Évaluation des représentations initiales en fin de séquence : confronter, après apprentissage, les connaissances initiales personnelles au savoir scientifique construit.
- Transfert (réinvestissements dans d'autres situations).

Tableau de répartition du programme selon les niveaux

CE2	CM1	CM2
1. Le ciel et la Terre – La lumière et les ombres. – Le mouvement apparent du Soleil.	– Les points cardinaux et la boussole. – La rotation de la Terre sur elle-même et ses conséquences. – La durée du jour et son évolution au cours des saisons.	– Le système solaire et l'Univers. – Mesure des durées, unités. – Manifestations de l'activité de la Terre (volcans, séismes).
2. Unité et diversité du monde vivant – Les stades du développement d'un être vivant (animal et végétal). – Reproduction végétale : de la fleur au fruit. – Reproduction non sexuée (bouturage…).	– Les divers modes de reproduction (animale). – Les conditions de développement des végétaux : germination, croissance.	– Notions d'espèce et de classification du vivant. – Des traces de l'évolution des êtres vivants (quelques fossiles typiques). – Grandes étapes de l'histoire de la Terre ; notion d'évolution des êtres vivants.
3. Éducation à l'environnement – Approche écologique à partir de l'environnement proche (exemples de la forêt et de la ville).	– Rôle et place des êtres vivants. – Notions de chaîne et de réseaux alimentaires. – Adaptation des êtres vivants aux conditions du milieu (approche systémique de l'environnement).	– Trajet et transformations de l'eau dans la nature, cycle de l'eau. – La qualité de l'eau. – Pollution et épuration des eaux.
4. Le corps humain et l'éducation à la santé – Les mouvements corporels (fonctionnement des articulations et des muscles).	– Conséquences à court et à long termes de notre hygiène ; actions bénéfiques ou nocives de nos comportements. – Première approche des fonctions de nutrition. – Appareil digestif.	– Respiration et circulation, adaptation à l'effort. – Sexualité et reproduction des humains (avant la naissance). – Principes simples de secourisme.
5. La matière – États et changements d'état de l'eau. – Mélanges et solutions.	– Plan horizontal, plan vertical : intérêt de quelques dispositifs techniques.	– L'air, son caractère pesant.
6. Le monde construit par l'homme – Circuits électriques alimentés par des piles. – Principes élémentaires de sécurité électrique. – Objets mécaniques ; transmission de mouvements.	– Conducteurs et isolants. – Quelques circuits en série et circuits en dérivation. – Leviers et balances ; équilibres.	– Projets technologiques.
	7. L'énergie – Exemples simples de sources d'énergie utilisables.	– Consommation et économie d'énergie. – Notions sur le chauffage solaire.
8. Informatique (TIC) – Approche des principales fonctions des micro-ordinateurs.	– Utilisation raisonnée d'un ordinateur et de quelques logiciels.	– Brevet d'informatique et d'Internet (B2i).

Sommaire général

Le ciel et la Terre

PAGES 8-17
DU MANUEL

RÉFÉRENCES AUX PROGRAMMES

Savoirs

L'objectif est en tout premier lieu d'observer méthodiquement les phénomènes les plus quotidiens et d'engager les élèves dans une première démarche de construction d'un modèle scientifique.

- Les points cardinaux et la boussole.
- La durée du jour et son évolution au cours des saisons.
- La rotation de la Terre sur elle-même et ses conséquences.
- Le système solaire et l'Univers.
- Comprendre que les phases de la Lune sont liées à la façon dont la partie de la Lune éclairée par le Soleil est visible depuis la Terre.
- Connaître le lexique spécifique concernant la Lune.
- Suivre une observation astronomique sur un mois.

Compétences en sciences et technologie

> Être capable de

- Poser des questions précises et cohérentes à propos d'une situation d'observation ou d'expérience.
- Imaginer et réaliser un dispositif expérimental susceptible de répondre aux questions que l'on se pose, en s'appuyant sur des observations, des mesures appropriées ou un schéma.
- Utiliser des instruments d'observation : la boussole.
- Mettre en relation des données, en faire une représentation schématique et l'interpréter.
- Mettre en relation des observations réalisées en classe et des savoirs que l'on trouve dans une documentation.
- Rédiger un compte rendu intégrant schéma d'expérience ou dessin d'observation.
- Produire, créer, modifier et exploiter un document à l'aide d'un logiciel de traitement de texte.

> Avoir compris et retenu

- Quelques phénomènes astronomiques.
- La durée des jours et des nuits.
- L'évolution de ces durées au cours des saisons (calendrier).
- Le lien entre la boussole et les points cardinaux.
- Le système solaire et l'Univers.
- La Lune n'est pas une étoile, elle réfléchit la lumière du Soleil, ses formes différentes sont dues à sa révolution autour de la Terre en une lunaison.

Compétences « maîtrise de la langue »

> Parler en sciences

- Utiliser le lexique spécifique des sciences dans les différentes situations didactiques mises en jeu.
- Formuler des questions pertinentes.
- Utiliser à bon escient les connecteurs logiques dans le cadre d'un raisonnement rigoureux.

> Lire en sciences

- Lire et comprendre un ouvrage documentaire, de niveau adapté, portant sur l'un des thèmes au programme.
- Trouver sur Internet des informations scientifiques simples, les apprécier de manière critique et les comprendre.
- Traiter une information complexe comprenant du texte, des images, des schémas, des tableaux, etc.

> Écrire en sciences

- Prendre des notes lors d'une observation, d'une expérience, d'une enquête, d'une visite.
- Rédiger, avec l'aide du maître, un compte rendu d'expérience ou d'observation (texte à statut scientifique).
- Rédiger un texte pour communiquer des connaissances (texte à statut documentaire).

Liens avec d'autres disciplines ou parties du programme

> Géographie

- Lire une carte : savoir s'orienter avec une carte.

> EPS

- Activités d'orientation : réaliser un parcours à partir de la lecture d'une carte où figurent des indices.

> Mathématiques

Numération :

- grands nombres ;
- nombres décimaux.

Géométrie :

- l'utilisation de plans et de cartes ;
- cercles, parallèles, diamètre ;
- les relations et les propriétés géométriques : alignement, perpendicularité, parallélisme, égalité de longueurs, symétrie axiale, milieu d'un segment ;
- l'utilisation d'instruments (règle, équerre, compas) et de techniques (pliage, calque, papier quadrillé) ;
- reconnaissance, reproduction, construction, description, décomposition d'une figure en figures plus simples.

Mesures et grandeurs :

- le repérage du temps et les durées : lecture de l'heure, unités de mesure des durées (année, mois, semaine, jour, heure, minute, seconde) et leurs relations ;
- le calcul de la durée écoulée entre deux instants donnés.

> Arts plastiques

- La rose des vents : acquisition de savoirs et de savoir-faire. L'élève s'approprie les outils, les techniques, les méthodes de travail qui viennent enrichir ses capacités d'expression aussi bien que sa sensibilité artistique.
- Rencontrer des œuvres : la représentation de la Lune par différents artistes (Van Gogh, Monet, Magritte, etc.).

> Littérature et maîtrise de la langue

- Lire des mythes et des légendes liés aux noms des planètes.
- Lire et dire des textes poétiques.

> Histoire

- L'Antiquité : les civilisations grecque et romaine et leurs dieux.

> Géographie

- Comparaison des représentations globales de la Terre.

INFORMATIONS POUR L'ENSEIGNANT

Informations scientifiques et techniques

L'étude des points cardinaux s'inscrit dans l'étude du mouvement apparent du Soleil et la formation des ombres (*cf.* manuel de CE2 pages 56 à 65).
Pour pouvoir s'orienter, se diriger vers des directions précises, l'homme a besoin de repères.

> Les points cardinaux

La Terre émet un **champ magnétique** qui oriente l'aiguille aimantée de la boussole vers son pôle Nord. **Le Nord est le premier des points cardinaux.**
Par convention sur une carte, on place toujours le Nord en haut. Il s'agit là du **Nord géographique**. La direction indiquée par l'aiguille de la boussole est le **Nord magnétique**.
Le Nord magnétique, actuellement situé dans le Nord du Canada, sur l'île de Barthurst, change légèrement avec le temps. La **déclinaison magnétique** est l'angle entre le Nord géographique et le Nord magnétique. Cet angle peut atteindre une quinzaine de degrés et varier de quelques minutes d'angle par an.
Sur une carte, si la représentation du Nord géographique est en haut, l'Est se trouve à droite, le Sud en bas et l'Ouest à gauche.

> La boussole

La boussole est un instrument très ancien. Elle était déjà **utilisée par les Chinois environ 2 600 ans avant J.-C.** Elle fut importée d'Orient par les Arabes au milieu du XIIe siècle. La boussole est un instrument qui fut longtemps utilisé pour la **navigation**. Elle permettait en effet de se repérer lorsque le Soleil ou les étoiles étaient cachés par les nuages. Aujourd'hui, la boussole est bien souvent remplacée par des instruments plus sophistiqués qui permettent de repérer une position grâce aux satellites, comme le GPS. Mais elle est encore utilisée par les randonneurs, les amateurs de chasse et de pêche. Il existe une très grande variété de boussoles : certaines sont électroniques, sophistiquées et très performantes.
L'aiguille d'une boussole est un petit aimant qui tourne librement et qui **s'oriente dans le sens Nord-Sud du champ magnétique de la Terre**. L'aiguille indique toujours la même direction, même lorsqu'on tourne le boîtier. Elle est cependant perturbée par la proximité d'un orage ou la présence d'aimants ou d'objets métalliques.
Le cadran de la boussole est divisé de 0 à 360 degrés dans le sens des aiguilles d'une montre. Le Nord se trouve à 0 ou 360 degrés, l'Est se trouve à 90 degrés, le Sud à 180 degrés, l'Ouest à 270 degrés. Chaque section de 90 degrés s'appelle un **quadrant**. Chaque quadrant est divisé en deux ; les degrés situés à l'intérieur de ces nouvelles divisions indiquent soit le Nord-Est (NE), le Sud-Est (SE), le Sud-Ouest (SO ou SW) ou le Nord-Ouest (NO ou NW).

> S'orienter grâce au Soleil

Quelle que soit la saison, on voit le Soleil tourner autour de la Terre en 24 heures. Ce tour apparent se fait à peu près à la même vitesse tous les jours. Ainsi, **à la même heure, le Soleil est chaque jour dans la même direction, seule change sa hauteur dans le ciel.** Cette vitesse apparemment constante du Soleil a permis l'invention du **cadran solaire**. À chaque heure de la journée, **le Soleil produit des ombres dans une direction spécifique**. Cette direction est à peu près la même tous les jours de l'année. Ainsi, en observant la position du Soleil, il est possible de connaître la direction du Nord, à une dizaine de degrés près et donc, à partir du Nord, de repérer les autres points cardinaux.

> La rose des vents

La rose des vents est une figure en forme d'étoile qui sert à **indiquer une direction** et à **s'orienter sur une carte**. Ce sont les navigateurs portugais du XVe siècle qui, en la subdivisant en seize pointes, ont perfectionné cet outil déjà utilisé au VIe siècle avant J.-C.

> Les saisons

Les saisons sont déterminées par les caractéristiques cycliques du mouvement apparent du Soleil. Ces caractéristiques s'expliquent par les mouvements de la Terre dans l'espace : **sa rotation sur elle-même et sa révolution orbitale autour du Soleil.** La Terre tourne sur elle-même autour d'un axe passant par les deux pôles. Cet axe est toujours orienté vers l'Étoile polaire.
En plus de cette rotation sur elle-même, la Terre tourne aussi autour du Soleil en suivant une trajectoire presque circulaire appelée **écliptique**. La Terre accomplit un tour complet autour du Soleil en à peu près **365 jours un quart**. Les années civiles comportent 365 jours. Pour rattraper le retard d'un quart de jour par an que le Soleil accumule et qui provoquerait un décalage des solstices et des équinoxes, on a placé

une année à 366 jours tous les 4 ans : c'est **l'année bissextile**.

Si l'axe de la Terre était perpendiculaire au plan de révolution de la Terre autour du Soleil, les jours et les nuits dureraient 12 heures quel que soit le jour de l'année. Or, l'axe de la Terre est incliné de 23,5° par rapport au plan de son orbite autour du Soleil. La Terre présente donc alternativement l'hémisphère Nord puis l'hémisphère Sud au Soleil. **Au cours de l'année, certaines régions de la Terre sont donc éclairées de manière plus ou moins directe par le Soleil.** Ainsi, lorsque le pôle Nord est incliné vers le Soleil, le jour apparaît d'abord dans l'hémisphère Nord, puis à l'équateur et enfin dans l'hémisphère Sud. À l'inverse, il fait nuit d'abord dans l'hémisphère Sud, puis à l'équateur et enfin dans l'hémisphère Nord.

Lorsque le pôle Sud est plus proche du Soleil, la nuit apparaît d'abord dans l'hémisphère Nord, puis à l'équateur et enfin dans l'hémisphère Sud. À l'inverse, il fait jour d'abord dans l'hémisphère Sud, puis à l'équateur, puis dans l'hémisphère Nord. En conclusion, les journées sont alors plus courtes dans l'hémisphère Nord, longues dans l'hémisphère Sud et durent 12 heures près de l'équateur. Nous sommes en hiver dans l'hémisphère nord et en été dans l'hémisphère Sud.

Les deux **équinoxes** correspondent à la situation où **les deux hémisphères sont éclairés de manière identique**, c'est-à-dire qu'aucun des pôles n'est plus proche du Soleil que l'autre. Ces jours-là, **la journée dure 12 heures partout sur la Terre et le Soleil se couche exactement à l'Ouest et se lève exactement à l'Est**.

Dans l'hémisphère Nord, le **solstice d'été** correspond à **la journée la plus longue** et où le Soleil culmine le plus haut. Toujours dans l'hémisphère Nord, le **solstice d'hiver** correspond à **la journée la plus courte** et où le Soleil culmine au plus bas. Entre l'hémisphère Nord et l'hémisphère Sud, les deux solstices (qui veut dire « arrêt du Soleil ») et les deux équinoxes (qui veut dire « égal à la nuit ») sont inversés.

> L'Univers et le système solaire

L'histoire de l'Univers commence par une gigantesque explosion, le **Big-Bang**, dont la force continue à provoquer l'expansion de l'Univers.

Le **système solaire** est composé par le Soleil et les objets célestes qui tournent autour de lui : neuf **planètes**, plus de soixante **lunes** et d'innombrables **astéroïdes** et **comètes**. Le système solaire occupe dans l'espace un volume de la forme d'un disque de plus de 12 milliards de kilomètres de diamètre. On situe la formation du système solaire il y a 4 600 millions d'années. Le système solaire s'est formé à partir d'un nuage de poussières et de gaz que l'on appelle la **nébuleuse solaire**. Le Soleil se forma d'abord, puis les planètes. L'attraction du Soleil domine le système du fait de sa masse énorme comparée aux autres planètes. Cette **force d'attraction** maintient les objets du système solaire. Les planètes les plus éloignées du Soleil sont moins affectées par son attraction. La plupart des planètes décrivent leur **orbite** près du plan de l'orbite terrestre (**l'écliptique**). Ces orbites sont parfaitement définies depuis que **Kepler** a énoncé au XVIIe siècle la loi permettant de les calculer.

Les neuf planètes du système solaire forment trois groupes :

- quatre planètes intérieures, constituées de roches, qu'on appelle les **planètes telluriques** (**Mercure, Vénus, Terre** et **Mars**) ;
- quatre planètes plus grandes, constituées principalement de **gaz liquéfié**, qu'on appelle les **planètes joviennes** (**Jupiter, Saturne, Uranus** et **Neptune**).

Pluton, une des représentantes des « **planètes naines** », est essentiellement constituée de roches.

Entre ces deux familles de planètes se trouve une **ceinture d'astéroïdes**. Autour de ces planètes on trouve des **satellites** ou des poussières groupées en anneaux comme pour les quatre planètes gazeuses.

Les **comètes sont composées de neige et de poussières. Elles gravitent autour du Soleil.** Certaines comètes ont des orbites qui les rapprochent du Soleil. Sous l'action de la chaleur, la neige se transforme en gaz et forme une queue brillante ; cette queue s'allonge de plus en plus, puis disparaît quand la comète s'éloigne du Soleil. Certaines comètes possèdent une orbite régulière qui les rapproche périodiquement du Soleil. La **Comète de Halley** revient, par exemple, tous les 76 ans.

Les **astéroïdes** sont des millions de **gros morceaux de roche qui gravitent autour du Soleil**. Chaque jour, des milliers de particules et de fragments de roche entrent dans l'atmosphère terrestre. La plupart brûlent au contact de l'air, produisant des traînées lumineuses, **les météores**. Les **étoiles filantes** sont une manifestation de l'arrivée dans notre environnement de météores dont la plupart n'atteignent pas notre sol. Il arrive cependant que quelques fragments de ces météores percutent la surface de la Terre. Ces rochers de l'espace qui arrivent au sol sont appelés **météorites**.

Nos connaissances sur l'ensemble du système solaire s'enrichissent régulièrement grâce à la conquête spatiale, aux satellites, aux sondes, aux télescopes géants (Hubble), etc.

> Le Soleil

Le Soleil est une étoile, c'est une énorme **boule de gaz** en rotation. Les réactions nucléaires qui se produisent dans son noyau dégagent de l'énergie. Cette émission de **lumière** et de **rayonnement** va continuer encore pendant au moins 4 milliards d'années. Ensuite l'étoile va mourir et avec elle le système de planètes et de satellites qui s'est mis en place. Le Soleil est la seule étoile assez proche de nous pour être étudiée : on peut observer depuis la Terre des taches et des granulations. Les satellites et les sondes apportent des informations plus précises et plus affinées sur le Soleil.

Attention ! ces observations ne peuvent pas être conduites en classe, même avec des lunettes adaptées.

Quelques chiffres :

- Distance moyenne de la Terre : 149 680 000 km.
- Diamètre : 1 391 980 km.
- Durée d'une rotation : 25,04 jours terrestres.

> Mercure

Mercure est la planète **la plus proche du Soleil**. Elle est composée de roches avec un noyau dense. Elle est criblée de cratères et n'a pas d'atmosphère. Sous l'effet du Soleil, Mercure subit de très grandes variations de température : la différence de température entre le jour et la nuit peut être de 600 °C ! Mercure est si proche du Soleil qu'on ne la voit de la Terre que juste avant le coucher du Soleil ou juste après son coucher.

Cette planète doit son nom à Mercure, messager des dieux romains, parce qu'elle file à grande vitesse dans notre ciel. En comparant sur le tableau du manuel pages 14 et 15 les durées de révolution des planètes, on remarque effectivement que Mercure se déplace plus vite que les autres planètes.

> Vénus

Vénus a **presque la même taille que la Terre**. C'est une planète rocheuse à l'atmosphère dense. L'environnement de Vénus est très hostile : la chaleur y est intense et l'air irrespirable. Son atmosphère est chargée de gros nuages contenant des gouttelettes d'acide sulfurique.

En comparant sa durée de rotation et sa durée de révolution, on constate que la rotation de Vénus est si lente qu'une journée sur Vénus dure plus d'une année terrestre.

Cette planète tient son nom de la déesse romaine de la Beauté et de l'Amour, parce qu'elle est la plus brillante. En effet, sa couverture nuageuse réfléchit la plus grande partie de la lumière solaire. On l'appelle aussi « Étoile du Berger », à cause de sa luminosité et de son orientation. Elle est bien visible depuis la Terre presque toute l'année.

> La Terre

La Terre, **troisième planète du système solaire**, tourne autour du Soleil sur **une orbite presque circulaire (écliptique)**. Sa distance moyenne par rapport au Soleil est de 150 millions de kilomètres. La Terre est unique dans le système solaire et peut-être dans l'Univers. Ses variations de température permettent la **présence de l'eau** sous forme liquide. **Son atmosphère est riche en oxygène** ce qui a permis à notre planète d'abriter la vie. C'est une planète tellurique comme les trois autres planètes internes du système solaire, mais c'est la seule dont la surface n'est pas constituée d'un seul bloc. Elle est en effet fractionnée en plusieurs sections : les plaques tectoniques (*cf.* chapitre 6).

> Mars

Mars est froide, stérile, entourée d'une atmosphère légère. Sur Mars, les températures dépassent rarement 0 °C, l'air est irrespirable et d'énormes nuages de poussière balayent la surface. Pourtant, Mars a **des points communs avec la Terre**. On trouve sur sa surface des calottes glaciaires polaires et des lits de rivières asséchées. La longueur des jours est presque identique à celle de la Terre. L'inclinaison similaire de son axe de rotation lui donne des saisons comparables à celles de la Terre.

On l'appelle « la planète rouge » à cause de la présence d'oxyde de fer sur son sol. C'est aussi à cause de cette couleur rouge, qui rappelle le sang, qu'on l'a appelée comme le dieu romain de la Guerre, Mars.

> Jupiter

Jupiter est la planète **la plus volumineuse du système solaire** (onze fois plus grande que la Terre). Sa masse représente deux fois et demie la masse de toutes les autres planètes réunies. Elle est surtout constituée de gaz liquides et froids : hydrogène, ammoniac, hélium. Les sondes *Voyager* ont transmis 30 000 clichés de Jupiter et de ses satellites. Jupiter a un anneau, invisible de la Terre.

C'est à cause de sa taille imposante que l'on a donné à cette planète le nom de Jupiter, le maître des dieux dans la mythologie romaine.

> Saturne

Voisine de Jupiter, c'est la **deuxième planète du système solaire par sa taille**. Saturne est la préférée des astronomes à cause de ses **anneaux**. Elle est constituée de gaz (hélium et hydrogène principalement). Saturne possède **18 satellites** dont le plus gros est Titan.

> Uranus

À peine visible depuis la Terre, Uranus ne fut **identifiée comme planète qu'en 1781** et son **système d'anneaux** (11 anneaux) **ne fut découvert qu'en 1977**. C'est une planète froide et gazeuse (85 % d'hydrogène, 12 % d'hélium et 3 % de méthane). La lumière solaire, qui met 8 minutes pour atteindre la Terre, met plus de 2 heures 30 pour atteindre Uranus.

Uranus doit son nom à Uranie, déesse des Arts et de l'Astronomie chez les Grecs.

> Neptune

Invisible depuis la Terre, la position de Neptune **fut calculée par l'astronome français Urbain Le Verrier** au milieu du XIXe siècle. Quelque temps plus tard, c'est **l'Allemand Johann Galle qui l'observa pour la première fois en 1846**. Ses anneaux furent découverts grâce à la sonde *Voyager 2*, seule sonde à avoir approché Uranus et Neptune. Le voyage de la sonde vers Neptune avait duré 12 ans ! Le méthane présent dans l'atmosphère de Neptune lui donne une couleur bleu foncé. C'est à cause de cette couleur que le nom du dieu romain de la Mer, Neptune, lui a été attribué.

> Pluton

Pluton est **la planète la plus éloignée du système solaire** et reste encore assez **méconnue**. Elle a été **découverte en 1930**. Le télescope Hubble a montré que la surface de Pluton porte des taches brillantes, peut-être dues à de la glace, alors que le reste de sa surface est rouge pâle. Elle porte le nom du dieu grec des Enfers.

> La Lune

La Lune est **le seul satellite naturel de la Terre**. Elle est constituée de roches, n'abrite ni eau, ni vie. Elle **tourne autour de la Terre** en suivant une **orbite** qui n'est pas circulaire.

La Lune est l'objet le plus grand et le plus brillant du ciel nocturne. **Elle n'émet pas de lumière mais réfléchit celle du Soleil.** Comme la Terre, seule une moitié de la Lune est toujours éclairée par le Soleil, tandis que l'autre moitié est dans l'obscurité. La Lune a toujours une moitié du globe éclairée et l'autre dans l'ombre. À mesure que la Lune tourne autour de la Terre, un observateur placé sur la Terre voit différemment les zones éclairées et les zones d'ombre de la Lune. C'est ce qui nous donne l'impression que sa forme change, car nous ne voyons qu'une portion de cette partie éclairée. **Ce sont les phases de la Lune :** croissantes de la nouvelle Lune à la pleine Lune ; décroissantes de la pleine Lune à la nouvelle Lune suivante.

La Lune met 27,32 jours terrestres pour faire le tour de la Terre. C'est un **mois sidéral**. Comme la Terre tourne elle aussi autour du Soleil, la Lune met en fait un peu plus de temps (29,53 jours terrestres) pour accomplir un cycle d'une nouvelle Lune à l'autre. C'est le **mois lunaire**, qui sert de base aux mois de notre calendrier. La **lunaison** est la durée du cycle d'une nouvelle Lune à l'autre. Une lunaison peut durer 29 ou 30 jours et l'intervalle entre deux phases principales peut varier de 6 à 9 jours. Ces irrégularités sont dues au fait que la Lune, du fait de sa trajectoire elliptique, ne tourne pas autour de la Terre à une vitesse angulaire constante. Le mois et la semaine de notre calendrier correspondent aux changements périodiques de l'aspect de la Lune.

La synchronisation des deux mouvements (rotation et gravitation terrestres) explique le fait que c'est toujours la même face de la Lune qui est tournée vers notre planète.

La force d'attration de la Lune ne représente qu'un sixième de celle de la Terre, mais, bien que faible, elle affecte la Terre. Elle attire l'eau des océans et provoque ainsi les **marées**. L'eau enfle pour former une marée haute directement sous la Lune. Un renflement similaire se produit alors sur le côté opposé de la Terre. Entre ces deux zones de marée haute se trouvent deux zones de marée basse dans lesquelles l'eau a été écartée. Il y a à peu près deux marées hautes et deux marées basses par jour.

Les caractéristiques de la Lune :

- distance à la Terre : 384 000 km ;
- durée de révolution autour de la Terre : 27 jours et 8 heures ;
- durée de rotation autour du Soleil : 29 jours et 12 heures ;
- diamètre : 2 476 km ;
- période entre deux nouvelles Lunes : 29,53 jours.

> Les éclipses de Lune

Une éclipse se produit quand **la pleine Lune traverse l'ombre de la Terre**. La Terre empêche alors la lumière du Soleil d'atteindre directement la Lune : sa face s'obscurcit ou se réduit à un disque rouge. Lorsque l'éclipse est totale, toute la Lune est dans la partie centrale de l'ombre. Lorsqu'une éclipse est partielle, une partie de la Lune est dans l'ombre, l'autre dans la pénombre.

Le plan de la trajectoire de la Lune avec l'elliptique forme un angle d'environ 5°, suffisant pour que la Lune soit en général d'un côté ou de l'autre de l'elliptique et ne se retrouve donc pas toujours en position d'ellipse. Parce que la Lune n'a pas son plan de révolution dans le plan de l'écliptique, il n'y a pas d'éclipse de Lune ou de Soleil chaque mois. En effet, pour avoir une éclipse, il faut avoir un alignement parfait entre la Terre, la Lune et le Soleil.

En période de nouvelle Lune, la Lune passe exactement entre la Terre et le Soleil : il peut se produire alors une éclipse de Soleil. En période de pleine Lune, si la Terre est entre la Lune et le Soleil, il peut se produire une éclipse de Lune.

Calendrier des prochaines éclipses de Lune. Si la Lune est visible au-dessus de nos têtes, l'éclipse de Lune sera visible :

- 17 octobre 2005 : éclipse partielle.
- 7 septembre 2006 : éclipse partielle.
- 3-4 mars 2007 : éclipse totale.
- 28 août 2007 : éclipse totale.
- 21 février 2008 : éclipse partielle.
- 16 août 2008 : éclipse partielle.
- 31 décembre 2009 : éclipse partielle.
- 26 juin 2010 : éclipse partielle.
- 21décembre 2010 : éclipse totale.

Remarque : il est difficile de construire une maquette de l'ensemble Terre / Lune / Soleil en respectant à la fois les distances entre les trois objets et la dimension de chaque objet. En effet, la Lune est 4 fois plus petite que la Terre et le Soleil est 100 fois plus gros. Si on voulait respecter la taille des objets, il faudrait prendre une tête d'épingle pour la Lune, une bille pour la Terre et un ballon de plage pour le Soleil.

Quant aux distances, la distance de la Terre à la Lune est 5 000 fois plus petite que la distance de la Terre au Soleil. Si la Terre est représentée par une bille posée sur une table, la Lune serait une tête d'épingle qui tournerait autour de la Terre à une distance d'environ 20 cm et le Soleil a une distance de 150 mètres de la bille !

Représentations des élèves et obstacles à prendre en compte

- Le mot « Nord » est utilisé à la fois pour indiquer le pôle Nord et pour indiquer le point cardinal.
- Beaucoup d'élèves au cycle 3 ont encore des repères très égocentriques et cherchent à mémoriser les directions en fonction de leurs propres repères. Par exemple, si le maître indique les directions Nord-Sud dans la classe, beaucoup pensent que le Nord se situe sur leur gauche parce que, dans la classe, il est indiqué sur leur gauche. La construction de ces repères doit donc être travaillée dans différents lieux pour permettre aux élèves de s'exercer avec la relativité de leur position : on est toujours au Nord ou au Sud d'un point, à l'Est ou à l'Ouest.

- Il n'y a que deux pôles (Nord et Sud). Certains élèves pensent que l'Est et l'Ouest sont aussi des pôles.

Attention ! ne pas approcher des aimants d'un ordinateur ou de disquettes.

Lorsqu'on utilise une boussole, il faut s'assurer qu'il n'y a pas à proximité d'autres aimants ni de gros objets métalliques car ils pourraient modifier l'orientation de la boussole.

- Le phénomène des saisons est difficile à faire comprendre aux élèves. Pour cette raison, il est important de travailler à partir d'observations tout au long de l'année.
- Beaucoup d'élèves pensent que les saisons sont causées par la variation de la distance entre le Soleil et la Terre ; la représentation de la révolution de la Terre sur une ellipse contribue souvent à les conforter dans cette erreur. Cette représentation erronée est d'ailleurs incompatible avec l'inversion des saisons entre l'hémisphère Nord et l'hémisphère Sud.
- Les élèves confondent souvent la notion de durée et de date. Cette confusion est souvent liée à un problème de langage quotidien.
- Sur le système solaire et les planètes, la difficulté première vient surtout de la compréhension de phénomènes que l'on ne peut pas expliquer expérimentalement aux élèves.
- L'énormité des distances et l'impossibilité à représenter en classe une maquette du système solaire en respectant les proportions distance des planètes au Soleil et la taille des planètes sont également des obstacles à la compréhension.
- Sur la représentation du système solaire du manuel pages 14 et 15, les planètes ne sont pas représentées à la même échelle. En réalité, le Soleil est 1 million de fois plus gros que la Terre.
- Les élèves pensent souvent que les phases de la Lune sont causées par les nuages qui occultent une partie de la Lune. D'autres pensent que c'est la Lune qui change régulièrement de forme.
- Les élèves pensent aussi que la Lune est plus petite que la Terre parce qu'elle est plus loin.

SÉQUENCE PÉDAGOGIQUE : CHAPITRE 1
COMMENT SE REPÉRER ?

Objectifs

- Analyser le déplacement de l'ombre d'un poteau au cours de la journée.
- Analyser une photographie pour décrire le déplacement des étoiles au cours de la nuit.
- Savoir lire une carte géographique et s'orienter.
- Établir des relations entre plusieurs observations.
- Comprendre que le mouvement apparent des astres est dû à la rotation de la Terre sur elle-même.

Matériel

- Manuel pages 8 et 9 et *Carnet de chercheur CM1* pages 4 et 5.
- Un poteau dans la cour.
- Des cartes de géographie.

Séance 1

Phase collective.
Durée de la séance : 30 minutes.

> Problématisation et questionnement initial

Poser les questions suivantes pour faire émerger les représentations initiales : « Comment les hommes faisaient-ils pour se repérer quand il n'y avait pas d'appareils électroniques ? » ; « Comment se repérer la nuit ? » ; « Comment se repérer quand il n'y a pas de Soleil ? ». Partir des connaissances des élèves. Que savent-ils sur le Soleil, les ombres ? Comment font-ils pour se repérer ?

> « J'observe »

Les deux photographies (Doc. 1 et 2 page 8 du manuel) indiquent les deux repères essentiels qui permettent à l'homme de se repérer : les étoiles et le Soleil. Il est important d'observer à nouveau avec les élèves les variations de l'ombre d'un poteau au cours de la journée en mettant en place le dispositif décrit dans le manuel du CE2 pages 60 et 61.

> « Je comprends »

Les traces lumineuses visibles sur la photographie (Doc. 3 page 9 du manuel) correspondent à la trajectoire des étoiles pendant une nuit. La trace centrale semble fixe. En observant le ciel de nuit, on constate qu'une étoile relativement brillante se trouve presque dans la direction du pôle Nord. On appelle cette étoile « la Polaire » du fait qu'elle se trouve pratiquement dans le prolongement de l'axe des Pôles.

Séance 2

Travail collectif par groupes.
Durée : 45 minutes.

> « Je lis »

L'utilisation de la carte permet de comprendre comment sont représentés les espaces. La carte est une source d'informations pour trouver un lieu précis mais aussi une source de renseignements sur des points remarquables. On peut travailler avec différentes cartes pour repérer les différentes icônes indiquant des lieux remarquables sur une carte et en dresser l'inventaire.

La présence de la représentation des quatre points cardinaux sur la carte est à faire remarquer aux élèves. Rechercher sur les différentes cartes de la classe comment elles sont orientées.

Des activités couplées avec les séances de géographie seront l'occasion de situer sur une carte la ville où se trouve l'école, de rechercher d'autres villes et les situer par rapport à celle où se trouve l'école. Se repérer sur une carte est une activité difficile pour les enfants. C'est pourquoi cette activité doit être réalisée régulièrement, par exemple lors d'un déplacement de la classe dans un autre lieu, ou lors d'une sortie...

Un rallye entre plusieurs groupes d'élèves peut être mis en place en faisant construire des itinéraires à partir de cartes de la région. Ces propositions peuvent être reprises lors de sorties ou lors d'activités du type course d'orientation (voir chapitre suivant).

> Élaboration de la synthèse

Elle se fait d'abord oralement, collectivement, en prenant en compte ce que les élèves ont appris et doivent retenir des séances 1 et 2. La trace écrite, pour le cahier individuel, peut se présenter comme dans l'encadré jaune de la page 9 du manuel. Cet encadré n'est qu'un exemple. L'important est que les élèves aient retenu que les points cardinaux permettent d'indiquer une direction et que des repères naturels permettent de retrouver ces directions.

Séance 3 et *Carnet de chercheur*

> « Sur ton carnet de chercheur »

Tous les enfants savent que la nuit, s'il n'y a pas de nuages, le ciel est rempli d'étoiles visibles. Il est intéressant de leur fournir des clés pour apprendre à se repérer dans le ciel. L'activité proposée dans le *Carnet de chercheur* permet de prendre des repères dans le ciel et de retrouver l'Étoile polaire à partir de l'identification de deux constellations : la Grande Ourse et la Petite Ourse.

La construction de la rose des vents a été simplifiée pour que l'élève puisse réaliser ce travail de manière autonome. L'élaboration d'un programme de construction d'une rose des vents est à reprendre en géométrie.

> « Étonnant ! »

Depuis longtemps, les scientifiques se posaient la question de savoir comment faisaient les oiseaux migrateurs pour se diriger lors de leurs déplacements. Les dernières recherches montrent que les oiseaux utilisent la position du Soleil, de la Lune et des étoiles. Il est possible de lancer une recherche documentaire sur les oiseaux migrateurs et sur leurs déplacements.

> Évaluation

La lecture de cartes ou la préparation d'itinéraires à partir d'une carte sont des exercices d'évaluation qui prennent tout leur sens pour cette leçon.

> Prolongements

Organiser des jeux dans la cour de récréation ou sur un stade pour apprendre à se repérer grâce au Soleil.

En observant la position du Soleil et de l'ombre, il est possible de repérer la direction du Nord et donc les autres directions. Lors de situations de préparation à la course d'orientation, il est intéressant d'apprendre aux élèves à se repérer en observant la position du Soleil dans le ciel et l'ombre. Proposer des situations du type : « Il est midi, grâce à l'ombre, je peux indiquer le Nord. » Il faut préciser que l'on se trouve dans l'hémisphère Nord : en effet, c'est l'inverse dans l'hémisphère Sud.

SÉQUENCE PÉDAGOGIQUE : CHAPITRE 2
COMMENT FONCTIONNE UNE BOUSSOLE ?

Objectifs

- Réaliser des expériences pour vérifier que l'aiguille d'une boussole est un aimant.
- Imaginer des procédés pour construire une boussole.
- Tirer des informations d'un texte pour savoir prendre l'azimut.
- Savoir utiliser une boussole pour se repérer, se déplacer dans une direction donnée.

Matériel

- Manuel pages 10 et 11 et *Carnet de chercheur CM1* pages 6 et 7.
- Plusieurs boussoles de différents types.
- Des aimants.
- De la limaille de fer.
- Des tubes à essai.

Séance 1

> « J'observe »

Dans un premier temps, il est important que chaque élève puisse manipuler une boussole, comparer différentes boussoles et comparer celles des photographies (Doc. 1, 2 et 3 de la page 10 du manuel). Cette comparaison de boussoles différentes permettra ensuite de dégager les éléments constants de la boussole et de construire ainsi un vocabulaire commun : le boîtier, le cadran gradué en degrés sur lequel sont inscrits les quatre points cardinaux, la flèche d'orientation, la flèche de direction.

S'interroger sur l'écriture anglaise W (*West*) pour désigner l'Ouest et en profiter pour faire le lien avec l'enseignement de l'anglais. Durant la séance d'anglais, rechercher les mots anglais qui désignent les directions.

> Observer ce qui se passe

Les élèves sont invités à rechercher les propriétés de la boussole en manipulant et en observant les effets produits.

Ils remarqueront rapidement :

- que l'aiguille tourne et se positionne toujours dans la même direction ;
- que l'aiguille réagit au passage d'objets métalliques ;
- que les aiguilles de toutes les boussoles indiquent la même direction.

Il est possible de visualiser ce constat que les aiguilles de toutes les boussoles indiquent la même direction. Installer toutes les boussoles dans la cour, hors de proximité d'objets métalliques. Matérialiser les directions indiquées par chaque aiguille en tendant un morceau de ficelle sous chaque boussole, parallèlement à l'aiguille.

Il est aussi possible de demander aux élèves de tous se déplacer dans la direction indiquée par leur boussole. Ils constateront alors qu'ils avancent selon des lignes parallèles.

> « Je lis »

Un déplacement dans la cour de l'école permettra aussi de s'approprier le fonctionnement de cet outil. Proposer des déplacements en tenant la boussole à plat dans la paume de la main, à hauteur de la poitrine. Demander aux élèves d'observer les aiguilles en se déplaçant dans chacune des directions (proposer un nombre de pas identique à chaque fois).

Le maître peut aussi demander aux élèves de désigner la direction dans laquelle se trouvent tel ou tel objet, tel bâtiment par rapport à eux.

Prendre un azimut pour se repérer peut sembler compliqué dans un premier temps. Il est important de bien suivre les étapes indiquées dans le texte et de s'exercer dans la cour. Très rapidement, les élèves apprennent à prendre l'azimut. Des activités d'orientation proposées lors des séances d'éducation physique permettront de montrer l'utilité de ce positionnement.

Séance 2

> Investigation et structuration

« Que se passe-t-il lorsqu'on approche deux aimants ? » L'expérimentation avec un aimant montre de fortes réactions de l'aiguille. Les élèves remarquent qu'une extrémité est attirée par l'aimant et que c'est toujours la même extrémité de l'aiguille. Deux aiguilles de boussole que l'on rapproche se comportent comme deux aimants que l'on joint.

Par contre, mis face à face, les pôles identiques de deux aimants se repoussent. Pour aimanter une aiguille, il faut faire passer dessus un aimant, toujours dans le même sens. Pour lui faire ensuite perdre son aimantation, il suffit de la frapper avec un marteau.

> Élaboration de la synthèse

La synthèse se fera d'abord de manière orale : elle peut rappeler le vocabulaire spécifique à la boussole. C'est l'occasion de proposer aux élèves un schéma légendé d'une boussole. La synthèse devra comporter également un court résumé du fonctionnement de la boussole. Cette synthèse sera ensuite recopiée dans le cahier individuel de l'élève.

Séance 3 et *Carnet de chercheur*

La page 6 du *Carnet de chercheur CM1* propose à l'élève de fabriquer une boussole flottante. La réussite de la fabrication de la boussole flottante dépend de l'observation des boussoles qui a été menée en tout début de séance. Souvent, les élèves n'ont pas conscience du rôle important de l'aimant. L'activité proposée leur permet de comprendre que tout aimant peut devenir une boussole s'il est libre de s'orienter sur un plan horizontal. Dans cette activité, les élèves vont imaginer des procédés pour rendre un aimant mobile et le transformer en boussole. Pour devenir une véritable boussole qui permette de s'orienter, le dispositif doit être muni d'une rose des vents. C'est pour cette raison que le *Carnet de chercheur* proposait, dans le chapitre précédent (pages 4 et 5), la construction simplifiée de la rose des vents.

Séance 4

> Évaluation

Comme dans le chapitre précédent, le déplacement avec une carte et une boussole lors d'une course d'orientation permettra d'évaluer les compétences à utiliser une boussole pour se déplacer et se repérer.

> Prolongements

- **Jeux de langue**

Travailler sur des expressions liées au vocabulaire des points cardinaux : « perdre le Nord » ; « être déboussolé » ; « perdre la boussole »...

- **Poésie et littérature**

De tout temps, les astres ont été une source d'inspiration importante pour la littérature et la poésie. Il est intéressant de faire découvrir aux élèves de nombreux textes, des légendes et des poèmes et les inciter à se créer une anthologie de poèmes astraux.

COMMENT EXPLIQUER LA SUCCESSION DES SAISONS ?

Objectifs

- Se rendre compte que les saisons sont causées par l'inclinaison de l'axe de rotation de la Terre.
- Comprendre la révolution de la Terre autour du Soleil.
- Comprendre que la même quantité de lumière provenant du Soleil se répartit sur une surface plus ou moins grande selon son inclinaison.
- Comprendre et repérer les mouvements relatifs de la Terre par rapport au Soleil.
- Associer solstices et équinoxes aux caractéristiques du mouvement apparent du Soleil et aux changements officiels de saison.

Compétences

- Se repérer sur un calendrier.
- Exploiter les informations données par un calendrier pour décrire par un graphique les variations de la durée du jour.
- Traiter un tableau de données.
- Interpréter des données et les traduire sous forme de graphique.
- Déterminer une durée.
- Quantifier la comparaison de deux durées.

Matériel

- Manuel pages 12 et 13 et *Carnet de chercheur CM1* pages 8 et 9.
- Des calendriers indiquant les heures quotidiennes de levers et de couchers du Soleil (*ex.* : calendrier de La Poste).
- Une grande feuille de papier quadrillé (en cm).
- Un tube de carton placé au milieu d'un écran de carton.
- Un carton quadrillé.
- Une lampe d'architecte ou une lampe de poche.
- Un thermomètre.

Séance 1

Travail collectif par groupes.
Durée : 40 minutes.

> Problématisation

Questionnement initial : recueillir les représentations des élèves sur leur explication du phénomène des saisons. Leur demander comment ils expliquent les différences de température entre l'hiver et l'été.

> « J'observe »

Distribuer aux élèves les calendriers sur lesquels figurent les heures de levers et de couchers du Soleil de chaque mois. Répartir les élèves en 4 groupes. Chaque groupe est chargé d'effectuer les calculs des durées d'ensoleillement sur 3 mois. Ne demander le relevé qu'une seule fois par semaine. Les opérations sur les sexagésimaux n'étant plus au programme en mathématiques au cycle 3, cette démarche de calcul réfléchi pour déterminer une durée (écart entre deux « heures ») et pour quantifier la comparaison de deux durées nécessite un travail préalable en mathématiques (*cf.* page 86 du document d'accompagnement des programmes, Mathématiques École primaire MEN DESCO). La technique de la construction d'un diagramme avec des bandes de papier est un procédé qui peut être proposée pour ces comparaisons.
La deuxième phase de la séance est menée collectivement. Chaque rapporteur de groupe présente ses résultats à l'ensemble de la classe.
Traduire ces résultats sur un graphique collectif. Là encore, ce travail méthodologique est à accompagner et à mettre en œuvre en transdisciplinarité avec les mathématiques. L'axe horizontal indique les dates de chaque semaine retenue dans le mois ; l'axe vertical indique les durées en heures.
Exemple : 1 heure = 3 cm, 1 date = 2 cm.
Mener un débat dans la classe autour des remarques que l'on peut faire sur ce graphique. Poser les questions suivantes : « À quelle période de l'année la durée d'ensoleillement est-elle la plus courte ? » ; « À quelle période de l'année la durée d'ensoleillement est-elle la plus longue ? » ; « Quelle est la journée la plus courte de l'année ? » ; « Quelle est la journée la plus longue de l'année ? » ; « Peut-on établir un lien entre la durée d'ensoleillement et les saisons ? » ; etc.

Séance 2

> « Je lis »

Ces deux expériences (en 2 groupes) visent à faire comprendre aux élèves que la variation de l'inclinaison des rayons du Soleil a une influence sur la température de la zone exposée aux rayons.
Il est préférable de ne pas se contenter d'analyser le dispositif du « Je lis » mais plutôt de faire réaliser les expériences.
Précaution : rappeler aux élèves qu'il ne faut jamais regarder le Soleil à l'œil nu et à plus forte raison à travers le tube. Les lésions que peut provoquer le Soleil sur la rétine peuvent être irréversibles.
Faire observer la différence entre l'expérience 1 et l'expérience 2 : l'inclinaison de la feuille est différente. Les élèves constatent dans un premier temps que la quantité de lumière, limitée par le tube, reste concentrée sur une surface plus petite. Plus l'inclinaison des rayons du Soleil sur la surface est faible, plus l'échauffement est faible. Au contraire, lorsque l'inclinaison est perpendiculaire aux rayons, l'échauffement est plus grand.
Plus la lumière qui passe par le tube est concentrée, plus la chaleur est forte. Si l'on place un thermomètre après 30 minutes d'éclairage devant la tache lors de l'expérience 1, puis de l'expérience 2, on notera cette différence de température.

Les expériences permettent de comprendre que ce n'est pas parce que le Soleil est plus loin que l'hiver est plus froid dans l'hémisphère Nord, mais simplement parce qu'il est trop bas. Si le Soleil est plus bas, ses rayons ne sont pas suffisamment verticaux pour chauffer comme en été.
Il est important qu'à travers cette expérience, l'élève comprenne la relation entre l'orientation de la surface qui reçoit la lumière du Soleil et son échauffement.

> « Je comprends »

Ce dessin représente en perspective la trajectoire quasi-circulaire de la Terre autour du Soleil. Attention ! il faut bien faire remarquer aux élèves que les proportions ne sont pas respectées : en réalité, le Soleil a un diamètre de 1,4 million de km et se trouve à 150 millions de km de la Terre. Cette représentation sera plus facilement intégrée par les élèves par l'utilisation d'une maquette, en utilisant par exemple un globe terrestre. En faisant se déplacer correctement (dans le sens inverse des aiguilles d'une montre) le globe autour de la source lumineuse, son axe demeurant parallèle à lui-même, on observe l'éclairage du globe dans plusieurs positions. La difficulté de cette représentation est de bien maintenir, durant le déplacement, l'axe des pôles dans une orientation constante.

> Élaboration de la synthèse

De manière collective, les élèves font une synthèse de leurs connaissances et de leurs observations sur la question étudiée. Le sujet étant difficile à faire comprendre aux élèves, il est nécessaire d'être vigilant par rapport à la trace écrite.

Séance 3 et *Carnet de chercheur*

> « Étonnant ! »

La longueur du jour et la longueur de la nuit peuvent varier considérablement selon la latitude sur laquelle on se trouve. Ainsi, le long de l'équateur, il n'y a aucune variation de la durée du jour et de la nuit au cours de l'année. Directement aux pôles, il y a des jours et des nuits de 6 mois. Il n'y a qu'aux équinoxes, quand le Soleil est à la hauteur de l'équateur, que la durée du jour est égale à celle de la nuit partout sur la Terre. On comprend l'incidence de cette durée du jour sur les saisons. Ainsi, dans les régions polaires, il n'y a que deux saisons : l'été, quand le Soleil ne se couche pas et l'hiver, quand le Soleil ne monte jamais au-dessus de l'horizon.
Au niveau des Tropiques, le climat est dominé par l'emplacement de la zone de convergence des précipitations : il peut y avoir deux saisons de pluie et deux saisons sèches chaque année.

> *Carnet de chercheur*

On peut utiliser ce graphique de deux façons.

- Lors de l'activité d'observation, si on veut la conduire de manière individuelle.
- Lors de l'évaluation, si on veut vérifier que les élèves savent exploiter les informations données par un calendrier pour les décrire par un graphique et expliquer les variations de la durée du jour.

Séance 4

> Évaluation

- Légender un schéma représentant la révolution de la Terre autour du Soleil au cours de l'année et situer sur ce schéma les équinoxes et les solstices.
- Compléter un tableau. Le tableau ci-dessous donne les heures de lever et de coucher du Soleil pour le début de chaque saison à Paris. Pour les dates qui indiquent les solstices ou les équinoxes, indiquer s'il s'agit de l'été ou de l'hiver.

> Prolongements

- La composition pluriculturelle d'une classe peut permettre un travail d'observation de différents calendriers (musulman ou hébraïque) et de remarquer ainsi le rôle de la Lune dans ces calendriers.
- L'histoire du calendrier. Expliquer l'origine des noms des mois. Expliquer pourquoi il y a des années bissextiles, des mois de 30 ou 31 jours... Rechercher les années bissextiles que l'on a pu rencontrer depuis le début de sa vie. Identifier la prochaine année bissextile. Faire des prévisions sur les prochaines années bissextiles...
- Calculer la durée des saisons.

	21 mars 2005		21 juin 2005		21 septembre 2005		21 décembre 2005	
Soleil	lever 6 h 52	coucher 19 h 04	lever 5 h 49	coucher 21 h 56	lever 7 h 37	coucher 19 h 49	lever 8 h 43	coucher 15 h 55
Saison								
Durée du jour								
Solstice								
Équinoxe								

SÉQUENCE PÉDAGOGIQUE : ZOOM SUR... L'UNIVERS ET LE SYSTÈME SOLAIRE

Objectifs

- Faire une recherche documentaire.
- Savoir extraire les données d'un tableau de valeurs et ranger les planètes selon leur taille.
- Mémoriser l'ordre des planètes du système solaire par rapport à leur distance au Soleil.

Une séance est suffisante pour l'observation de la double page du manuel. Par contre, la recherche documentaire sur chaque planète pourra faire l'objet de séances supplémentaires dans le cadre de la maîtrise de la langue : parler, lire et écrire en sciences.

Matériel

- Manuel pages 14 et 15 et *Carnet de chercheur CM2* pages 4 et 5.

Séance 1

Il ne s'agit pas ici d'accumuler des connaissances sur les planètes mais d'aider les élèves à découvrir la structure de l'Univers, particulièrement celle du système solaire, à partir de l'observation de documents.

> Questionnement initial

Demander aux élèves de représenter par un dessin le système solaire. Exposer quelques dessins choisis pour leurs différentes conceptions du système solaire et demander d'argumenter et de débattre sur ces différentes représentations.

> Problématisation

Faire émerger les différentes questions que se posent les élèves sur le système solaire.

Le Soleil est énorme par rapport aux autres planètes. Par exemple, la distance entre la Terre et le Soleil est 500 fois plus grande que la distance entre la Terre et la Lune. Pour cette raison, il est impossible de représenter le système solaire sur une double page en respectant les distances et les échelles.

> Investigation et structuration

Observer la planche (pages 14 et 15 du manuel) et faire des remarques sur la place et la taille de chaque planète. Ranger les planètes de la plus petite à la plus grosse en utilisant les données associées à chaque représentation.

> Travail de groupes

Constituer 10 groupes dans la classe : 9 groupes pour les planètes et un groupe pour le Soleil. Chaque groupe réalise un dossier à partir de la documentation fournie par l'enseignant ou apportée par les élèves.

Ce travail peut être l'occasion de travailler en informatique les trois chapitres qui sont proposés à la fin du manuel (pages 148 à 154) : « Comment mettre en forme un texte ? », « Comment insérer une image dans un texte ? » et « Comment faire une recherche documentaire ? ».

La présentation collective des travaux des différents groupes peut se faire soit sous forme de panneaux, soit sous forme d'un document multimédia.

> *Carnet de chercheur*

Écrire un poème ou une phrase pour mémoriser les noms des neuf planètes du système solaire et leur ordre par rapport au Soleil. Chaque élève recopie son texte dans son carnet de sciences, avant de le lire à haute voix devant la classe.

Ce type de poème est écrit de telle manière que la première lettre de chaque vers (ou de chaque mot s'il s'agit d'une phrase) corresponde à l'initiale de chaque planète dans l'ordre de distance au Soleil (de la plus proche à la plus lointaine).

> Prolongements en littérature

- *Les Lettres de mon moulin*, Alphonse Daudet.
- *Objectif Lune*, album de *Tintin*, Hergé, Casterman.
- *On a marché sur la Lune*, album de *Tintin*, Hergé, Casterman.
- *De la Terre à la Lune*, Jules Verne.
- *Rythmes célestes*, Jules Supervielle.

SÉQUENCE PÉDAGOGIQUE : CHAPITRE 4 LA LUNE CHANGE-T-ELLE RÉELLEMENT DE FORME ?

Matériel

- Manuel pages 16 et 17 et *Carnet de chercheur CM2* pages 6 à 9.
- Un calendrier (La Poste).
- Une balle de golf.
- Une balle de mousse ou de tennis.
- Une lampe torche ou un projecteur.

Séance 1 : problématisation

Phase collective.
Durée : 15 minutes.

> Questionnement initial

Faire émerger les représentations des élèves. Quelles explications donnent-ils aux différentes formes de la Lune ? Quelles formes ont-ils identifiées ?

> « J'observe »

Observer les photographies des phases de la Lune (Doc. 1 à 8 du manuel page 16). Quelles explications peut-on donner ?

Proposer individuellement aux élèves d'observer la Lune pendant un mois, chaque fois que la météo le permet. Il est préférable de programmer cette observation les mois d'hiver, car les nuits sont plus longues et la Lune plus facilement visible. Demander aux élèves, lors de chaque observation, de noter la forme de la Lune et l'heure à laquelle ils font leur observation. Puis, à l'aide des photos du manuel, ils identifieront les différentes phases observées. Il est possible de leur proposer en classe de construire leur tableau d'observation. Le *Carnet de chercheur* propose une organisation de ces observations.

Séance 2 : liens avec la littérature

Phase collective.
Durée : 45 minutes.

> « Je lis »

Présenter le poème d'Alfred de Musset *Ballade à la Lune*. On peut proposer l'apprentissage du texte intégral pour un travail de mémorisation du poème en lien avec le programme de français et de maîtrise de la langue « Lire, dire et écrire ».
Présenter d'autres poèmes sur la Lune ou rechercher en BCD d'autres poèmes sur la Lune. L'anthologie de poèmes astraux construite dans le chapitre précédent peut être ainsi complétée.
Il est possible de lancer un débat dans la classe : « Pourquoi la Lune a-t-elle inspiré autant de poètes ? »

> Vocabulaire

Travailler sur les expressions de la langue française qui font référence à la Lune : « être dans la Lune » ; « être lunatique » ; « vouloir décrocher la Lune » ; « être mal luné » ; « promettre la Lune ; « tomber de la Lune » ; etc.

Séance 3 : investigation

Phase en petits groupes, puis phase collective.
Durée : 45 minutes (20 minutes en petits groupes, puis 25 minutes collectivement).

> Par petits groupes

À partir du relevé d'observations de la Lune fait par chaque élève depuis un mois, comparer les résultats par petits groupes et relever les conclusions identiques. Le *Carnet de chercheur* propose un guidage pour l'élaboration de la synthèse par petits groupes. L'observation de la Lune durant un mois et le relevé d'observations vont permettre de vérifier si les élèves associent correctement le nom des phases à leurs représentations. Le calcul des intervalles entre deux phases reste difficile pour certains à cause des difficultés liées aux bornes des intervalles.

> Collectivement

À partir du calendrier, vérifier les conclusions proposées. L'utilisation du calendrier permet de confirmer l'existence d'un cycle : les phases se succèdent toujours dans le même ordre.
Sensibiliser les élèves au codage utilisé dans le calendrier pour représenter les phases de la Lune. Leur proposer un moyen mnémotechnique pour retenir les phases de la Lune. Prolonger le croissant observé par une barre verticale : on obtient un *p* minuscule pour le premier quartier et un *d* minuscule pour le dernier quartier.

> Investigation

À l'aide de balles, de ballons et d'une source de lumière, demander à chaque groupe de construire un modèle du système Soleil / Terre / Lune. Proposer l'activité conduite dans le *Carnet de chercheur* qui en propose un modèle.
Attention ! il est important de mettre le projecteur suffisamment loin pour que le faisceau de lumière soit le plus parallèle possible.

Séance 4 : structuration

Phase collective.
Durée : 45 minutes.
Cette séance permettra de synthétiser les remarques faites lors des manipulations conduites dans la séance précédente et de rédiger la trace écrite finale.

> « Je comprends »

Le schéma (Doc. 9 page 17 du manuel) montre la Lune dans huit positions différentes, avec les phases correspondantes, lors de sa révolution autour de la Terre. Ce schéma n'est qu'une représentation approximative de la réalité. En effet, si la trajectoire de la Lune apparaissait toujours dans le même plan que l'ensemble Terre / Soleil, on observerait une éclipse de Soleil à chaque nouvelle Lune et une éclipse de Lune à chaque pleine Lune.
La nouvelle Lune. Lors de cette phase, la Lune est invisible de la Terre parce que le Soleil n'éclaire alors que sa face cachée. La face tournée vers la Terre est dans l'obscurité.
Le premier croissant. Seule une tranche de la partie éclairée de la Lune est visible de la Terre, puis elle grossit. On dit que la Lune est croissante.
Le premier quartier. Seule la moitié de la partie éclairée de la Lune est visible quand elle parcours le premier quart de son orbite.
La Lune gibbeuse. La partie éclairée et visible de la Lune continue à croître, les trois quarts sont maintenant visibles.
La pleine Lune. La Lune est derrière la Terre par rapport au Soleil, qui éclaire alors la totalité de sa surface visible.
La Lune gibbeuse. Nous voyons encore les trois quarts de la partie éclairée de la Lune. La Lune est maintenant décroissante.
Le dernier quartier. Nous voyons la moitié de la partie éclairée de la Lune. Il reste encore un quart de cycle à parcourir.
Le dernier croissant. Seule une tranche très fine de la partie éclairée de la Lune est encore visible de la Terre.

> « Étonnant ! »

La Lune met le même temps à parcourir une orbite autour de la Terre qu'à tourner sur elle-même. C'est donc toujours la même face de la Lune que l'on voit de la Terre. La face cachée n'est donc jamais face à la Terre. Son aspect est resté un mystère jusqu'en 1959, date à laquelle la sonde soviétique *Luna* a fait le tour de la Lune et a transmis des photos.

> Élaboration de la synthèse

La Lune est un satellite de la Terre ; elle ne fait que refléter la lumière du Soleil. Sa forme semble changer car nous ne voyons qu'une portion de cette partie éclairée.
La synthèse élaborée collectivement sera ensuite recopiée dans le cahier de sciences.

Séance 5 : évaluation

Lors de l'évaluation, proposer des schémas incomplets dans lesquels l'élève devra colorier la portion de la partie éclairée de la Lune en fonction de sa position.
Identifier et nommer les différentes phases de la Lune à partir du codage utilisé dans les calendriers…

> Prolongements

Langues et cultures étrangères : travailler sur l'origine des mots en lien avec les langues étrangères.

- Le mot *calendrier* vient du mot latin *calendes,* le premier jour du mois qui suit la nouvelle Lune.
- Le mot *lune* vient du latin *lucere* qui signifie « luire, briller ».
- Le mot *lune* se dit *moon* en anglais, *monat* en allemand. Dans ces deux langues, le mot *mois* vient du mot *lune*. *Mois* se traduit par *month* en anglais et par *mond* en allemand.

Observer d'autres calendriers. L'étude du calendrier musulman est particulièrement intéressante, car la Lune y tient un rôle important.

La mesure du temps et les durées

PAGES 18-21 DU MANUEL

RÉFÉRENCES AUX PROGRAMMES

Savoirs

- La rotation de la Terre sur elle-même et ses conséquences.
- Savoir que la durée de rotation de la Terre sur elle-même et celle de sa révolution autour du Soleil ont depuis longtemps servi d'unités à la mesure des durées.
- Connaître la correspondance entre la durée de la rotation de la Terre sur elle-même et les unités : heure, minute, seconde.
- Mesure des durées, unités.

Compétences en sciences et technologie

> Être capable de

- Poser des questions précises et cohérentes à propos d'une situation d'observation.
- Mettre en relation des observations réalisées en classe et des savoirs que l'on trouve dans une documentation.

> Avoir compris et retenu

- Les civilisations ont progressivement cherché à « garder le temps » pour organiser leurs activités.
- La journée a été fractionnée en 24 heures de 60 minutes chacune, elles-mêmes constituées de 60 secondes.

Compétences « maîtrise de la langue »

> Parler en sciences

- Utiliser le lexique spécifique des sciences.
- Formuler des questions pertinentes.
- Participer activement à un débat argumenté.

> Lire en sciences

- Lire et comprendre un ouvrage documentaire.
- Observer et analyser des représentations d'objets techniques (photos, schémas…).

> Écrire en sciences

- Prendre des notes lors d'une observation, d'une expérience ou d'une enquête.
- Rédiger, avec l'aide du maître, un compte rendu d'expérience ou d'observation (texte à statut scientifique).
- Tenir un carnet d'expériences et d'observations.
- Rédiger un texte pour communiquer des connaissances (texte à statut documentaire).

Liens avec d'autres disciplines ou parties du programme

> Histoire et géographie

- Rechercher les époques d'invention de quelques outils de mesure de temps.

> Astronomie

- Présenter cette science très ancienne à partir des chapitres précédents.
- Montrer le lien entre l'astronomie et la mesure du temps.

> Technologie

- Savoir mettre en place et construire un objet technique à partir d'une liste de matériels et de schémas.
- Comprendre le fonctionnement d'un objet technique.
- Utiliser des outils.

INFORMATIONS POUR L'ENSEIGNANT

Informations scientifiques et techniques

> Les instruments de mesure des durées

Les premiers instruments de mesure des durées étaient fondés sur **l'écoulement d'un fluide**. Ce fluide pouvait être du sable ou de l'eau.

La clepsydre

Les premières clepsydres apparaissent **dès l'Antiquité**. Dans le cas de la clepsydre, le fluide qui s'écoule est l'eau. Son écoulement régulier est contrôlé et repéré par une **graduation de la paroi interne d'un récipient** percé à sa base. Au Moyen Âge, ces instruments furent munis d'un flotteur qui entraînait le déplacement d'une aiguille sur un cadran. Compte tenu de la variation de la pression du liquide restant dans le réservoir, l'écoulement de l'eau n'était pas proportionnel au temps écoulé. Les hommes ont donc aménagé les clepsydres pour obtenir un écoulement régulier : forme conique de la clepsydre, appareil de trop-plein…

Le sablier

Le principe du sablier est le même que celui de la clepsydre. Il est fondé sur l'écoulement régulier d'un fluide, d'une matière homogène : ici, le sable. Les **propriétés d'écoulement** du sable sont différentes de celles de l'eau : c'est pourquoi un sablier n'a pas la même forme qu'une clepsydre. La **forme hyperboloïde** de l'ampoule atténue les effets d'irrégularité de l'écoulement. La forme « en entonnoir » du récipient supérieur compense la diminution de la masse du sable au fur et à mesure de son écoulement.

> Les instruments de repérage de l'heure

Le cadran solaire

Les cadrans solaires sont apparus **dès l'Antiquité**. À partir de l'observation de la **longueur de l'ombre portée d'un bâton** fiché dans le sol **(gnomon)**, on situe la hauteur du Soleil au cours de la journée. Cette observation permet de se repérer approximativement au cours de la journée. Le gnomon, puis le cadran solaire gradué sont des **horloges à ombre**. **Le cadran solaire mesure l'heure d'après la direction de l'ombre d'une tige placée au Soleil.** Les limites de ces dispositifs sont évidentes : il est impossible de lire l'heure lors d'une journée nuageuse sans Soleil ou dans l'obscurité. Ces limites ont conduit les hommes à imaginer des systèmes de repérage de l'heure indépendants du Soleil.

Les horloges mécaniques

C'est au XIIIe siècle qu'apparaissent les premières horloges mécaniques. Elles sont actionnées par un **poids** qui, en descendant progressivement, entraîne le **déroulement d'une corde autour d'un rouage** qui à son tour provoque le **déplacement d'une aiguille devant un cadran**. C'est **Galilée** qui utilisa **le balancement d'un pendule pour fractionner le temps**. Le savant **Huygens** adapta cette découverte à ses mécanismes, créant les premières horloges mécaniques. Le pendule fut ensuite remplacé par un ressort à spirale. Cette évolution permit une **réduction de la taille des horloges**. Plus facilement transportables, elles devinrent plus mobiles. Les **montres à gousset** font leur apparition au XVIe siècle et les **montres à poignet** au XIXe siècle. Elles utilisent le même mécanisme devenu très petit.

L'électronique

Les systèmes de mesure et de transmission mécanique ont été remplacés par des **modules électroniques**. Les oscillations sont obtenues par la **vibration de petits cristaux de quartz sous l'effet d'un champ électrique alternatif**. Une pile est nécessaire. La plupart des montres actuelles fonctionnent ainsi, même si des montres mécaniques continuent d'entretenir la tradition. Des systèmes de lecture digitaux sont apparus dans la seconde moitié du XXe siècle. Le système de lecture à aiguille n'est pas abandonné pour autant.

> Les unités de mesure

La **seconde** est **l'unité principale du temps**. C'est la plus ancienne des unités de base du système international. Elle a longtemps été définie comme la fraction : 1/86 400e du jour solaire moyen. Elle se définit aujourd'hui plus finement à partir de la vibration naturelle d'un atome (le césium 133). Ses multiples sont :

- 1 minute = 60 secondes ;
- 1 heure = 60 minutes = 3 600 secondes ;
- 1 jour = 24 heures = 86 400 secondes.

Représentations des élèves et obstacles à prendre en compte

> La perception du temps

« On ne voit pas le temps qui passe. » Ce n'est pas seulement une expression idiomatique et stéréotypée pour exprimer la fuite du temps. C'est la réalité. Le temps est « invisible ». C'est la difficulté majeure que rencontrent les enfants pour comprendre le concept de temps. Le concept de temps, avec le concept d'espace, conditionne les actes de la vie et les apprentissages.

La difficulté est accrue par le fait que les instruments de mesure du temps (cadrans, pendules, frises...) sont des espaces. Un tour de cadran de la petite aiguille de la pendule exprime 12 heures, mais il exprime aussi un angle ! C'est par une figuration spatiale que le temps est exprimé. On pourrait aussi prendre l'exemple de la frise du temps que les enfants connaissent bien. Seules les disciplines musicales et corporelles donnent une réalité au temps. Quand les enfants chantent ou dansent, ils perçoivent le temps presque physiquement : ils doivent être en mesure, respecter le tempo, le rythme. On le voit, l'approche de la construction du concept de temps ne relève pas que de la science.

> Les heures et les durées

Connaître l'heure est une nécessité pour l'organisation sociale (rendez-vous, réunion, activité planifiée...). La mesure de la durée est une autre nécessité : elle permet de comparer, d'évaluer, de projeter des actions...

À partir des connaissances élaborées dans les chapitres précédents, les élèves vont prendre conscience de la nécessité de procédés et d'instruments de mesure du temps et des durées. Ils vont comprendre pourquoi les hommes ont ressenti la nécessité de se situer dans le temps.

Le rapprochement avec l'expérience vécue par chaque élève doit permettre « la mise en paroles » de la question. Le recours à la langue orale sera favorisé dans un cadre temporel rigoureux. Mesurer le temps de parole de chaque élève sera bénéfique : c'est une mesure qu'il faut admettre et faire admettre.

SÉQUENCE PÉDAGOGIQUE : CHAPITRE 5
COMMENT MESURER DES DURÉES ?

Matériel

- Manuel pages 18 et 19 et *Carnet de chercheur CM2* pages 10 et 11.
- Des instruments de mesure du temps (apportés par les élèves ou l'enseignant).

Séance 1

Phase collective suivie d'un travail individuel.
Durée : 40 minutes.

> « J'observe »

Faire observer et analyser les deux documents

proposés page 18 du manuel en suivant le questionnement proposé. Les élèves mettent leurs réponses en commun.
Le format de ces deux photographies permet de réaliser un travail intéressant sur les cadrans, les aiguilles et les chiffres. La pendule est familière aux élèves et la lecture de l'heure est acquise. Quant au chronomètre, tous les élèves n'ont pas forcément eu l'occasion de l'observer dans sa version non digitale. Il peut donc être intéressant de profiter d'une séance d'EPS pour permettre aux élèves d'observer le chronomètre, son maniement et son utilisation.
Cette phase collective peut être relativement brève dans la mesure où le sujet n'est pas une découverte pour la majorité des élèves de ce niveau. Toutefois, si certains élèves sont en difficulté, il ne faut pas hésiter à allonger le temps de description de ces deux instruments de mesure.

> « Je lis »

Faire lire le texte individuellement. Les élèves mettent ensuite leurs remarques en commun. On peut envisager la mise en travail par groupes ; le sujet n'est pas complètement neuf pour la majorité des élèves. Quelques termes peuvent poser problème pour une bonne compréhension du texte. Les élèves doivent chercher dans un dictionnaire la définition des mots qu'ils ne comprennent pas. Il faut s'assurer que tous les élèves comprennent le sens du texte avant de faire répondre aux questions du manuel.

Séance 2

Phase collective, puis individuelle.
Durée : 40 minutes.

> « Je comprends »

L'activité proposée est directement en prise avec l'expérience quotidienne des élèves et leur donne donc le sentiment rassurant d'être compétents. Mais c'est tout de même un exercice de lecture qui nécessite une attention maîtrisée et une précision dans le calcul. On peut proposer d'utiliser le cadran de la pendule (Doc. 1 page 18) pour aider les élèves à répondre aux questions. Certains élèves doivent se référer à la représentation imagée pour apprécier des durées.
Pour clore la séance, la recherche proposée dans le *Carnet de chercheur* conduit l'élève à réfléchir à ce qu'il a acquis au cours de la séquence.
En vue d'individualiser les activités et de favoriser les aspects concrets du thème, il est intéressant de solliciter les élèves pour compter les battements de leur cœur. Ils vont mesurer leur pouls et ainsi comprendre l'encadré « Étonnant ! ». Faire mesurer le pouls pendant 1 minute ou 15 secondes si l'on veut « mathématiser » la manipulation. Les élèves écrivent les résultats sur leur cahier et rédigent un compte rendu de cette expérience. C'est une préfiguration de l'activité de mesure du pouls qu'ils réaliseront dans la séquence 27 « Que se passe-t-il quand je fais un effort ? ».

SÉQUENCE PÉDAGOGIQUE : ZOOM SUR... LES INSTRUMENTS DE MESURE DU TEMPS

Il est intéressant d'utiliser les objets apportés par les élèves. Cela peut constituer l'amorce d'une exposition dans l'esprit du « Zoom sur... Les instruments de mesure du temps » des pages 20 et 21 du manuel.
La recherche dans une encyclopédie ou sur Internet de tous les objets figurant dans ce « Zoom » doit permettre d'enrichir la connaissance des élèves. C'est dans cet esprit que sont prévues les activités du *Carnet de chercheur* des pages 10, 12 et 13.

SÉQUENCE PÉDAGOGIQUE : CHAPITRES 42 ET 43 FABRIQUER UN SABLIER FABRIQUER UNE CLEPSYDRE

Les fiches techniques des chapitres 42 et 43 (pages 130 et 131) de la clepsydre et du cadran solaire (page 11 du *Carnet de chercheur CM1*) sont des exercices de lecture fonctionnelle. Ces activités doivent être de préférence menées en classe et anticipées. Il est ainsi intéressant d'afficher la liste du matériel une semaine avant la mise en place de l'activité, pour que les élèves s'y préparent.
L'objectif est d'amener chaque élève à l'autonomie, tant du point de vue de la lecture que de la réflexion. Le maître devra favoriser l'initiative des élèves les plus autonomes tout en soutenant les élèves moins à l'aise, sans se substituer à eux. Le maître mettra à profit cette relative liberté des élèves pour porter son attention sur les plus fragiles face au texte. Il s'agit ici d'un exercice de lecture qui débouche sur une réalisation. Cette lecture d'un texte fonctionnel fournit à l'élève l'occasion d'aller chercher la signification d'un écrit pour réaliser un objet.
Le tamisage du sable peut être une opération préalable à la réalisation du sablier. Un certain tâtonnement est utile pour que les élèves comprennent l'incertitude qui accompagne très souvent la réalisation d'objets techniques. Les objets ainsi réalisés seront utilisés pour mesurer la durée de certaines activités de la classe : réalisation d'une série d'opérations, de calcul, temps de passage du Soleil de la fenêtre à la porte...

Manifestations de l'activité de la Terre : les volcans, les séismes

PAGES 22-29 DU MANUEL

RÉFÉRENCES AUX PROGRAMMES

Savoirs

Le principal objectif est de découvrir les phénomènes liés aux éruptions volcaniques et aux séismes. Ces catastrophes naturelles sont des risques majeurs pour certaines régions du monde : la France n'est pas épargnée. La société doit savoir se prémunir contre ces risques.

Compétences en sciences et technologie

> Être capable de

- Imaginer une représentation schématique et l'interpréter.
- Mettre en relation des observations réalisées en classe et des savoirs que l'on trouve dans une documentation.
- Utiliser un planisphère pour y repérer la répartition des volcans et des séismes.

> Avoir compris et retenu

- Un séisme est un mouvement brusque au point de contact entre deux plaques de l'écorce terrestre. Il se caractérise par des ondes plus ou moins fortes, mesurées par des sismographes.
- La remontée du magma en surface par les fissures de l'écorce terrestre entraîne une éruption volcanique.
- L'étude des risques majeurs naturels permet de rechercher les conditions de leur prévention.

Compétences « maîtrise de la langue »

> Parler en sciences

- Utiliser le lexique spécifique des sciences dans les différentes situations didactiques mises en jeu.
- Formuler des questions pertinentes.
- Participer activement à un débat argumenté pour élaborer des connaissances scientifiques en en respectant les contraintes (raisonnement rigoureux, examen critique des faits constatés, précision des formulations, etc.).

> Lire en sciences

- Traiter une information complexe comprenant du texte, des images, des schémas.
- Rechercher des informations pertinentes dans des documents.
- Chercher et se documenter au moyen d'un produit multimédia (CD-Rom, DVD-Rom, site Internet...).

> Écrire en sciences

- Rédiger un texte pour communiquer des connaissances (texte à statut documentaire).
- Rédiger un questionnaire d'enquête.

Liens avec d'autres disciplines ou parties du programme

> Géographie

- Localisation des zones sismiques, des volcans.
- Compréhension des problèmes que doivent résoudre les pays et les habitants des zones à risques.
- Conséquences des risques sur le développement des pays concernés.

> Histoire

- Connaissance des séismes et des éruptions volcaniques comme événements historiques : Pompéi, Bam, tsunami en Asie du Sud-Est...

Éducation civique

- Apprentissage des mesures de prévention des risques naturels majeurs.

INFORMATIONS POUR L'ENSEIGNANT

Informations scientifiques et techniques

> Les plaques tectoniques

La Terre est formée de **couches concentriques** de roches de natures différentes. La surface de la Terre est la **lithosphère**. Cette couche de roches est rigide et cassante. Elle est constituée d'**une dizaine de plaques** qui se déplacent sur une couche également solide, mais qui se déforme lentement à l'échelle du temps. Les plaques se déplacent de quelques centimètres par an. La **théorie de la dérive des continents** (théorie de Wegener) a inspiré celle de la **tectonique des plaques**. Entre les plaques, les zones de cassure de l'écorce terrestre sont les lieux de séismes ou d'éruptions volcaniques.

> Les séismes

Les séismes et les volcans se répartissent généralement aux zones de contact des plaques tectoniques. La lente déformation des roches aboutit à des ruptures brutales lorsque leurs limites de résistance sont atteintes. Ces phénomènes sont suivis de rebonds élastiques qui provoquent des ondes sismiques.
Les tremblements de terre secouent la surface du globe

en permanence, mais avec des intensités très faibles. Ils n'ont pas tous des effets dévastateurs pour l'homme et la nature. Beaucoup de séismes ne sont perceptibles que par les **sismographes**, des appareils de mesure de l'intensité des secousses qui permettent une surveillance accrue de certaines zones de la planète. Grâce aux mesures, les scientifiques ont pu dresser des cartes de lieux à risques, mettre en œuvre des politiques de prévention, notamment dans le domaine des normes de construction. Mais il est toujours impossible de prévoir le déclenchement d'un séisme.

L'échelle de Richter mesure la magnitude des séismes et permet de définir l'énergie libérée au foyer du séisme, en son **épicentre**.

Magnitude	**Effets**
Moins de 3,5	Le séisme n'est pas ressenti par les populations, mais il est enregistré par le sismographe.
De 3,5 à 5,4	Le séisme est ressenti, mais n'entraîne pas de dommages.
De 5,5 à 6	Le séisme cause de légers dommages aux bâtiments solides et des dommages majeurs aux maisons traditionnelles.
De 6,1 à 6,9	Le séisme peut être destructeur dans un rayon de 100 km autour de l'épicentre.
De 7 à 7,9	Séisme majeur qui cause de sérieux dommages sur un vaste espace.
Plus de 8	Très fort séisme causant de très grands dommages sur des zones de plusieurs centaines de km.

> Les tsunamis

Le déclenchement d'un tremblement de terre sous la mer peut provoquer un tsunami. Un tsunami, ou maremoto, ou raz-de-marée, est la conséquence sur mer d'un phénomène sismique. Au niveau de l'épicentre, la surface de l'eau est agitée d'un mouvement d'oscillation, qui peut passer inaperçu au large, mais qui s'amplifie à proximité des côtes. En arrivant à proximité des côtes, la profondeur de l'eau diminue : la vague se resserre, prend de la hauteur et déferle de toute sa puissance sur la terre. Des murs d'eau qui peuvent atteindre 25 à 40 mètres de haut emportent tout sur leur passage et avancent dans les terres sur plusieurs kilomètres. Avant l'arrivée de la vague, la mer se retire soudainement au large, découvrant une vaste étendue. Quelques minutes plus tard, la vague monstrueuse recouvre la côte.

> Les éruptions volcaniques

Les éruptions volcaniques se produisent **lorsque le magma sous pression sort par les fissures de l'écorce terrestre**. Les températures des **roches en fusion** dépassent les 1 000 °C lors des éruptions. Les éruptions volcaniques sont souvent précédées de faibles tremblements de terre liés à des mouvements de la fracture de l'écorce terrestre. La **lave** emplit le **cratère** du volcan, créant un véritable lac, ou bien s'écoule et recouvre la région autour du volcan.

> La localisation des séismes et des volcans

Là où se trouvent des volcans, des séismes se manifestent. **Tout au long des lignes de fracture des plaques tectoniques**, l'activité sismique accompagne l'activité volcanique. C'est la fragilité des roches de l'écorce terrestre qui explique ces phénomènes.

Certaines lignes de fracture ou des chaînes montagneuses se trouvent sous la mer : on trouve des lignes de volcans dans les profondeurs sous-marines, le long des **dorsales océaniques**.

Les régions montagneuses comme l'Himalaya, les chaînes de l'Ouest des Amériques ou le Japon sont des zones sismiques majeures. Les séismes accompagnent la formation des massifs montagneux.

> Les zones à risques

Les hommes ont toujours vécu sur les flancs des volcans pour profiter de la fertilité des terrains pour leurs cultures. Il n'en reste pas moins qu'une éruption volcanique est un danger permanent. On peut d'ailleurs s'étonner que l'urbanisation autour de certains volcans ne soit pas plus contrôlée (Vésuve, Etna...).

Les études géologiques et géophysiques permettent de définir des secteurs plus ou moins exposés aux risques sismique et volcanique.

Dans les pays industrialisés, les risques volcanique et sismique sont pris en compte dans l'implantation d'activités particulières : centrales nucléaires, barrages hydroélectriques... Des **normes de construction** spécifiques ont été mises en place : dans les zones à risque sismique, les constructions doivent être **parasismiques**, pour limiter au maximum les risques d'effondrement des bâtiments en cas de secousse importante. C'est en connaissance de cause que les habitants suivront les règles de prévention, d'alerte et de protection. Mais ces dispositions de sécurité sont prises par les pays industrialisés, qui ont les moyens de la prévention. Le Japon, notamment, est à la pointe de ces mesures. Dans les pays moins favorisés, le risque est moins pris en compte et les séismes sont souvent catastrophiques : Bam, El-Asnam...

Représentations des élèves et obstacles à prendre en compte

Le thème des séismes et des éruptions volcaniques est très « médiatique ». Les images des catastrophes envahissent les écrans de télévision et les journaux. C'est donc probablement l'aspect spectaculaire qui prend le pas sur les connaissances et l'analyse dans l'esprit des élèves.

Les élèves s'attachent tout d'abord à ce qu'ils voient : les destructions dans le cas des séismes, les fumées et les coulées de lave dans le cas des volcans. Il est difficile de passer outre ces phénomènes visibles pour les amener à comprendre et à analyser ce qui se passe.
De plus, les élèves ont des difficultés à se représenter les échelles de la planète, et notamment son rayon de 6 370 km et ce qui constitue « l'intérieur » de la Terre. Comment concevoir que le magma ne se trouve qu'à quelques dizaines de kilomètres seulement ? Les élèves situent en général l'origine des phénomènes sismiques et volcaniques « au centre de la Terre », alors qu'ils ne concernent que la surface. Ils n'imaginent pas non plus que l'activité de la Terre est permanente.
Pour dépasser ces difficultés et ces obstacles, l'enseignant doit démarrer toute séquence par une phase orale collective. Il faut lancer un débat sur le sujet et recueillir les représentations initiales des élèves. Prendre ces remarques en notes : cela permettra aux élèves eux-mêmes de mesurer l'évolution de leurs connaissances en fin d'apprentissage.

SÉQUENCE PÉDAGOGIQUE : CHAPITRE 6
POURQUOI LA TERRE TREMBLE ?

Matériel

- Manuel pages 22 et 23 et *Carnet de chercheur CM2* pages 14 à 17.

Séance 1

Phase orale collective, puis trace individuelle.
Durée : 35 à 40 minutes.

> « J'observe »

Faire observer les photos Doc. 1 et 2 de la page 22 du manuel. Poser les questions à la classe et accepter les réponses des élèves sans disperser l'attention.
Faire situer sur le planisphère de la page 23 les lieux représentés sur ces deux photographies. Kōbe est un port du Japon situé sur l'île de Honshu, dans la baie d'Osaka. La ville a été partiellement détruite en 1995 par un séisme d'une grande intensité. En parallèle à l'observation de cette photographie, il peut être intéressant de proposer la lecture du texte de la page 16 du *Carnet de chercheur CM2*, pour amener les élèves à aller plus loin dans la compréhension des effets destructeurs de ce séisme.
Le Doc. 2 est une vue aérienne de la faille de San Andreas. Cette faille est une longue zone de fracture de l'écorce terrestre qui parcourt la Californie du Nord au Sud, le long de l'océan Pacifique. Dans quelques dizaines de millions d'années, elle risque de séparer la Californie du continent américain.

> « Je lis »

Faire lire le texte individuellement, puis répondre aux questions.
Les élèves situent sur un planisphère la Californie. Les amener à faire le lien avec le Doc. 2 représentant la faille de San Andreas.
Faire rechercher dans le texte les mots et les expressions qui traduisent la violence et la rapidité du séisme : « rumeur sourde », « catastrophe ». Faire expliquer la métaphore : « On croirait entendre un train de marchandises lancé à toute vitesse qui foncerait sur Coalinga. » Cet exercice permet de renforcer la compréhension par les élèves de ce texte à caractère journalistique.
L'enseignant peut proposer aux élèves de relever toutes les indications chiffrées dans le texte. En lien avec les mathématiques et d'autres domaines des sciences, les élèves vont ainsi percevoir que les données chiffrées peuvent faire référence à des données différentes : date, heure, distance, intensité...
Pour chaque donnée, leur faire trouver l'unité de mesure utilisée. Dans le cas de l'échelle de Richter, insister sur le fonctionnement d'un sismographe et sur son rôle (voir « Informations pour l'enseignant »).
Le *Carnet de chercheur CM2* propose le même type d'exercice de lecture et de compréhension de texte journalistique ou scientifique (pages 16 et 17). Cela permet aux élèves un entraînement régulier de compréhension de ce type de textes dont ils sont généralement peu familiers.

Séance 2

> Lire une carte

Faire observer la carte individuellement. Puis, faire une mise en commun des remarques des élèves. Poser les questions : « Où se situent les séismes ? » ; « Toutes les régions du monde sont-elles touchées par des séismes ? ».

> Comprendre des schémas

Parler en classe des séismes et des catastrophes qu'ils peuvent provoquer va amener les élèves à parler spontanément du phénomène du tsunami. Les images qu'ils auront vues et revues en décembre 2004 et mars 2005 à propos des catastrophes en Asie du Sud-Est les ont marqués durablement. Il faut essayer d'éviter de mettre l'accent sur l'aspect dévastateur et meurtrier pour se concentrer sur le phénomène en lui-même et ses causes. La page 15 du *Carnet de chercheur CM2* est un appui utile à la compréhension du tsunami.

SÉQUENCE PÉDAGOGIQUE : CHAPITRE 7
QU'EST-CE QU'UN VOLCAN ?

Matériel

- Manuel pages 24 et 25 et *Carnet de chercheur CM2* pages 18 à 21.

Séance 1

Phase collective, puis individuelle.
Durée : 40 minutes.

> « J'observe »

Les trois photographies (Doc. 1 à 3) de la page 24 du manuel présentent aux élèves trois types de volcans. Faire situer ces volcans sur un planisphère.
Ils doivent décrire tous les caractères visibles qui distinguent ces volcans. Le volcan du Doc. 1 est « éteint » : il n'est plus en activité depuis plusieurs siècles. Attention ! il faut bien montrer aux élèves que cela ne signifie pas qu'il ne sera plus jamais en activité.
Le volcan du Doc. 2 crache de la fumée et des cendres : c'est un « volcan gris ». Il est facile d'expliquer aux élèves cette dénomination par l'observation attentive de la photo.
Le volcan du Doc. 3 montre un « volcan rouge » : un jet de lave et une importante coulée de lave sont visibles.

> « Je lis »

Faire lire individuellement le texte de la page 24 du manuel. Ce texte va permettre aux élèves de se débarrasser de certaines de leurs idées reçues sur les volcans. Ils vont notamment comprendre qu'un volcan n'est pas « une montagne qui crache des flammes ».
Faire répondre aux questions collectivement dans la classe, puis lancer un débat si nécessaire : « Qu'y a-t-il à l'intérieur d'un volcan ? » Il n'y a pas de feu à l'intérieur d'un volcan. La lave qui sort du volcan est constituée de roches fondues. Les roches ont fondu à l'intérieur de la Terre car une chaleur intense y règne.

Séance 2

Phase individuelle.
Durée : 40 minutes.

> Lire et comprendre un schéma en coupe

Le schéma en coupe de la page 25 vient en appui du texte du « Je lis ». Après la compréhension du texte, les élèves vont passer à la compréhension du schéma en coupe. Ils vont ainsi visualiser les informations données précédemment : l'écorce terrestre, l'intérieur du volcan avec la cheminée, la coulée de lave... La tâche de reproduction du schéma en coupe que l'élève doit effectuer page 19 du *Carnet de chercheur* vient en appui du travail important de recherche effectué au cours de la séance. Cette activité permet une évaluation de la compréhension des élèves du phénomène volcanique.

> « Sur ton Carnet de chercheur »

L'activité proposée à la page 18 du *Carnet de chercheur CM2* permet une évaluation des connaissances acquises par les élèves au cours de cette séquence pédagogique consacrée aux volcans. La grille de mots croisés est d'abord un exercice de lecture et de compréhension. Les élèves autonomes peuvent effectuer cet exercice seuls.
Les pages 20 et 21 du *Carnet de chercheur* sont des compléments intéressants aux pages du manuel. En s'appuyant sur la lecture de textes à portée scientifique, les élèves vont tester à la fois leur compréhension du phénomène volcanique et leur parfaite compréhension de l'écrit. Cette activité est en adéquation avec l'exigence des programmes en « maîtrise de la langue ». Cet exercice de compréhension de texte peut être proposé individuellement aux lecteurs autonomes ou en petits groupes pour les élèves moins à l'aise.

SÉQUENCE PÉDAGOGIQUE : ZOOM SUR...
VOLCANS ET SÉISMES DANS LE MONDE

Matériel

- Manuel pages 26 et 27 et *Carnet de chercheur CM2* pages 22 et 23.

Séance d'évaluation

Phase collective.
Durée : 35 à 40 minutes.

> Lecture de la carte

L'espace de la double page facilite la prise de conscience de l'ampleur de l'activité tellurique et volcanique sur la planète. Les élèves comparent la localisation des séismes et des volcans. Ils remarquent que c'est à proximité des limites des plaques tectoniques que l'on retrouve les volcans et les séismes. Il y a néanmoins des exceptions. Certains volcans sont isolés, à l'écart des zones de fracture : ce sont des « points chauds ».

> Évaluation

Cette carte de la localisation des séismes et des volcans permet une évaluation des deux séquences pédagogiques précédentes (chapitres 6 et 7). À partir de l'observation de la carte, leur demander : « Qu'avez-vous retenu de ces deux séquences ? » La carte permet de réinvestir les compétences et les savoirs acquis par les élèves sur les séismes et les volcans. Ils vont ainsi comprendre le lien fort qui existe entre ces deux manifestations de l'activité de la Terre.

QUELS RISQUES EXISTENT EN FRANCE ?

Matériel

- Manuel pages 28 et 29 et *Carnet de chercheur CM2* pages 24 et 25.
- Plateau.
- Morceaux de sucre.

Séance 1

Phase individuelle.
Durée : 35 à 40 minutes.

> « J'observe »

Faire observer attentivement les deux photographies de la page 28 du manuel. Le Doc. 1 représente le clocher détruit de l'église du village d'Arette. Le Doc. 2 montre une importante coulée de lave avançant sur la végétation et la route sur l'île de la Réunion. Les élèves doivent insister dans leur description de la scène sur la présence de nombreuses personnes venues voir le phénomène. Est-ce prudent ? Les élèves vont débattre sur le risque encouru par ces témoins de la coulée de lave.
En recherchant dans un atlas où ont été prises ces deux photos, les élèves se rendent compte qu'elles représentent des événements qui ont eu lieu en France : en Métropole pour le Doc. 1 (dans les Pyrénées) et en Outre-mer pour le Doc. 2. La France peut donc être touchée par ces risques naturels majeurs que sont les séismes et les éruptions volcaniques.

> « Je lis »

Le texte du « Je lis » est à faire étudier en parallèle avec la lecture d'images du « J'observe ». Ce texte journalistique est en effet le pendant du Doc. 1. Il faut essayer autant que possible de faire coïncider l'écrit avec la photographie : « Quels termes du texte peuvent décrire le Doc. 2 ? » Les élèves vont citer « des torrents de lave ».

Séance 2

Phase collective.
Durée : 45 minutes (avec la mise en place de l'expérience).

> Lecture de carte

Il s'agit d'une lecture fonctionnelle de document. Les élèves doivent être très attentifs à la légende et aux couleurs utilisées. Il est possible de guider l'étude si les élèves ne sont pas à l'aise. Poser des questions : « Quel est le titre de cette carte ? » ; « Que représente-t-elle ? » ; « À quoi correspond chaque couleur ? »...
Pour vérifier la compréhension de la carte du zonage sismique en France métropolitaine et en Outre-mer, faire classer les informations dans un tableau. Pour chaque région française, faire cocher des croix selon la zone de sismicité à laquelle elle appartient : une typologie des zones à risques va apparaître. C'est une autre manière de faire apparaître la typologie des zones à risque sismique.

> Manipulation

En conclusion de cette séquence pédagogique, il peut être intéressant de faire manipuler les élèves pour leur faire approcher la notion de construction parasismique. Ils ont compris, grâce aux séquences précédentes et à l'étude des différentes photographies, que les bâtiments sont les premiers touchés par les séismes : leur effondrement entraîne souvent des victimes. Il est donc important de construire des bâtiments qui suivent des normes très strictes et capables de résister à de fortes secousses.
L'activité de simulation proposée à la page 25 du *Carnet de chercheur* est ludique. Elle va montrer aux élèves quels types de constructions résistent le mieux aux secousses. Faire sur une planche ou un plateau des empilements de morceaux de sucre, à différents endroits et selon des orientations différentes. Pousser d'un coup sec d'un côté du plateau. Cette simulation d'un tremblement de terre fait bouger, voire s'écrouler les empilements de sucre. Quels empilements résistent le mieux ? Il est intéressant de faire remarquer l'importance des dégâts selon leur orientation par rapport à l'onde de choc. La forme des constructions est également un facteur important : tous les empilements ne s'écroulent pas. Les élèves vont chercher ainsi par un tâtonnement expérimental quel type de construction résiste le mieux. Ils peuvent attacher les morceaux de sucre avec de la ficelle...
Cette activité de manipulation n'est pas à proprement parler scientifique, mais elle permet de visualiser ce qui se passe pendant un séisme et d'appréhender les constructions parasismiques. C'est l'imagination des élèves qui est sollicitée.

La procréation chez les animaux

PAGES 30-35 DU MANUEL

RÉFÉRENCES AUX PROGRAMMES

Compétences en sciences et technologie

> Être capable de
- Rechercher des informations pertinentes dans des documents.
- Formuler des questions et pratiquer un raisonnement logique.
- Écrire un texte pour expliquer une observation sur documents.
- Poser des questions précises et cohérentes à propos d'une situation d'observation ou d'expérience.

> Avoir compris et retenu
- Des comportements de procréation chez les animaux.
- Les transformations de l'embryon dans l'œuf jusqu'à la naissance.

Compétences « maîtrise de la langue »

> Parler en sciences
- Utiliser le lexique spécifique des sciences dans les différentes situations didactiques mises en jeu.
- Savoir rechercher et énoncer des critères.

> Lire en sciences
- Traiter une information complexe comprenant du texte, des images, des schémas.
- Rechercher des informations pertinentes dans des documents.
- Trouver sur Internet des informations scientifiques simples et les comprendre.

> Écrire en sciences
- Élaboration et mise au point de textes narratifs concernant le développement du bébé avant la naissance.

INFORMATIONS POUR L'ENSEIGNANT

Ces séquences vont permettre de faire prendre conscience aux élèves de **la nécessité d'un mâle et d'une femelle pour faire des bébés**. Ils vont observer la nécessité de **l'accouplement** chez les mammifères (comme le cheval), ainsi que chez d'autres espèces (comme la coccinelle). Les élèves pourront citer d'autres cas qu'ils connaissent.

Informations scientifiques et techniques

On observe dans le monde animal deux types principaux de procréation.

> L'accouplement avec fécondation interne de la femelle

Les œufs sont fécondés dans les voies génitales de la femelle. C'est le cas chez les mammifères, les oiseaux, mais aussi chez beaucoup d'autres animaux. Les œufs sont pondus après la fécondation (sauf dans les cas d'ovoviviparité et de viviparité : voir le paragraphe sur le développement).

> La fécondation externe

La femelle pond ses œufs et le mâle répand sa semence dessus. Les pertes sont dans ce cas plus importantes : il y a un nombre important d'œufs non fécondés. Mais ces pertes sont en général compensées par le très grand nombre d'œufs pondus. C'est le cas chez la plupart des poissons et chez beaucoup d'invertébrés.

Dans la plupart des cas, la phase de fécondation est précédée par un comportement complexe et ritualisé de **parade sexuelle entre le mâle et la femelle**.

> Les types de développements

Chez les mammifères, et donc dans l'espèce humaine qui sera abordée plus tard dans l'année (voir chapitre « La reproduction des êtres humains »), le développement de l'embryon s'effectue après la fécondation dans le ventre de la mère. La mère fournit à l'embryon puis au fœtus tous les éléments nécessaires à son développement jusqu'à la naissance, et même parfois après (poche vitelline des poissons).

> Le développement intra-utérin chez les mammifères

La fécondation d'un ovule par un spermatozoïde produit un œuf. La gestation est le temps entre la fécondation et la naissance pendant lequel un embryon se développe.

Après la fécondation, **les cellules de l'œuf se divisent** jusqu'à former un **embryon**, qui devient ensuite un **fœtus**. Il se développe dans l'utérus de la mère, grâce au **placenta**. Le placenta s'est développé au niveau de l'utérus lors de l'implantation de l'embryon. Le fœtus est protégé et maintenu à 37 °C dans une poche de liquide amniotique. Le **cordon ombilical** conduit le sang du fœtus jusqu'au **placenta où se déroulent les échanges avec le sang maternel** (arrivée de dioxygène et de nutriments, rejet des déchets et du dioxyde de carbone). Les poumons du fœtus ne sont pas fonctionnels, ils ne le seront qu'à partir de la naissance. La circulation pulmonaire n'étant pas encore enclenchée, le sang passe directement de l'oreillette droite à l'oreillette gauche du cœur par un trou qui se referme après la naissance.

> Le dimorphisme sexuel

Beaucoup d'animaux présentent des **différences morphologiques entre le mâle et la femelle**. Par exemple, chez les poules, on différencie facilement le mâle (coq) de la femelle (poule).

Représentations des élèves et obstacles à prendre en compte

> « La petite graine »

Le sujet de la reproduction et de la procréation est chargé de beaucoup d'affectivité et d'émotion de la part des élèves. Il convient donc de l'aborder de façon circonstancielle (naissance dans un élevage ou dans une famille) et surtout d'en parler d'une façon détendue.
Pour la fécondation, la représentation traditionnelle de la « petite graine que le papa donne à la maman » est un obstacle important de compréhension. Elle renforce des idées « préformistes-mâles » où les élèves croient que c'est le papa qui fournit un bébé miniature qui se développera dans le ventre de la maman, qui n'est alors qu'une nourrice !
À l'inverse, d'autres élèves ont des représentations « préformistes-femelles » où le bébé préexiste dans le ventre de la maman, son développement étant seulement déclenché par le spermatozoïde ! Il est donc important de faire émerger les conceptions initiales des élèves au tout début de la séquence sur la procréation, afin de les connaître et de pouvoir essayer de les modifier à travers l'exploitation et la discussion des documents scientifiques présentés.

> L'œuf

La notion biologique d'« œuf » est souvent assimilée à l'œuf d'oiseau, en particulier à l'œuf de poule. Cela peut entraîner des difficultés. En effet, l'œuf de poule que l'on mange est en fait un ovule non fécondé (en l'absence de rapport sexuel avec un coq, ce qui est le cas dans les élevages industriels), rempli de réserves nutritives. **« L'œuf », au sens biologique du terme, est le résultat de la fécondation d'un ovule par un spermatozoïde : c'est la cellule initiale d'un nouvel être vivant.**

> Le développement

Les conceptions initiales des enfants sur le développement de la fécondation à la naissance ne prennent pas en compte les transformations physiques. Ils pensent que le bébé-animal a toujours eu une forme de bébé, même au début de son développement. L'observation des documents photographiques présentés dans le manuel permettra de faire évoluer cette représentation.

> Un sujet délicat

Cet ensemble de séquences peut être réalisé en profitant des circonstances, par exemple une naissance dans un petit élevage de la classe. Le thème sensible et délicat de la procréation doit s'appuyer sur les questions des élèves, relevées par exemple à partir d'un questionnaire ouvert. On favorisera l'expression des élèves et les échanges.
On peut laisser s'exprimer les enfants sur ce qui se passe chez les humains en comparant avec ce qu'ils ont vu chez les animaux. On ne réduira pas l'acte sexuel à sa fonction de procréation, mais on montrera l'importance des sentiments. Ce sont les sentiments qui différencient les êtres humains des animaux, soumis seulement à leur instinct. On respectera la pudeur de certains enfants et on mettra en valeur la dimension affective de la sexualité humaine et le projet parental.

SÉQUENCE PÉDAGOGIQUE : CHAPITRE 9
D'OÙ VIENT L'ŒUF ?

Objectif

Cette séquence va permettre de découvrir des comportements de procréation chez les animaux ovipares.

Matériel

- Manuel pages 30 et 31 et *Carnet de chercheur CM1* pages 10 et 11.

Séance 1

Phase de recherche individuelle puis phase orale collective.
Durée : 30 à 40 minutes.

> Situation-problème : quelle est l'origine des œufs pondus par les animaux ?

Faire émerger les représentations initiales des élèves. Conserver la trace de ces représentations initiales pour pouvoir mesurer l'évolution de leurs connaissances en fin d'apprentissage.
Poser les questions avant de faire ouvrir le manuel. Prendre en compte les réponses des élèves. Les écrire.

> « J'observe »

L'observation des Doc. 1 et 2 du manuel page 30 (accouplement d'une coccinelle mâle et d'une femelle, coccinelle en train de pondre des œufs) permet de répondre à la question : « À quelle condition la femelle coccinelle pond-elle des œufs ? ». Les élèves notent la nécessité d'un accouplement entre un mâle et une femelle.
Le Doc. 3 représente un saumon mâle qui répand son sperme sur les ovules que la femelle vient de pondre. L'observation de cette photographie permet de repérer la différence entre les deux modes de reproduction : celui de la coccinelle et celui du saumon. Les élèves distinguent ainsi deux types d'animaux :

- les animaux qui fécondent leurs œufs par accouplement ;
- les animaux qui répandent leur sperme sur les œufs de la femelle après la ponte et en général après une parade nuptiale. On notera dans ce cas l'abondance des œufs et du sperme (qui forme un nuage dans l'eau), qui compense la diminution des probabilités de fécondation lorsqu'il n'y a pas accouplement.

> « Je lis »

Les élèves lisent attentivement l'extrait du *Mémoire sur les Grenouilles* de René Antoine Réaumur. Ils vont interpréter cette expérience. Leur demander de répondre aux questions du manuel.

« Quelle est la différence entre l'expérience du 21 mars et celle observée par l'assistante de Réaumur ? » Dans l'expérience du 21 mars, on a mis une culotte au mâle et les œufs pondus par la femelle ne se développent pas. Dans l'expérience observée par l'assistante, un jet « sort » du mâle. Dans ce cas, les œufs donnent naissance à des têtards, qui se transforment ensuite en grenouilles. Ce jet correspond aux spermatozoïdes du mâle.

« Qu'est-ce qui est indispensable pour obtenir des têtards ? » Pour obtenir des têtards, il est indispensable qu'il y ait une insémination directe du sperme du mâle. Il faut qu'il y ait accouplement du mâle avec la femelle, sans caleçon (une sorte de préservatif dans le cas de l'expérience de Réaumur !).

> *Carnet de chercheur CM1*

L'activité 1 page 10 demande aux élèves de classer les différentes étapes de la procréation chez la poule, puis de leur donner un titre :

1. la parade nuptiale ;
2. l'accouplement du coq et de la poule ;
3. la poule qui couve ;
4. la naissance du poussin.

Pour faire cette activité, les élèves peuvent rechercher des informations dans le manuel et exploiter les photographies du « Je comprends » page 31, qui illustrent les étapes nécessaires pour donner naissance à un poussin. Tout d'abord, le coq effectue une parade nuptiale pour séduire la poule. L'accouplement du coq et de la poule est suivi de la ponte de l'œuf. L'œuf est ensuite couvé par la poule pour être maintenu à une température suffisante au bon développement du poussin. L'œuf éclôt enfin et c'est la naissance du poussin, qui sera nourri, réchauffé et protégé par sa mère poule.

Les enfants peuvent noter la différenciation sexuelle entre le coq et la poule : le coq porte une crête rouge. Pour qu'il y ait procréation et naissance d'un poussin, il faut qu'un mâle et une femelle s'accouplent. Chez les ovipares, comme les oiseaux, le petit sort directement de l'œuf.

On notera que les œufs de poule achetés au supermarché ne peuvent pas donner naissance à un poussin car ils n'ont pas été fécondés. Des œufs ne peuvent donner naissance à un poussin que s'ils ont été fécondés par un coq.

Synthèse

Les élèves répondent aux questions du *Carnet de chercheur CM1* (activités 2 et 3 page 11).

- La poule a pondu un œuf. Elle le couve. Mais il n'éclôt jamais. Pourquoi ? Les élèves peuvent proposer plusieurs explications : œuf non fécondé par un coq, œuf non viable ou poussin mort dans l'œuf.
- La poule a pondu 3 œufs. Elle les couve. Seulement deux donnent naissance à des poussins. Pourquoi ? Les élèves peuvent proposer les mêmes explications que précédemment pour l'œuf qui n'éclôt pas.

Les élèves complètent le texte du *Carnet de chercheur CM1* (activité 4 page 11) :

« Pour donner naissance à un poussin, il doit y avoir *accouplement* entre un coq et une poule. Lors de la *procréation*, un *spermatozoïde* (cellule mâle) doit *féconder* un *ovule* (cellule femelle). Leur rencontre donne un *œuf*. La poule *couve* l'œuf pour fournir la chaleur nécessaire au développement de l'*embryon* du poussin. 21 jours plus tard, le poussin sort de l'œuf : c'est l'*éclosion*. Le petit sort directement de l'œuf : les oiseaux sont des *ovipares*. »

SÉQUENCE PÉDAGOGIQUE : ZOOM SUR... QUE SE PASSE-T-IL DANS L'ŒUF ?

Objectif

Cette séquence permet de découvrir les étapes successives du développement d'un embryon de poussin dans l'œuf, de la fécondation à la naissance.

Matériel

- Manuel pages 32 et 33 et *Carnet de chercheur CM1* pages 12 et 13.

Séance 1

Phase de recherche individuelle, puis phase orale collective.

Durée : 30 à 40 minutes.

> Situation-problème : Que se passe-t-il dans l'œuf ?

Faire émerger les représentations initiales des élèves. En conserver la trace écrite pour mesurer leur évolution en fin d'apprentissage. Poser les questions avant de faire ouvrir le manuel. Prendre en compte les réponses des élèves. Les écrire. Les élèves pensent souvent que le premier stade de développement est celui d'un poussin miniature invisible à l'œil nu.

> Observation des photographies

Les élèves répondent aux questions en analysant les photographies.

« D'où vient la nourriture nécessaire au développement de l'embryon de poussin ? » Les élèves vont émettre l'hypothèse que la nourriture se trouve déjà dans l'œuf. En effet, il n'y a pas d'échange nutritif entre l'intérieur de l'œuf et l'extérieur : seul l'air passe à travers la coquille poreuse. De plus, ils vont observer la diminution du jaune et du blanc à l'intérieur de l'œuf au fil des photographies. Ils vont donc émettre l'idée que le jaune et le blanc constituent la nourriture de l'embryon du poussin.

« Comment la nourriture peut-elle être transportée jusqu'à l'embryon ? » La présence de vaisseaux sanguins à la surface du jaune, qui se ramifient à partir de l'embryon, répond à cette question et renforce l'hypothèse précédente.

« Reste-t-il du blanc et du jaune dans l'œuf au moment de la naissance du poussin ? » Non, il ne reste pas de blanc ni de jaune dans l'œuf au moment de la naissance du poussin. Cela prouve qu'ils sont utilisés par l'embryon pour sa croissance et son développement jusqu'à la naissance.

Chez beaucoup d'animaux, comme chez les oiseaux, l'embryon trouve dans l'œuf la nourriture nécessaire à son développement, jusqu'à l'éclosion de l'œuf. On parle de « développement ovipare ».

> Carnet de chercheur CM1

L'activité 1 pages 12 et 13 du *Carnet de chercheur CM1* demande aux élèves de remettre les étapes du développement de l'embryon dans l'œuf dans l'ordre chronologique. Ils doivent numéroter et légender chaque étape en précisant la date. Ils peuvent se référer aux photos du « Zoom » pages 32 et 33 du manuel.

Les étapes du développement du poussin dans l'œuf sont :

- œuf juste fécondé ;
- œuf après 5 jours de développement ;
- œuf après 10 jours de développement ;
- œuf prêt à éclore ;
- naissance du poussin.

SÉQUENCE PÉDAGOGIQUE : CHAPITRE 10
COMMENT LES MAMMIFÈRES FONT-ILS DES PETITS ?

Objectifs

Cette séquence permet de découvrir des comportements de procréation chez les animaux, en particulier chez les mammifères.

Matériel

- Manuel pages 34 et 35 et *Carnet de chercheur CM1* pages 14 à 17.

Séance 1

Phase de recherche individuelle, puis phase orale collective de synthèse.

Durée : 30 à 40 minutes.

> Situation-problème

Faire émerger les représentations initiales des élèves en leur posant la question du chapitre : « Comment les mammifères font-ils des petits ? ». Ils répondent sans regarder les pages du manuel. Conserver une trace écrite de ces représentations initiales : cela permettra de mesurer l'évolution des connaissances des élèves à la fin de l'apprentissage.

> « J'observe »

Les élèves observent attentivement les trois photographies de la page 34. Ils répondent individuellement aux questions dans leur cahier. On fait ensuite une mise en commun orale des réponses.

Le cheval, le chat et la vache sont des mammifères.

« Quel est le rôle du mâle dans la procréation ? » Le Doc. 1 permet d'observer l'accouplement d'un cheval et d'une jument. C'est par cet acte que le mâle transmet ses spermatozoïdes à la femelle.

« Chez ces mammifères, quel est le rôle de la femelle dans la procréation ? » Le bébé se développe dans le ventre de la mère. À la fin de la gestation, la femelle met bas. On ne parle d'« accouchement » que chez les humains. Pour les mammifères autres que l'espèce humaine, on parle de « mise bas ».

« Comment les petits mammifères peuvent-ils survivre dans les semaines qui suivent leur naissance ? » Le Doc. 3 représente une vache qui allaite son veau. Cette photographie permet de comprendre le rôle de la femelle mammifère après la naissance. Les femelles mammifères ont des mamelles qui produisent du lait pour nourrir leurs petits.

> « Je lis »

La lecture du texte de Jean-Claude Mourlevat permet aux élèves de préciser les conditions de la mise bas de la chatte. Ils répondent aux questions de compréhension sur le texte.

« D'où sortent les chatons ? » Ils sont « sortis du ventre de leur mère ».

« Comment se passe la mise bas ? » La chatte s'est « couchée au fond du placard, a miaulé de douleur et a poussé ». Elle pousse pour faire sortir les chatons de son ventre. La photographie du manuel (Doc. 2) permet de préciser l'endroit de la sortie par le vagin dilaté.

« Que fait la chatte après la mise bas ? » « Elle les avait léchés longuement, elle les avait séchés. » La chatte lèche ses petits pour les nettoyer, les sécher et les réchauffer. Ensuite, elle s'est « couchée sur eux » pour les maintenir au chaud et en sécurité sous son ventre. Les chatons trouveront spontanément les mamelles pour téter le lait qui sera leur première nourriture.

> Recherche documentaire sur les mammifères

Les élèves recherchent des documents dans des livres ou sur Internet afin d'écrire la carte d'identité du cheval, du chat et de trois mammifères de leur choix. Ils écrivent les noms du mâle, de la femelle, des petits, la durée de la gestation, la taille à la naissance, la taille à la fin de la croissance... Ils complètent le tableau du *Carnet de chercheur CM1* pages 14 et 15 avec les informations qu'ils auront trouvées.

> Synthèse

Chez les mammifères, le développement de l'embryon se fait à l'intérieur du ventre de la femelle. L'embryon se nourrit par le cordon ombilical tout au long de la gestation : on parle de « développement vivipare. »

Séance 2 : synthèse

Phase de recherche individuelle, puis phase orale collective de synthèse.
Durée : 30 à 40 minutes.
Poser la question : « Que venez-vous d'apprendre pendant ces trois séances ? ». L'élaboration de la synthèse se fait d'abord oralement, collectivement, en prenant en compte ce que les élèves ont compris et doivent retenir.
Ensuite, la trace écrite, pour le cahier individuel, peut se présenter sous la forme d'un petit texte, comme celui de l'encadré du savoir à retenir de la page 35 du manuel.
Dans le *Carnet de chercheur CM1* pages 16 et 17, les élèves doivent effectuer une recherche documentaire pour classer les animaux indiqués : vivipares ou ovipares ?
Les élèves donnent la définition de ces termes.

- Vivipare : se dit d'un animal dont le petit se développe dans le ventre de la mère.
- Ovipare : se dit d'un animal dont le petit sort directement de l'œuf.

Germination et croissance des végétaux

PAGES 36-41 DU MANUEL

RÉFÉRENCES AUX PROGRAMMES

L'objectif est de mettre en place les étapes d'une démarche expérimentale pour découvrir les conditions de germination et de développement des végétaux.

Compétences en sciences et technologie

> Être capable de

- Conduire une culture en mettant en évidence, par des manipulations simples, l'influence de quelques facteurs de germination et de développement, en particulier ceux dégageant les besoins des végétaux chlorophylliens.
- Passer du tâtonnement expérimental à la mise en place d'une démarche expérimentale.
- Formuler des questions et pratiquer un raisonnement logique.
- Imaginer et réaliser un dispositif expérimental susceptible de répondre aux questions que l'on se pose, en s'appuyant sur des observations et des mesures appropriées.
- Savoir rechercher et énoncer des critères.
- Comparer et interpréter des mesures.
- Être capable d'élaborer des traces écrites permettant le suivi dans le temps des phénomènes observés, notamment pour la mise en évidence de la germination et de la croissance des végétaux.
- Mettre en relation des observations réalisées en classe et des savoirs que l'on trouve dans le manuel.
- Mettre en relation des données, en faire une représentation schématique et l'interpréter.
- Rédiger un compte rendu intégrant un ou plusieurs schémas d'expérience.

> Avoir compris et retenu

- Les conditions de germination des végétaux.
- Les conditions de croissance des végétaux.
- La structure de la graine.

Compétences « maîtrise de la langue »

> Parler en sciences

- Utiliser le lexique spécifique des sciences dans les différentes situations didactiques mises en jeu.
- Formuler des questions pertinentes.
- Participer activement à un débat argumenté pour élaborer des connaissances scientifiques en respectant les contraintes (raisonnement rigoureux, examen critique des faits constatés, précision des formulations, etc.).
- Savoir rechercher et énoncer des critères.

> Lire en sciences

- Traiter une information complexe comprenant du texte, des images, des schémas.
- Rechercher des informations pertinentes dans des documents.
- Trouver sur Internet des informations scientifiques simples et les comprendre.

> Écrire en sciences

- Prendre des notes lors d'une expérience suivie dans le temps.
- Rédiger, avec l'aide du maître, un compte rendu d'expérience (texte à statut scientifique).

Liens avec d'autres disciplines ou parties du programme

- Mathématiques : construction et analyse d'un graphique de croissance.
- Français : élaboration et mise au point de textes narratifs concernant le développement de la plante.

INFORMATIONS POUR L'ENSEIGNANT

Il est important de faire distinguer les phases de germination et de croissance.

Les conditions de germination

La germination est le passage pour la graine d'une vie ralentie à une vie active. Les conditions de germination sont de deux types.

> Les conditions du milieu

- **Une humidité optimale.** Introduire la notion d'optimum : un excès d'eau asphyxie les graines. L'eau est un facteur limitant de la germination : sans eau, il n'y a pas de germination possible. **L'eau est indispensable à la vie.**
- **Une bonne aération.** La graine a besoin d'oxygène pour germer. L'oxygène est nécessaire pour la respiration.
- **Une température suffisante.** Le froid ralentit ou stoppe l'activité biologique de la graine.
- La densité des graines n'est pas un facteur qui influe sur la germination.
- La lumière n'est pas un facteur qui influe sur la germination.
- Le sol se définit par sa capacité à retenir l'eau, par sa bonne oxygénation, par les éléments nutritifs qu'il contient (dans le sol ou engrais). Le support n'a

pas beaucoup d'importance au moment de la germination, à condition qu'il retienne l'eau et qu'il permette une bonne aération des graines. Les graines qui sont au fond de l'eau manquent d'oxygène pour pouvoir germer.

> Les conditions propres à la graine

- Des graines en bon état. On observe une perte des possibilités germinatives après une certaine durée, notamment si la graine est abîmée...
- La maturité de la graine. Pour qu'il y ait germination, il faut que la graine ait subi une **levée de dormance**. La graine doit subir le froid pour arriver à maturation et pouvoir germer quand les conditions deviennent meilleures. De plus, les facteurs sont parfois différents selon les espèces végétales : le froid, la lumière ou l'obscurité peuvent être des facteurs obligatoires pour la germination de certaines graines.
- La vitesse de germination varie selon les espèces.
- Chaque graine a des besoins différents au cours de sa germination, selon l'espèce végétale à laquelle elle appartient.

Il existe des facteurs propres aux graines : elles doivent être prêtes à germer et en bon état. Beaucoup de graines conservent le pouvoir de germer pendant 1 à 3 ans. Mais il y a des exceptions. La graine du chêne, le gland, perd sa propriété de germination après quelques semaines seulement, alors que la graine de trèfle la conserve plus de cent ans...

Les conditions de croissance des végétaux

La croissance correspond au développement des végétaux. Les conditions d'une bonne croissance sont différentes de celles de la germination.

> Les conditions du milieu

- **Une humidité minimale.** Introduire la notion d'optimum : un excès d'eau asphyxie les racines. Introduire la notion de facteur limitant : sans eau, il n'y a pas de vie possible.
- **De l'oxygène et du dioxyde de carbone.** La plante doit bénéficier d'une bonne aération.
- **Une température suffisante.** La température influe sur la vitesse de croissance.
- **Le sol.** Il doit retenir l'eau, permettre une bonne **oxygénation**, et apporter des **éléments nutritifs**.
- La densité des graines influe sur la croissance. Trop de graines peut entraîner une concurrence.
- **La lumière** est un facteur indispensable à la croissance et la vie des plantes. Les besoins en lumière varient selon les espèces végétales : certaines espèces ont besoin d'ombre, tandis que d'autres sont des espèces de lumière.

> La photosynthèse

Les végétaux verts possèdent de la **chlorophylle qui capte la lumière**. Grâce à cette énergie, ces végétaux fabriquent de la matière organique (toutes les molécules des êtres vivants) à partir du dioxyde de carbone de l'air et de l'eau prélevée dans le sol. Cette réaction chimique produit du dioxygène rejeté dans l'air.

Représentations des élèves et obstacles à prendre en compte

Cette séquence permet de mettre les élèves dans une véritable **démarche de recherche expérimentale** avec ses tâtonnements et son suivi. Les élèves vont se rendre compte de la nécessité (et des conditions) de la trace écrite de leurs observations et de leurs mesures afin de pouvoir comparer l'évolution de leur expérience sur la durée.

La difficulté de cette séquence consiste à faire bien prendre conscience aux élèves de la nécessité d'isoler une seule variable, puis à leur faire respecter ce critère. Dans leur expérience, ils doivent conserver toutes les conditions identiques sauf une : c'est **l'expérience témoin**. Les pots doivent être identiques : il faut arroser partout de la même manière (sauf si c'est la condition de l'eau que l'on teste), il faut conserver les mêmes emplacements (sauf si c'est l'emplacement que l'on teste)...

SÉQUENCE PÉDAGOGIQUE : CHAPITRE 11
QUE FAUT-IL POUR QUE LES GRAINES GERMENT ?

Objectifs

Cette séquence permet l'étude des conditions de germination des végétaux. La découverte des conditions de germination des végétaux s'appuie sur la démarche expérimentale : il faut faire vivre la germination aux élèves en faisant germer des graines dans la classe (lentilles, blé, petits pois, haricots ou autres). Cette expérimentation sera suivie régulièrement par les élèves. Ils vont prendre des notes, réaliser des dessins d'observation (toujours à la même échelle, par exemple à la taille réelle, ce qui est plus facile pour les enfants). Cette expérimentation va permettre la réalisation de mesures et une représentation graphique des résultats.

On distinguera deux temps : la période de germination (chapitre 11), puis la période de la croissance (chapitre 12). On remarquera ainsi que les conditions et les facteurs sont différents.

Avertissement pour l'enseignant

Il est difficile de mettre en place cette séquence à tout moment de l'année. L'idéal est de commencer à la rentrée des vacances d'hiver ou de printemps, à la rigueur après Noël. Il faut en effet avoir devant soi six semaines pour le suivi des expériences. Il faudra suivre régulièrement l'évolution de l'expérience : deux fois par semaine, laisser 15 minutes aux élèves pour mesurer et dessiner l'état de leurs cultures. Le printemps est la saison la plus favorable du point de vue des conditions de lumière et de température.

Matériel

- Manuel pages 36 et 37 et *Carnet de chercheur CM1* pages 18 à 21.
- Grandes feuilles de papier et gros feutres pour la prise en notes des réponses des élèves (affichage au tableau).
- Graines de lentilles, de cresson alénois, de blé, de haricots ou de petits pois... à mettre en culture.
- Jardinières ou petits pots (type pot de yaourt). Penser à faire un trou au fond des pots afin de ne pas noyer les graines.
- Assiettes en plastique à placer sous les pots.
- Terreau et feuilles de plastique pour protéger les tables lors de la préparation des expériences.
- Bouteilles de plastique pour transporter l'eau d'arrosage.
- Papier, tissu noir ou carton opaque.
- Thermomètres.
- Tourbe.
- Coton.
- Doubles décimètres.
- Feuilles de papier et crayons pour dessiner.

Séance 1

Phase orale collective.
Durée : 20 à 35 minutes.

> Situation-problème : découvrir les conditions de germination de la graine

Introduire l'activité par des questions comme « Qu'est-ce qui sort de la graine ? »... Cette activité peut permettre aux élèves de se remémorer des connaissances ou de redécouvrir la présence de la plantule à l'intérieur de la graine. Ils peuvent aussi proposer d'ouvrir une graine et de comparer ce qu'ils observent avec les photos du manuel.

> Identifier les variables

Demander aux élèves : « Que faut-il pour qu'une graine germe ? », puis « Que faut-il pour qu'une plante pousse ? ». Recueillir les hypothèses des élèves au tableau en distinguant chacune des questions.

> « J'observe »

Faire analyser les photographies du manuel aux élèves. Sur le Doc. 1, ils peuvent voir que le jardinier sème les graines au printemps. Ils décrivent le rôle de la terre. Ils mettent en évidence le rôle de la chaleur (Doc. 2), de la lumière (Doc. 2) et de l'eau (Doc. 3).

> Choix des hypothèses à tester

Spontanément ou après l'observation des photos du manuel, les élèves émettent des hypothèses sur ce qu'ils pensent être les conditions de germination des plantes. Écrire la liste de ces hypothèses au tableau. Choisir avec les élèves quelques-unes de leurs hypothèses.

Répartir les élèves en petits groupes. Chaque groupe va tester une hypothèse. Plusieurs groupes peuvent tester la même hypothèse : cela permet de comparer chaque dispositif expérimental.

Cette expérimentation va permettre aux élèves d'identifier les variables qui peuvent agir sur la germination des graines (*cf.* « Informations pour l'enseignant »). Les élèves ne les proposeront peut-être pas toutes, mais il est important qu'au moins la lumière, l'eau et la chaleur (et peut-être la présence de terre) soient étudiés. Ce sont d'ailleurs les facteurs les plus souvent évoqués par les enfants.

Séance 2

Travail par groupes.
Durée : 1 heure pour la séance de mise en germination, puis 20 minutes pour les séances d'observation.

> Choix des expériences et organisation du travail et de la classe

Les expériences se feront par groupes de deux enfants au minimum, plusieurs groupes pouvant tester la même hypothèse.

Chaque groupe choisit une hypothèse. Les élèves définissent les conditions pour tester leur hypothèse expérimentalement. Il faut laisser les élèves totalement libres d'inventer des expériences en fonction du matériel disponible. Ils réalisent ensuite un schéma de principe de leur expérience.

Chaque groupe présente le principe de son expérience à l'ensemble de la classe.

Les autres groupes analysent et critiquent chacun des projets d'expérience de leurs camarades.

Si nécessaire, faire modifier les protocoles d'expérience afin de ne faire varier qu'un seul facteur.

Demander à chaque groupe de conserver une trace écrite des conditions d'expériences. Les élèves choisissent un mode de représentation pour raconter l'histoire des germinations (frise de dessins, tableau, graphique...).

> Mise en route des germinations

Mettre en route les expériences de chaque groupe. Elles vont permettre de mettre en évidence un des facteurs de germination des graines.

Attirer l'attention des élèves sur la nécessité :

- d'avoir toujours un nombre suffisant de graines (au moins 10 graines, car toutes les graines ne germent pas) ;
- de faire une expérience témoin (sans y faire varier le facteur testé) ;
- de noter des indications sur les expériences (noms, niveaux de liquide, éléments de repérage...).

Quelques exemples de conditions d'expériences :

- L'influence de la température. Placer les graines dans la terre, avec une humidité moyenne et à la lumière. Un pot est près du radiateur, un pot est près de la fenêtre, un pot est dehors. Noter les températures dans chaque cas.

- L'influence de la lumière. Placer les graines dans la terre, avec une humidité moyenne et à la température de la classe. Un pot est en pleine lumière, un pot est sous une lumière tamisée, un pot est dans l'obscurité totale.
- L'influence du sol. Placer les graines dans un pot avec une humidité moyenne et à la température de la classe. Les graines sont soit dans de l'eau du robinet, soit dans de la terre humide, dans de la tourbe, dans du coton…
- L'influence de la quantité d'air. Placer les graines dans la terre, avec une humidité moyenne et à la lumière. Les graines sont soit dans un pot fermé hermétiquement, soit sur un coton, soit libres, soit complètement sous l'eau (c'est-à-dire privées d'air).
- L'influence de la quantité d'eau. Placer les graines à la lumière, à la température de la classe. Créer un gradient d'humidité en plaçant les graines dans un récipient incliné.

> Résultats des expériences

Faire le relevé des résultats après 3 jours, après une semaine, puis régulièrement jusqu'à la germination.

À chaque relevé, faire compter aux élèves le nombre de graines germées de chaque lot.

Conserver une trace écrite de l'expérience. On peut demander aux élèves de proposer eux-mêmes des modes de représentation des résultats.

Faire construire un tableau de résultats. Faire analyser par les élèves les résultats à chaque étape. Les faire conclure provisoirement à chaque étape par rapport à leur hypothèse de départ.

À la fin de l'expérience et de la germination des graines, élaborer collectivement une trace écrite des observations et une conclusion.

Séance 3

Travail individuel.

Durée : 30 minutes.

> « Je lis »

Faire lire dans le manuel page 36 le compte rendu de l'expérience réalisée par Thomas.

Les élèves doivent remarquer que l'on a mis plusieurs graines. Pourquoi ? Une seule graine ne peut pas donner un résultat fiable : elle peut être abîmée ou même morte, et ne jamais germer.

Les élèves doivent également remarquer le rôle de l'eau. Dans les deux cas, les graines sont placées dans un milieu humide.

Les élèves doivent trouver l'hypothèse testée, c'est-à-dire le facteur qui varie entre les deux expériences. Dans ce cas, c'est la nécessité de la chaleur pour la germination qui a été testée : un pot est placé à l'intérieur sur le radiateur, l'autre est placé à l'extérieur sur le rebord de la fenêtre. Faire lire et comparer les thermomètres indiquant les températures.

Dans la continuité du travail sur le « Je lis », faire faire l'activité du *Carnet de chercheur CM1* pages 18 et 19. Thomas veut tester l'influence de la température ou la nécessité de l'eau sur la germination.

Ahmed prétend que Thomas ne peut rien conclure de son expérience. Pourquoi ? Parce que Thomas teste en même temps deux paramètres différents. Il ne peut donc pas savoir si c'est l'absence d'eau ou la température qui est un facteur de germination.

Qu'aurait dû faire Thomas pour tester son hypothèse ? S'il voulait tester le rôle de la température, il aurait pu placer ses graines aux deux endroits choisis (intérieur et extérieur), mais en arrosant les deux pots. S'il voulait tester l'eau, il aurait pu placer les deux pots au même endroit près du radiateur, en arrosant l'un et pas l'autre.

Ces deux activités permettent d'évaluer la capacité des élèves à comprendre une expérience et en même temps de leur montrer les caractéristiques d'un bon compte rendu d'expérience. Cela leur donne un modèle pour leur propre compte rendu d'expérience, modèle qu'ils pourront améliorer après cette étude.

Ils peuvent aussi remarquer la méthode de culture (dans une bouteille en plastique) qui permet de bien observer les racines des plantes.

Synthèse

La trace écrite sera rédigée collectivement. Les élèves recopieront sur leur cahier la liste des critères d'un bon compte rendu d'expérience.

Pour germer, les graines ont besoin d'humidité et de chaleur. Il faut maintenir une humidité optimale : ni trop faible (les graines ont besoin d'eau pour germer), ni trop forte (un excès d'eau asphyxie les graines) : l'eau est indispensable à la vie. Il faut une température suffisante : le froid ralentit ou stoppe l'activité biologique de la graine

SÉQUENCE PÉDAGOGIQUE : ZOOM SUR… D'OÙ VIENT LA GRAINE DE PETIT POIS ?

Objectifs

Cette séquence permet de réviser la formation des graines, dans le cadre de la transformation de la fleur au fruit étudiée au CE2. Cette approche permet de prendre conscience que la reproduction végétale aboutit à la naissance d'un nouvel individu, ce qui a été découvert lors de la séquence précédente (chapitre 11 « Que faut-il pour que les graines germent ? »).

Matériel

- Manuel pages 38 et 39 et *Carnet de chercheur CM1* pages 22 et 23.
- Grandes feuilles de papier, gros feutres pour la prise en notes des réponses des élèves (affichage au tableau).

Pour la séance 2 optionnelle :

- Graines de courgettes, pépins d'oranges, noyaux de cerises… à mettre en culture.

- Jardinières ou petits pots (type pot de yaourt). Penser à faire un trou au fond des pots afin de ne pas noyer les graines.
- Assiettes en plastique à placer sous les pots.
- Terreau.
- Feuilles de plastique pour protéger les tables lors de la préparation des expériences.
- Bouteilles de plastique pour transporter l'eau d'arrosage.

Séance 1

Phase orale collective.
Durée : 30 à 45 minutes.

> Situation-problème : d'où vient la graine ?

La question nécessite de faire appel aux connaissances antérieures de CE2 des élèves.

Émergence des représentations initiales. Demander tout d'abord aux élèves de dessiner d'où vient la graine, afin de repérer leurs souvenirs de CE2. Selon la qualité de ces connaissances, la séance peut être plus ou moins longue. Conserver la trace écrite de ces représentations initiales permettra de mesurer leur évolution en fin d'apprentissage.

Expression orale. Demander aux élèves qui ont des connaissances de les exprimer devant la classe. Les autres élèves leur posent des questions. C'est un excellent exercice d'expression orale : la qualité des questions des uns permet d'améliorer la qualité des explications des autres et réciproquement.

> « J'observe »

Faire observer et commenter les documents photographiques des pages 38 et 39 du manuel. D'autres photographies peuvent être proposées (par le maître ou les élèves). On peut aussi faire appel à l'expérience personnelle des élèves. Qu'ont-ils déjà observé par eux-mêmes ?

Séance 2 optionnelle

Durée : première phase de 30 à 45 minutes, puis des séances d'observation hebdomadaires de 20 minutes pendant 2 semaines.

En lien avec l'activité proposée dans le *Carnet de chercheur*, demander aux élèves de semer dans de la terre un noyau de cerise ou les pépins d'autres fruits (orange, tomate, courgette). Il faut arroser régulièrement les graines.

Quelques semaines plus tard, lorsque les graines commencent à germer, faire dessiner régulièrement l'état de la germination. En plus du dessin, demander aux élèves de décrire oralement ce qu'ils observent.

SÉQUENCE PÉDAGOGIQUE : CHAPITRE 12
DANS QUELLES CONDITIONS LES PLANTES GRANDISSENT-ELLES ?

Objectif

Cette séquence permet d'aborder l'étude des conditions de croissance des végétaux. Elle fait suite à la séquence du chapitre 11 « Que faut-il pour que les graines germent ? », dont elle est le prolongement dans le temps.

Matériel

- Manuel pages 40 et 41 et *Carnet de chercheur CM1* pages 24 à 29.
- Utilisation des mêmes dispositifs que ceux de la séquence du chapitre 11 « Que faut-il pour que les graines germent ? ».

Séances 1, 2 et 3

Ces trois séances sont identiques, elles se déroulent sur 1 mois. La séance 1 se tient une semaine après la germination, la séance 2 se déroule deux semaines après et la séance 3 un mois après.
Travail par groupes et trace écrite individuelle.
Durée : 20 minutes chaque semaine.

> Situation-problème : dans quelles conditions les plantes grandissent-elles ?

Introduire l'activité par des questions comme : « Les conditions de croissance des plantes sont-elles les mêmes que les conditions de germination ? ».

On a conservé les graines germées de la séquence du chapitre 11 « Que faut-il pour que les graines germent ? ». Les élèves vont maintenant observer la croissance de la plante.

> Résultats des expériences après une semaine et au cours des semaines suivantes

- Compter le nombre de graines germées de chaque lot.
- Garder une trace de l'expérience sur le *Carnet de chercheur CM1*.
- Comparer la croissance et l'aspect des plantes à chaque stade de la croissance.
- À partir du tableau de résultats du *Carnet de chercheur*, faire analyser les résultats par les élèves et conclure provisoirement par rapport à l'hypothèse.
- Prolonger l'expérience pendant 4 semaines.

Séance 4

Synthèse collective et trace écrite.
Durée : 30 minutes à 1 heure (si réalisation d'un graphique).

> Synthèse à la fin des 4 semaines

Analyser les résultats et conclure par rapport à l'hypothèse de départ. Les élèves vont découvrir les facteurs de la croissance des végétaux. Ils s'aperçoivent surtout que les facteurs de germination sont différents des facteurs de croissance. Ils découvrent notamment le rôle majeur de la lumière et de la nutrition minérale dans la croissance des plantes.

Pour grandir, une plante a besoin d'eau, de lumière et de chaleur. Il faut une humidité optimale : sans eau, il n'y a pas de vie possible, la plante fane. Mais un excès d'eau peut asphyxier les racines.

La température doit être suffisante : la croissance est d'autant plus rapide que la température est élevée (mais inférieure à 40 °C).

La lumière est un facteur indispensable à la croissance et la vie des plantes.

Le sol doit bien retenir l'eau et permettre une bonne oxygénation. Il faut fournir à la plante des éléments nutritifs, soit en introduisant du fumier dans le sol avant les plantations, soit en ajoutant régulièrement de petites quantités d'engrais.

On peut aussi proposer aux élèves de présenter les résultats de croissance des semis par un graphique représentant l'évolution de la taille de la plante dans le temps.

> « J'observe »

Faire observer les photos du « J'observe » : Doc. 1, 2 et 3 du manuel page 40. Les élèves font la liste des conditions à réunir pour que les plantes poussent : eau (Doc. 1), chaleur (Doc. 2), lumière, engrais ou fumier (Doc. 3). Ils comparent avec les paramètres qu'ils ont testés dans leurs expériences.

> « Je lis »

La lecture du texte « Je lis » permet aux élèves de comprendre comment les jardiniers prennent en compte les conditions qui favorisent la croissance des plantes dans leurs gestes : l'arrosage, le binage, le paillage. Cette fiche peut ensuite être mise en exploitation pour développer des cultures dans le jardin d'école (s'il existe).

> « Étonnant ! »

Une fois la liste des conditions qui favorisent la croissance des plantes établie, faire lire l'encadré « Étonnant ! ». Les élèves vont pouvoir comprendre comment ralentir la croissance d'une plante sans la tuer, comme c'est le cas pour la culture du bonzaï.

Synthèse

Durée : 30 à 45 minutes.

> Objectifs

Cette séance est une séance de synthèse et d'évaluation de la compréhension par les élèves des conditions de germination et des conditions de croissance des végétaux. Un travail individuel permet de vérifier la compréhension de chaque élève. Une phase collective permet ensuite de corriger les erreurs.

> Phase individuelle

Demander aux élèves de rédiger un texte expliquant les conditions de la germination et de la croissance de la plante qu'ils ont cultivée. Ce texte constitue une synthèse de l'ensemble de leurs observations.

> Synthèse collective

La trace écrite sera rédigée collectivement. Les élèves recopieront la synthèse rédigée dans leur cahier. Leur demander de comparer leurs observations directes avec les documents du manuel. Leur faire dégager les points communs et les différences.

Évaluation

Durée : 30 minutes.

Afin d'évaluer la capacité des élèves à interpréter une expérience, faire lire le « Je comprends » du manuel page 41. Les élèves répondent individuellement aux questions du manuel.

« Quelle hypothèse a-t-on voulu tester ? » L'influence de la lumière sur la croissance des plantes.

« Quels sont les résultats ? » Sans lumière, les plantes ne grandissent pas, elles restent jaunes et elles meurent. À la lumière, les plantes sont bien vertes (présence de chlorophylle) et grandissent bien. Les élèves doivent arriver à la conclusion que les plantes ont besoin de lumière pour grandir.

Espèces et évolution

PAGES 42-55 DU MANUEL

RÉFÉRENCES AUX PROGRAMMES

L'objectif est d'établir la notion de fossile afin de découvrir les principales étapes de la vie sur Terre. Pour l'atteindre, il est nécessaire d'avoir compris la notion d'espèce et d'avoir quelques repères sur la classification des animaux, déjà étudiée en CE2.

Compétences en sciences et technologie

> Être capable de

- Exploiter des documents scientifiques.
- Élaborer des hypothèses à partir d'un raisonnement logique et de comparaisons de fossiles avec des êtres vivants actuels.
- Concevoir des expériences pour modéliser un phénomène.
- Mettre en relation des données, en faire une représentation schématique et l'interpréter.

> Avoir compris et retenu

- La notion de fossile.
- Les principales étapes de la vie sur Terre.

Compétences « maîtrise de la langue »

> Parler en sciences

- Utiliser le lexique spécifique des sciences dans les différentes situations didactiques mises en jeu.
- Formuler des questions pertinentes.
- Participer activement à un débat argumenté pour élaborer des connaissances scientifiques en en respectant les contraintes (raisonnement rigoureux, examen critique des faits constatés, précision des formulations, etc.).
- Savoir rechercher et énoncer des critères.

> Lire en sciences

- Traiter une information complexe comprenant du texte, des images, des schémas.
- Rechercher des informations pertinentes dans des documents.
- Trouver sur Internet des informations scientifiques simples et les comprendre.

> Écrire en sciences

- Élaborer et rédiger un document pour communiquer des connaissances (texte à statut documentaire).

Liens avec d'autres disciplines ou parties du programme

> Mathématiques

- Repérage du temps et des durées.
- Calcul de la durée écoulée entre deux instants donnés.
- Utilisation de grands nombres pour réaliser la corde ou la frise du temps.

INFORMATIONS POUR L'ENSEIGNANT

La notion d'espèce est un préalable pour comprendre la notion d'évolution et donc pour traiter le thème des fossiles et de l'évolution. Pour comprendre cette notion complexe, il est indispensable d'avoir une idée de la classification des êtres vivants.

Informations scientifiques et techniques

> Notion d'espèce

À l'intérieur d'une même espèce, les différences apparentes entre individus sont minimes par rapport aux **caractéristiques biologiques** qui leur sont **communes**. Mâles et femelles d'une même espèce peuvent procréer ensemble et perpétuer l'espèce de génération en génération. **Des mâles et des femelles sont considérés comme étant de la même espèce s'ils peuvent avoir des descendants qui à leur tour constitueront une lignée.**

> La procréation

Être de la même espèce, au sein d'une population sexuée, c'est pouvoir procréer ensemble. La femelle et le mâle participent chacun pour moitié à la descendance. On dit qu'il y a **reproduction sexuée de l'espèce**. L'espèce se perpétue. À chaque fois, ce sont des individus nouveaux et différents qui naissent. Ce n'est donc pas une « reproduction » à l'identique, une copie, mais bien une procréation, qui reste compatible avec les autres membres de l'espèce. La reproduction sexuée permet un enrichissement, une créativité qui est le moteur de l'évolution.
Tous les croisements ne sont pas possibles (même à l'époque du génie génétique) et ne peuvent se faire dans la nature qu'au sein d'une même espèce. On peut quelquefois obtenir des **hybrides** qui n'existeraient pas dans la nature. Des espèces proches d'un point de vue évolutif peuvent alors donner des descendants. C'est le cas du croisement possible entre lion et tigre, mais l'animal obtenu (le tigron) est stérile.

> La variation à l'intérieur d'une espèce

Il faut être prudent avant de conclure que deux animaux sont de la même espèce. Il faut observer leur comportement et voir s'ils peuvent avoir une descendance (**interfécondité**). Il y a parfois de si grandes différences entre le mâle et la femelle (**dimorphisme sexuel**) qu'on pourrait classer ces animaux dans des espèces différentes (exemple : les phasmes dilatés).

> L'exemple des escargots des haies

Les escargots des haies (espèce *Cepea nemoralis*) présentent une variété de couleurs et de motifs : ils peuvent être jaunes ou roses, ils peuvent avoir des bandes plus ou moins nombreuses et plus ou moins larges sur la coquille... Si on ne les observe pas très attentivement, on peut les confondre avec les escargots petits-gris (*Helix aspersa*). Malgré leurs différences, les escargots des haies sont tous de la même espèce, c'est-à-dire qu'ils peuvent avoir une descendance ensemble. Selon les caractéristiques du milieu naturel, on observe une répartition différente des escargots des haies. Les grives mangent les escargots des haies. Les escargots des haies se sont donc adaptés pour échapper aux grives. Les escargots des haies à bandes sombres sont plus nombreux dans les herbes, où ils se confondent avec les herbes et échappent ainsi à la sélection faite par les oiseaux. Les escargots jaunes sont quant à eux plus nombreux sur les pierres, pour les mêmes raisons.

> L'évolution des idées sur l'espèce

Les **auteurs pré-darwiniens (Linné, Cuvier)** n'utilisaient qu'une conception fixiste de l'espèce : ils pensaient qu'il n'y avait qu'un type, qu'un modèle qui se reproduit immuablement (**fixisme**), les variations observées n'étant qu'accident de « copie ».

Pour **Darwin**, tous les individus sont représentatifs au même titre de l'espèce. Certains de leurs caractères peuvent varier. Actuellement, les scientifiques s'attachent à connaître et à décrire les caractères des populations au sein des espèces.

> Classer pour comprendre

Pour comprendre et se retrouver dans la **diversité du monde végétal et animal**, les scientifiques ont dû décrire, trier, classer. Dans un premier temps, ce sont des **critères de forme**, des critères visibles, qui ont été retenus pour classer. Puis d'autres critères sont entrés en ligne de compte : des **critères anatomiques, comportementaux**... Maintenant, les scientifiques vont jusqu'à comparer la parenté dans la constitution chimique des protéines pour définir les espèces.

> Un ancêtre commun

Sous **l'apparente diversité des formes**, il y a souvent un **caractère commun** qui permet de regrouper les espèces de plantes ou d'animaux dans une même famille. Ce caractère peut être **la manifestation que tous les membres de cette famille ont un ancêtre commun.**

On trouve dans la nature des animaux et des végétaux qui, bien que différents par de multiples aspects, sont construits selon les mêmes principes d'organisation. Ils n'appartiennent pas à la même espèce, mais ont des caractères en commun. Ainsi, le chat, le lion, la panthère, le tigre... ont en commun leur régime carnassier, leur type de dents, leurs griffes rétractiles. À partir de cette constatation, on est passé à l'idée que ces formes proches dérivent d'une forme de base qui possédait ces mêmes caractères, caractères qui ont ensuite varié. Cette forme de base, à l'origine du plan unique, est la **forme ancestrale**.

> Les classifications

Pour classer, il faut tenir compte de la diversité et des différences à l'échelle des individus d'une même espèce. **Les différences sont quelquefois visuelles, comportementales, mais elles peuvent aussi être de nature biochimique, moléculaire et sans manifestation visible à l'œil nu.** Elles requièrent alors des moyens complexes de catégorisation.

Les planches sur les classifications des animaux et des végétaux permettent à des enfants de retrouver les principaux groupes de la classification scientifique à partir de critères simples.

La classification scientifique des animaux et des végétaux est l'aboutissement de l'histoire évolutive des espèces. Lorsque l'on classe les êtres vivants afin de retrouver leurs ancêtres communs, certains caractères ont plus d'importance que d'autres. Ces caractères correspondent aux grands plans d'organisation (Arthropodes, Vertébrés, Plantes à fleurs...).

La classification scientifique des êtres vivants repose sur la **phylogénie** : elle essaie de reconstituer **les liens de parenté entre les organismes**. On avait l'habitude de diviser les êtres vivants en « règne animal » et « règne végétal ». Aujourd'hui, on distingue les **animaux**, les **végétaux**, les **champignons** et les **bactéries**. Ainsi, les champignons ne sont plus considérés comme des végétaux. En effet, ils ont des caractéristiques bien différentes : contrairement aux végétaux, ils ne peuvent pas synthétiser leur propre matière vivante car ils n'ont pas de chlorophylle ; contrairement aux végétaux, ils n'ont pas d'amidon, mais du glycogène ; contrairement aux végétaux, ils n'ont pas de cellulose mais de la chitine comme les animaux.

> La classification des animaux

Les animaux sont divisés en un certain nombre d'embranchements (Vertébrés, Arthropodes, Mollusques...), eux-mêmes divisés en classes (pour les Vertébrés : Mammifères, Oiseaux, Amphibiens...). **Au bout de chaque chaîne se trouve l'espèce.**

La classification proposée dans le manuel s'appuie sur des caractères externes directement visibles alors que les caractères les plus importants sont souvent internes, par exemple le squelette interne osseux (colonne vertébrale), un système nerveux avec une chaîne dorsale, pour les Vertébrés.

On remarquera dans la classification proposée qu'il n'y a pas de classe des Reptiles, les découvertes récentes ayant amené à la diviser en trois, ce qui correspond d'ailleurs à l'approche des enfants, qui séparent bien les Tortues des Serpents et des Crocodiles. Le groupe des Crocodiliens est très proche de celui des Oiseaux du point de vue évolutif.

Nous n'avons pas séparé les Poissons en plusieurs groupes (poissons osseux et poissons cartilagineux) car les élèves ont du mal à les distinguer.

> Les fossiles

Ce n'est qu'à partir du XVIIIe siècle que les scientifiques ont compris la notion de fossile. L'étude des fossiles a progressivement étayé la théorie de l'évolution.

Les fossiles sont des restes ou des empreintes d'êtres vivants conservés dans une roche. À l'exception de rares fossiles conservés dans la résine (exemple des insectes conservés dans l'ambre de la Baltique), ce sont les parties dures (os, carapace, coquille) ou parfois les empreintes de la forme de l'organisme qui sont conservées. Par exemple, on trouve pour les végétaux des empreintes de feuilles de fougère dans des couches de charbon vieilles de 300 millions d'années, des grains de pollen... Pour les animaux, on retrouve des carapaces de Trilobites (Arthropodes vieux de 240 à 500 millions d'années), des empreintes de pas de Dinosaures, mais surtout des coquilles (ammonites et autres animaux essentiellement marins, mais aussi œufs de Dinosaures et d'Oiseaux) et des os, parfois des squelettes entiers (par exemple de Dinosaures, de Mammifères).

> La fossilisation

Il faut beaucoup de conditions favorables pour qu'un animal ou un végétal puisse être retrouvé quelques millions d'années plus tard. La plupart du temps, seules les parties dures du corps se sont conservées (carapace, coquille, os, graines) alors que les parties molles se sont rapidement décomposées. Les parties molles ont parfois laissé leur empreinte (exemple : feuilles, archéoptéryx). Dans ce cas, il faut que le corps ait été rapidement enfoui à l'abri de l'oxygène après la mort.

Les fossiles ont été piégés dans les roches où on les retrouve. Souvent, ce sont les coquilles ou les squelettes d'animaux marins qui sont tombés au fond de la mer ou de lacs au milieu des sédiments qui s'y déposaient. Parfois, ce sont des animaux ou des plantes qui ont été engloutis dans des marécages ou ont été entraînés par de violentes crues. Les sédiments ont ensuite été recouverts par d'autres sédiments et des dépôts plus récents. Au cours des âges, ces couches de terrain ont été transformées sous l'effet de la pression et de la température, des couches de terrain qui se sont déposées au-dessus... Les plissements ou les soulèvements de terrain dus à la formation des chaînes de montagnes ont pu les monter en altitude et l'érosion les a mis à nu.

> La paléontologie

La **paléontologie** est la science qui étudie ces témoignages du passé que sont les fossiles. Elle permet de **retracer l'histoire de la vie sur la Terre**.

On repère l'âge des fossiles en connaissant l'âge des couches de terrain dans lesquelles on les trouve. Cet âge a longtemps été déterminé par comparaison avec les terrains du dessus et du dessous. En effet, les couches sédimentaires se déposent successivement les unes au-dessus des autres (on le voit dans les lacs ou les mers aujourd'hui). Un fossile trouvé dans une couche de terrain située au-dessus d'une autre est donc plus récent qu'un fossile trouvé en dessous. C'est le principe de **stratigraphie**. Comme on retrouve les mêmes couches de terrain sur de grandes étendues géographiques, on a pu établir une datation relative des fossiles qu'on y a trouvés.

La découverte de la **radioactivité** au XXe siècle a fourni une **horloge naturelle** permettant de dater les roches en millions d'années. Depuis 40 ans, on possède ainsi des **méthodes de datation** « absolue » en mesurant les isotopes radioactifs naturels présents dans certains minéraux contenus dans les roches. La quantité d'éléments radioactifs diminue avec le temps et on connaît la vitesse de diminution de cette radioactivité (demi-vie). Ainsi, en mesurant la quantité de « **carbone 14** », on peut dater les fossiles récents (jusqu'à 50 000 ans). En mesurant le dosage du « potassium/argon» ou « uranium/plomb », on peut dater les fossiles plus anciens.

À partir des connaissances sur les êtres vivants actuels, le paléontologue étudie les fossiles et tente de déterminer leur identité. Il émet des hypothèses quant à l'habitat, au régime alimentaire et au comportement des animaux ou des végétaux dont on a trouvé les fossiles. Certains fossiles ressemblent à des êtres vivants actuels, ce qui permet d'émettre l'hypothèse qu'ils vivaient dans des conditions semblables (milieu de vie, climat...). Lorsque ce n'est pas le cas (comme pour les Trilobites), on peut parfois trouver dans la même couche de terrain d'autres animaux ou plantes dont les caractères rappellent ceux de certains êtres vivants actuels. Par recoupement, on peut alors imaginer leur milieu de vie.

À partir d'empreintes de pas de Dinosaures, on peut décrire leur façon de se déplacer et de vivre ensemble. La découverte des œufs fossiles permet de savoir que certains Dinosaures faisaient un nid sur le sol pour pondre. On peut même émettre des hypothèses sur leur disparition. De même, la taille et la puissance de la mâchoire et des dents du tyrannosaure permettent de déduire qu'il était un grand carnivore.

L'étude des fossiles permet de constater l'apparition, puis la disparition de très nombreuses espèces animales et végétales. La plus célèbre des disparitions est celle des derniers Dinosaures, il y a 65 millions d'années. Dans les roches antérieures à cette époque, on trouve de nombreux squelettes de Dinosaures, et dans les roches d'origine marine des Ammonites. Aucun fossile de ce type ne subsiste dans les roches postérieures plus récentes. À partir de cette constatation, les paléontologues ont formulé de nombreuses hypothèses pour essayer d'expliquer ces disparitions (chute de météorite, volcanisme, transgression marine...). Toutes les époques de l'histoire de la Terre ont connu des disparitions d'espèces, y compris pendant les millions d'années où de nombreuses espèces de Dinosaures se sont succédé.

La succession d'espèces observée à partir de la datation des fossiles est un indice de l'évolution des êtres vivants. Certains fossiles permettent de retracer des étapes clés de l'évolution de la vie. Ainsi l'archéoptéryx, qui vivait il y a 150 millions d'années, présente à la fois des caractères de Reptile et d'Oiseau : il avait des dents, un bassin et une longue queue comme un Reptile, mais des plumes, des ailes et des pattes d'Oiseau. Cet animal représente une étape intéressante dans la différenciation des Oiseaux, groupe actuel descendant de certains Dinosaures.

> L'échelle du temps

Les échelles des temps géologiques sont très grandes : 4,5 milliards d'années. Elles sont tellement grandes (en millions et milliards d'années) que, même pour les adultes, se pose le problème de la gestion des grands nombres et de la représentation mentale de ces durées, dont les dimensions ne sont plus appréciables, car trop éloignées des références habituelles et vécues à l'échelle humaine.

> La Terre avant la vie

La Terre s'est formée il y a 4,56 milliards d'années. Elle est alors bombardée de météorites et couverte de volcans. Elle va se refroidir lentement en 800 millions d'années avant qu'apparaissent les premières formes de vie.

> L'origine de la vie : le Précambrien

On date **l'origine de la vie** de près de **4 milliards d'années** : c'est l'ère du **Précambrien**.

Sous l'action des rayonnements solaires, des molécules de l'atmosphère primitive (méthane, ammoniac, eau, gaz sulfureux) auraient subi de nombreuses réactions chimiques conduisant à la synthèse de molécules biologiques simples (sucres, acides aminés...), puis de macromolécules (protéines, acides nucléiques...). À cette évolution chimique a succédé une évolution biologique conduisant, **il y a 3,8 milliards d'années**, à **des formes de vie très simples** comme des **Bactéries**. Ces premières formes de vie ont laissé très peu de traces.

L'atmosphère était dépourvue d'oxygène et d'une couche d'ozone protectrice des rayonnements ultraviolets mortels du Soleil. La vie était donc alors impossible à l'extérieur de l'eau. Cette période a duré extrêmement longtemps (plusieurs milliards d'années).

Des Bactéries ont évolué en **Cyanobactéries capables de produire de l'oxygène** permettant alors le développement d'êtres vivants respirant de l'oxygène comme nous. Les Cyanobactéries ont ainsi permis **une explosion des formes de vie dans l'eau. Des organismes pluricellulaires** leur ont ensuite succédé. Les formes de vie plus complexes, comme les Méduses, sont apparues il y a seulement 620 millions d'années.

> La vie s'est diversifiée dans l'eau au début de l'ère Primaire

Les êtres vivants se sont rapidement diversifiés dans l'eau : c'est une véritable explosion du nombre d'espèces d'animaux et de végétaux au **Cambrien**. Les **premiers Poissons** sont apparus il y a 500 millions d'années, d'abord des poissons sans mâchoire, puis des poissons à mâchoire dont certains étaient géants.

> La sortie des eaux

La sortie des eaux et la conquête de la terre ferme par des espèces végétales et animales ont pu s'effectuer **lorsque l'atmosphère a été suffisamment riche en dioxygène.** Les Végétaux ont été les pionniers sur la terre il y a environ 420 millions d'années. Ils sont rapidement accompagnés par des Vers et des Insectes. Issus du groupe des poissons à poumons, des Amphibiens, comme l'ichtyostéga, ont été les premiers Vertébrés à sortir de l'eau en respirant du dioxygène gazeux et en marchant sur quatre pattes, il y a environ 360 millions d'années.

Les terres émergées sont progressivement colonisées par les Végétaux.

> Le règne des Dinosaures et des Reptiles

L'ère Secondaire a été marquée par **la diversification des Reptiles** : ils ont dominé la terre, le ciel et les mers pendant près de 200 millions d'années. Certains Dinosaures avaient un bassin reptilien comme le diplodocus, les plus grands animaux terrestres qui aient existé. D'autres avaient un bassin d'Oiseau : l'archéoptéryx en est une forme, avec des caractères de Reptile (dents...) et d'Oiseau (plumes). On admet actuellement que les Oiseaux sont des descendants de Dinosaures.

Chez les Végétaux, les premières Plantes à fleurs apparaissent à cette époque.

> La disparition des Dinosaures il y a 65 millions d'années

Il y a 65 millions d'années, les Dinosaures ont disparu, ainsi que beaucoup de Reptiles et d'autres espèces, comme les Ammonites (qui peuplaient les océans). Ces disparitions restent une énigme. Plusieurs hypothèses sont avancées par les scientifiques, en particulier celle de la chute d'une **météorite** et de **phénomènes volcaniques** importants. Mais certains pensent que cette disparition n'a peut-être pas été aussi brutale qu'on veut bien le croire (elle s'est peut-être étalée sur un million d'années). Tous les Dinosaures que l'on connait n'ont pas tous vécu au même moment ; de nombreuses espèces se sont succédé pendant l'ère Secondaire.

> Les Mammifères à la conquête de tous les milieux

Les Mammifères sont apparus au Secondaire, il y a 200 millions d'années, à l'époque des Dinosaures : ils étaient de la taille d'une petite souris ! À partir de l'extinction des Dinosaures, il y a 65 millions d'années, les Mammifères se sont énormément **diversifiés** et ont conquis tous les milieux, y compris les mers. On connaît des fossiles qui permettent d'étudier les lignées évolutives de nombreux Mammifères actuels (cheval, éléphant, baleine, etc.).

> L'histoire de l'Homme

L'Homme n'est apparu qu'il y a 4 millions d'années. Il marque le début de **l'ère Quaternaire**. Son histoire est extrêmement courte par rapport à celle des autres êtres vivants. Elle s'enracine dans l'histoire des grands singes, commencée depuis plus de 18 millions d'années. Les 100 000 dernières années sont celles de notre espèce *Homo sapiens sapiens*, espèce qui transmet sa culture grâce à ses possibilités d'apprentissage.

Plus nous remontons le temps, plus les traces laissées par nos ancêtres sont modestes : dents, outils, traces de foyer... L'Homme est le résultat d'une longue évolution, depuis les Australopithèques, jusqu'à l'Homme moderne (*Homo sapiens sapiens*). Mais attention ! **ces hommes ne sont pas tous nos ancêtres directs**.

> Australopithèque

Le volume du crâne de l'Australopithèque est équivalent à celui d'un grand singe, mais il marche en **position redressée**. L'un des plus anciens Hommes connu (*Australopithecus afarensis*) est une femme : Lucy, découverte en Afrique de l'Est et datant de 3 millions d'années. Elle n'était pas très grande (1,05 m), mais elle marchait debout. L'*Australopithecus africanus* (il y a 2,5 millions d'années) mesure environ 1,30 m et pèse 25 à 30 kg. Il devait se nourrir de végétaux et de petites proies. Ses mains libérées, du fait de la **bipédie**, lui permettaient de se saisir de pierres et de bâtons pour se défendre.

> *Homo habilis*

Il vivait il y a environ 3 millions d'années en Afrique. Il se servait d'**outils primitifs** : des galets aménagés. Il donnait à ces galets un côté tranchant par la technique de l'enlèvement d'éclats. Il construisait des **cabanes pour protéger sa famille**. Il se nourrissait de petites proies qu'il chassait, mais aussi de fruits et de végétaux.

> *Homo erectus*

L'*Homo erectus* apparaît en Afrique il y a environ 1,7 million d'années. Les *Homo erectus* se sont dispersés en Afrique, en Asie et en Europe il y a environ 100 000 ans. Ils se servaient d'**outils de pierre très tranchants** qu'ils taillaient : les « bifaces ». Ils ont appris à **maîtriser le feu**.

> *Homo sapiens* : l'Homme de Neandertal

Il apparaît il y a environ 50 000 ans. Les Néandertaliens utilisaient le **silex** et les **os d'animaux** pour fabriquer leurs **outils**. En Europe du Nord, ils chassaient l'ours des cavernes, le bison, le cerf, le renne, le mammouth... Ils employaient des pointes, des coups-de-poing, des grattoirs, des racloirs... **Ils enterraient leurs morts**.

> *Homo sapiens sapiens*

Le plus célèbre des *Homo sapiens sapiens* est **l'Homme de Cro-Magnon**. Il vivait il y a 35 000 ans. Il a été découvert aux Eyzies (en Dordogne, en France). L'*Homo sapiens sapiens* taille de l'os (pointes de flèches, aiguilles, boutons), sculpte l'ivoire. C'est un **artiste**. Les hommes de **Lascaux** ont laissé des traces de leur art sur les murs des grottes : **les peintures rupestres**. Ils se confectionnaient des **vêtements** avec des aiguilles à chas.

Au **Néolithique**, il y a 10 000 ans, **les hommes cultivent les céréales** comme le blé, l'orge, qu'ils récoltent avec une serpe munie d'un tranchant en silex. **Ils domestiquent certains animaux** (cochon, brebis, bœuf, cheval...). Dans d'autres lieux du monde (Afrique, Asie, Amérique du Sud), des hommes jettent **les bases de l'agriculture** à partir d'autres végétaux (courges, concombre, maïs...).

> La théorie de l'évolution

Les animaux et les végétaux qui vivent aujourd'hui n'ont pas toujours existé. D'autres vivaient avant eux et ont disparu. Les êtres vivants actuels sont le résultat d'une **longue évolution** : les espèces ont subi des **transformations** qui se sont transmises de génération en génération. Ce phénomène n'est pas observable à l'échelle de la vie d'un individu, mais **à l'échelle de populations sur des millions d'années**.

L'histoire de la vie a débuté il y a environ 3,8 milliards d'années avec des formes de vie très simples : les Bactéries. Les formes de vie plus complexes comme les Méduses sont apparues il y a seulement 620 millions d'années. Les êtres vivants se sont rapidement diversifiés avec une véritable explosion du nombre d'espèces d'animaux et de végétaux, d'abord dans l'eau puis hors de l'eau. Pendant près de 200 millions d'années, les Dinosaures ont dominé la Terre. Les Mammifères, qui sont apparus à la même époque, ont ensuite envahi tous les milieux. Quant à l'Homme, il n'est apparu qu'il y a 4 millions d'années ; son histoire est extrêmement courte par rapport à celle des autres êtres vivants.

On sait que les êtres vivants actuels ont **des ancêtres communs**. La **théorie de l'évolution** apporte un cadre qui intègre les observations des biologistes et des paléontologues : le vivant obéit à des lois relativement simples et universelles.

L'existence de l'évolution est une certitude confirmée par les fossiles et les parentés biochimiques et chromosomiques des êtres vivants. Les explications actuelles s'appuient toujours sur **la théorie de « la sélection naturelle » de Darwin (1859) : la variation naturelle des espèces produit en très grand nombre des individus différents. Les espèces qui ne sont pas bien adaptées à leur milieu disparaissent, les autres se développent jusqu'à ce que le milieu change ou qu'apparaissent de nouvelles formes mieux adaptées. Les caractères se transmettent par l'hérédité (les gènes) d'une génération à la suivante.**

On retrouve le même schéma d'organisation pour les animaux d'un même groupe. Cette **homologie** suggère les parentés entre ces animaux. Par exemple, tous les membres antérieurs des Vertébrés (bras de l'homme, palette natatoire de la baleine, patte de grenouille ou de lézard, patte de chat, et même aile de chauve-souris ou d'oiseaux) sont construits sur le même modèle. Ils sont constitués des mêmes os. Ces os ont subi des modifications de forme qui ont permis des adaptations à des fonctions ou des milieux différents.

Les découvertes de fossiles ont longtemps fasciné les hommes. Combien de légendes de dieux et de démons sont liées à ces découvertes ? Le dogme de la religion catholique, qui enseignait que Dieu avait créé l'homme et tous les êtres vivants en sept jours, empêchait toute conception évolutionniste. Au milieu du XVIIIe siècle, Buffon est un des premiers à oser avancer une idée révolutionnaire pour l'époque : la Terre a 75 000 ans, Adam et Ève ne sont nés qu'il y a 6 000 à 8 000 ans ! Même un grand naturaliste comme Cuvier, à la fin du XVIIIe siècle, croyait en la fixité des espèces.

Il cite comme preuve que les ibis momifiés vieux de 5 000 ans, rapportés par Geoffroy Saint-Hilaire lors de la campagne d'Égypte menée par Bonaparte, sont en tous points identiques aux ibis actuels. Mais comment expliquer tous ces fossiles d'animaux inconnus aujourd'hui ?

> Darwin et Wallace

L'idée d'évolution n'était donc pas originale à l'époque de Darwin. Mais, à chaque fois qu'elle était avancée, son auteur était insulté, ridiculisé ou ignoré. Darwin formula pour la première fois sa théorie au cours d'un voyage comme naturaliste à bord du navire « Le Beagle ». Pendant vingt ans, il rassembla de nombreuses preuves en faveur de sa théorie. C'est en 1858 qu'une lettre d'Alfred Russel Wallace le décida à la communiquer. Wallace vivait en Malaisie et ignorait les théories de Darwin. Il envoya son idée de sélection naturelle à Darwin en lui demandant son avis. Les deux scientifiques se mirent d'accord pour publier en même temps de brèves notes, puis Wallace laissa Darwin préparer son livre *De l'origine des espèces* (1859). Darwin avait rassemblé tant de preuves et anticipé tant de critiques que l'évolution devint alors un fait acquis pour les scientifiques.

> La théorie de la sélection naturelle

La théorie de la sélection naturelle est une combinaison de trois idées.

- **Les organismes varient** : deux individus de la même espèce sont rarement tout à fait semblables.
- Ces variations peuvent affecter l'aptitude à survivre et à se reproduire : **les organismes les mieux adaptés auront le plus grand nombre de descendants.** « Les individus qui vivent le plus longtemps sont ceux qui collectent leur nourriture de la façon la plus efficace, survivent aux rigueurs de l'environnement et évitent ou repoussent les prédateurs ; ce sont ceux-là qui vivent le plus longtemps et qui ont le plus de chances d'avoir le plus de descendants ; ceux qui disparaîtront seront, en général, ceux qui sont le moins capables de faire face à ces difficultés. »
- **L'hérédité** : les individus les mieux adaptés ont la descendance la plus nombreuse ; si les caractères qui leur ont permis de survivre sont héréditaires, ces caractères deviendront plus fréquents dans les générations futures.

À l'échelle d'une population, la répartition géographique et l'adaptation des espèces pourraient s'expliquer par des modifications de l'environnement sur des millions d'années, modifications auxquelles certains individus se seraient adaptés. L'ancêtre de la girafe, qui allongeait le cou pour attraper les hautes branches, n'a pas pour autant développé son cou, comme le pensait Lamarck. En revanche, les individus munis d'un long cou ont survécu, se sont reproduits et ont perpétué le caractère « long cou » quand la nourriture se fit rare. La girafe a été façonnée par un mécanisme de « sélection naturelle ». Ainsi, même si Darwin ignorait pourquoi, chez les plantes et les animaux, des variétés interfécondes deviennent des espèces séparées, il fut convaincu du transformisme.

> L'évolution aujourd'hui

Si l'évolution est aujourd'hui une vérité scientifique, des incertitudes subsistent encore sur les mécanismes de l'évolution des espèces et de la spéciation. Les hypothèses actuelles associent deux théories qui ne remettent pas en cause, mais précisent celle de « la sélection naturelle ».

- La théorie des « équilibres ponctués » de Gould et Eldredge explique la succession d'espèces fossiles sans trace de formes intermédiaires par un changement de vitesse évolutive avec des périodes stables pendant des durées très longues, puis des changements sur des périodes courtes.
- La théorie du « gradualisme » de Simpson et Mayr affirme qu'une espèce se modifie par des changements très progressifs de caractères peu importants.

Représentations des élèves et obstacles à prendre en compte

> Conceptions initiales

Le passage par le relevé des conceptions initiales des élèves leur permet de s'interroger en réfléchissant au problème. Il stimule et oriente la recherche dans les documents du manuel pour modifier leurs idées de départ. Il leur permet de se rendre compte de leurs nouveaux acquis et ancre mieux leurs nouvelles connaissances en opposition avec leurs conceptions initiales.

> Classification des êtres vivants et notion d'espèce

Lors d'activités sur les animaux (comme la visite d'un parc animalier ou zoologique, une ferme en classe de nature) ou simplement de l'observation de photographies apportées en classe par l'enseignant ou les élèves, il est possible de comparer les animaux en recherchant leurs points communs et leurs différences. Les élèves peuvent repérer des critères morphologiques (forme, couleur, nombre et forme des pattes, de la tête, aspect de la peau). Cette approche peut remettre en cause une conception première des élèves qui considèrent souvent qu'il n'y a qu'une façon unique de classer (*cf. Observer pour comprendre*, Hachette Éducation).

La réalisation de classements fait découvrir **la nécessité d'une hiérarchie de critères**. Mais tous les critères ne sont pas forcément pertinents : il est possible d'aboutir à des clés de détermination pertinentes qui n'ont rien à voir avec la classification scientifique. Ainsi, les critères de couleur, souvent proposés par les enfants, n'apportent aucun renseignement sur les parentés évolutives des animaux : le dauphin n'a pas grand-chose de commun avec le moineau de la même couleur. De même, la forme de poisson qui réunit dans le classement le dauphin avec le requin n'est pas pertinente : le dauphin est un Mammifère bien loin phylogénétiquement des Poissons.

Les critères fins de la classification scientifique sont parfois difficiles à trouver par les élèves. Il est donc important de leur faire préciser les critères de classement et d'observation. Ils doivent aller vers des critères cohérents qui se rapprochent des classifications scientifiques. Cela va les préparer à l'utilisation des clés de détermination. Ils vont affiner leur recherche de critères et en comprendre l'intérêt. Par cette activité, les élèves vont prendre conscience de l'intérêt d'une terminologie commune comprise par tous.

Dans la classification des animaux, les élèves atteignent assez facilement le niveau des classes de Vertébrés : ceux qui ont des ailes, les Oiseaux ; ceux qui nagent, les Poissons ; ceux qui rampent, un critère qui les amène aux Serpents et non aux Reptiles en général (ce qui se rapproche de l'approche moderne de la classification scientifique qui divise la classe des Reptiles en Tortues, Lézards et Serpents, Crocodiliens). Mais on introduit aussi des erreurs, par exemple pour les dauphins, qui ne sont pas classés au bon endroit, car le niveau d'approche de la classification scientifique nécessite de connaître les plans d'organisation…

> Fossiles et histoire de la vie sur la Terre

La notion d'espèce est un préalable pour comprendre la notion d'évolution et donc pour traiter le thème des fossiles et de l'évolution.

Les enfants ont des conceptions erronées concernant l'évolution. Certains croient en la fixité des espèces. Ils pensent que les Hommes vivaient en même temps que les Dinosaures, que les Dinosaures ont disparu, mais pas les Hommes. D'autres situent l'origine de la vie près de l'époque des Dinosaures, juste avant l'origine de l'Homme. L'Homme préhistorique vivait avec ces derniers, quand ce ne sont pas les arrière-grands-parents qui vivaient aux temps préhistoriques !

La notion de fossilisation se heurte aussi à cette question du temps ; les enfants pensent souvent que l'animal s'est couché et enfoncé dans la roche en mourant.

> Des temps infiniment grands

Les échelles de temps géologiques sont tellement grandes (en millions et milliards d'années) que, même pour les adultes, se pose le problème de la **gestion des grands nombres** et de la **représentation mentale de ces durées**, dont les dimensions ne sont plus appréciables, car trop loin des références habituelles et vivables à l'échelle humaine.

Une représentation linéaire du temps ne semble pas un obstacle pour les élèves. Par contre, ils ont des difficultés à appréhender les durées relatives, notamment les durées des différentes périodes. Combien de temps s'est écoulé depuis les premiers Hommes ? Quand sont apparus les premiers Mammifères ? Quels autres animaux et végétaux vivaient à la même période ? etc.. Les périodes de temps sont plus ou moins importantes : la période qui s'écoule entre l'origine de la vie et l'apparition des premiers Vertébrés terrestres est neuf fois plus longue que la période qui s'écoule entre ces premiers Vertébrés terrestres et l'Homme. Pour faire prendre conscience de ces périodes de temps, il faut prendre des repères « parlants » pour les élèves et élaborer des repères de temps significatifs (voir le tableau proposé dans le *Carnet de chercheur CM2* page 37).

> Appréhender le temps et la chronologie

Pour visualiser ces périodes de temps, les élèves peuvent réaliser, puis dérouler une très longue corde de 46 mètres sur laquelle figurent des repères chronologiques. Cette idée simple permet de projeter le temps dans une représentation spatiale. Les élèves ont alors une meilleure approche de l'infiniment grand des temps géologiques et des durées relatives des épisodes de l'histoire du vivant. Cette « corde du temps » amène les élèves à faire des constatations sur les temps géologiques. Ils perçoivent les proportions entre les événements majeurs (origine de la vie, premiers animaux à squelette, sortie des eaux, époque des Dinosaures, origine de l'Homme) et l'accélération de l'évolution de la vie dans les temps les plus récents.

Une autre situation pédagogique peut lever le problème des périodes de temps. Elle consiste à **faire vivre le temps à l'enfant**, physiquement et temporellement. Cela évite une transposition, toujours délicate pour les plus jeunes. L'enseignant doit choisir un grand terrain comme un stade ou un circuit dans un bois ou le long d'un chemin, voire une grande cour d'école. L'activité va consister à représenter le temps sur le terrain, sur la plus grande longueur du terrain ou sur sa circonférence s'il est trop petit. L'enseignant va placer des repères sur le parcours. Ces repères peuvent prendre la forme de panneaux où les élèves auront dessiné des animaux ou des plantes caractéristiques d'une époque. Les élèves parcourent le trajet de panneau en panneau et vont ainsi « vivre le temps ». Faire mesurer la circonférence du terrain ou la longueur à baliser. Le point de départ du circuit sera balisé « Origine de la vie » ou « Origine de la Terre ». Pour simplifier les activités de mesure et rester dans des proportions simples par rapport aux temps à représenter, choisir une longueur totale qui soit un multiple de 4,6 (4,6 milliards d'années = temps écoulé depuis l'origine de la Terre). Cette représentation physique de la chronologie a l'avantage de faire « vivre le temps » aux élèves à une échelle qui leur est perceptible. Elle ne leur fait sans doute pas sentir l'immensité des temps géologiques, mais elle permet de repérer correctement la chronologie des événements et les proportions entre ces événements majeurs de la vie sur notre planète.

Ces temps géologiques peuvent aussi être représentés par un jeu de dominos. Chaque domino représente 100 millions d'années. La situation nécessite donc 46 dominos. On pourra coller sur les dominos des vignettes représentant les événements de l'évolution de la vie. Les cinq premiers dominos représentent sur leurs deux faces des volcans : ce sont les premiers temps de la Terre, sans vie. La 1re face du 6e domino représente un volcan également, tandis que sa 2e face est l'apparition des cellules dans l'eau, pour représenter l'origine de la vie. On retrouve cette même représentation sur les 33 dominos suivants. Le 40e domino porte toujours des cellules sur sa 1re face et les premiers animaux (type Méduse) et plantes sur sa 2e face. Le 41e domino représente lui aussi la période des premiers animaux et des plantes. Le 42e domino représente l'apparition des premiers Poissons, ainsi que les 43e, 44e et 45e. Jusqu'au dernier domino, qui représente les Mammifères sur sa 1re face, les Singes sur sa 2e face. Les Hommes ne représentent qu'un trait fin à l'extrémité droite du dernier domino.

> L'évolution de l'Homme

Les enfants ont des conceptions erronées sur l'évolution de l'Homme. Certains ne croient pas à l'évolution de l'Homme (souvent pour des raisons religieuses). D'autres pensent que les Hommes préhistoriques vivaient en même temps que les Dinosaures. La représentation mentale des durées longues est l'obstacle majeur, qui pourra être levé par la mise en place des activités présentées ci-dessus.

SÉQUENCE PÉDAGOGIQUE : ZOOM SUR… CLASSER LES PLANTES

Objectif

Cette séquence permet de réviser les grands principes de la classification des plantes vus au CE2.

Matériel

- Manuel pages 42 et 43 et *Carnet de chercheur CM2* pages 26 et 27.
- Échantillons de plantes apportées par les élèves ou le maître.

Séance 1

Phase individuelle suivie d'une phase orale de mise en commun.
Durée : 20 à 35 minutes.

> Émergence des représentations initiales

Poser les questions avant de faire ouvrir le manuel. À partir d'un assortiment de plantes (branches d'arbre, fleurs des champs, champignons, mousse des bois, etc.), demander aux élèves de quelle manière on peut classer les plantes.
Noter les idées de classement des élèves et les critères qu'ils proposent. Ils vont comprendre pourquoi les scientifiques doivent se mettre d'accord entre eux sur un seul type de critères pour pouvoir comparer leurs observations.
Faire rechercher aux élèves le classement qui rassemble le mieux les plantes qui ont le plus de caractères communs. On élargira plus tard cet argument aux principes de classement des animaux.

> Situation-problème

Comment savoir à quel groupe appartient une plante en utilisant la clé de classement des plantes du manuel ?

Séance 2

> Utilisation de la clé de classement

Par petits groupes, les élèves choisissent une des plantes apportées par l'enseignant. Ils l'observent pour choisir des critères qui la caractérisent. Ils font la liste de ces critères et les écrivent sur leur cahier.
Dans un second temps, les élèves utilisent le tableau de la classification des végétaux du manuel pages 42 et 43. Ils suivent les flèches qui correspondent aux critères de leur végétal. Ils peuvent ainsi déterminer à quel groupe appartiennent les plantes qu'ils ont observées en classe et les plantes dessinées sur leur *Carnet de chercheur* :

- fougère grand aigle : groupe des Fougères ;
- marguerite : groupe des Plantes herbacées ;
- cèpe : groupe des Champignons ;
- fucus vésiculeux : groupe des Algues ;
- mousse : groupe des Mousses ;
- pommier : groupe des Arbres ;
- sapin : groupe des Arbres.

> Synthèse

Plus de 500 000 espèces de plantes poussent sur la planète ! Pour les reconnaître et les recenser, il a fallu les classer à partir de leurs différences et de leurs points communs. Chaque espèce végétale est différente, mais différentes espèces peuvent appartenir à un même groupe.

SÉQUENCE PÉDAGOGIQUE : ZOOM SUR… CLASSER LES ANIMAUX

Objectif

Cette séquence permet de réviser les grands principes de la classification des animaux vus au CE2.

Matériel

- Manuel pages 44 et 45 et *Carnet de chercheur CM2* pages 28 à 31.

Séance 1

Phase individuelle, puis phase orale collective.
Durée : 20 à 35 minutes.

> Situation-problème

Poser la question suivante : « À quel groupe appartiennent les animaux présentés dans le *Carnet de chercheur* ? ».

> Utilisation de la clé de classement

En se référant à la clé de classement du manuel, chaque élève cherche à quel groupe appartiennent les animaux choisis par l'enseignant ou ceux dessinés dans le *Carnet de chercheur*.

La recherche se fait collectivement pour le premier animal. L'enseignant doit mener la démarche pas à pas pour faire comprendre aux élèves comment fonctionne la clé de classement. Il explique comment observer l'animal, suivre les flèches qui correspondent aux critères observés sur l'animal... Les élèves peuvent s'appuyer sur l'observation des dessins du *Carnet de chercheur* et s'aider si nécessaire d'un dictionnaire ou d'une encyclopédie sur les animaux.

- Le chien est un Vertébré du groupe des Mammifères.
- Le caïman est un Vertébré du groupe des Crocodiliens.
- La sauterelle est un Arthropode du groupe des Insectes.
- La tortue est un Vertébré du groupe des Tortues.
- L'étoile de mer est un Échinoderme.
- Le homard est un Arthropode du groupe des Crustacés.
- Le mille-pattes est un Arthropode du groupe des Myriapodes.
- Le requin est un Vertébré du groupe des Poissons.
- La mygale est un Arthropode du groupe des Araignées.
- Le pigeon est un Vertébré du groupe des Oiseaux.
- La seiche est un Mollusque céphalopode.
- L'anémone de mer est un Cnidaire.

Séance 2

Phase individuelle, puis phase orale collective.
Durée : 30 à 50 minutes.

> Observation et classement

Les élèves peuvent compléter leur recherche avec d'autres animaux de leur choix qu'ils auront trouvés en photos dans des magazines ou des livres. Il serait notamment intéressant de faire la recherche pour les animaux en élevage dans la classe ou dans l'école.

L'observation attentive d'animaux, lors d'une sortie au zoo ou à partir de photographies, permet de réunir des critères par catégories. À partir de ces observations, faire effectuer aux élèves un groupement des caractères communs aux différents animaux dans un tableau à double entrée : chaque colonne correspond à un animal observé et chaque ligne correspond à un caractère. Il est possible de prendre pour modèle le tableau à double entrée du *Carnet de chercheur CM2* pages 30 et 31.

Faire construire aux élèves leur propre tableau à double entrée. Chaque enfant observe deux animaux. Il va compléter le tableau à double entrée. Chaque animal se trouve dans une colonne. L'élève note des critères dans les lignes, puis coche les cases qui correspondent aux caractères observés dans la colonne de l'animal. Pour le second animal, l'élève coche (ou pas) les critères déjà présents sur le tableau (s'ils sont vérifiés) et il ajoute de nouveaux critères si c'est nécessaire. L'avantage de cette méthode est de partir des critères observés spontanément par les élèves. Ils affinent ensuite leurs critères au fil de leurs observations. Ils sont d'ailleurs amenés à retourner voir le premier animal pour vérifier s'il satisfait ou non à un nouveau critère.

On passe d'une observation presque sauvage à une observation de plus en plus ordonnée. La liste des critères augmente régulièrement lors de l'observation d'animaux successifs.

On regroupe les données au niveau des groupes (ou de la classe) pour un traitement d'ensemble. L'objectif de ces observations est de repérer les ressemblances et les différences entre les animaux. Le support du tableau à double entrée permet de motiver les enfants pour une observation systématique et rigoureuse.

On découpe ensuite les colonnes et on les reclasse en essayant de regrouper celles qui ont le plus de caractères en commun. Il s'agit alors dune opération de tri et de classement des données de l'observation. L'observation et le classement permettent une approche scientifique de la classification en fonction des critères visibles.

Synthèse

Les scientifiques ont classé les animaux en fonction des points communs et des différences qui existent entre les espèces, pour créer des grandes familles. Par exemple, la famille des Vertébrés regroupe les Mammifères, les Oiseaux, les Amphibiens... Chaque groupe comporte différentes espèces qui ont des points communs.

SÉQUENCE PÉDAGOGIQUE : CHAPITRE 13
SONT-ILS DE LA MÊME ESPÈCE ?

Objectif

Cette séquence permet de comprendre la notion d'espèce.

Matériel

- Manuel pages 46 et 47 et *Carnet de chercheur CM2* pages 32 et 33.

Séance 1

Recherche personnelle ou par petits groupes, puis phase orale collective.
Durée : 30 à 45 minutes.

> Émergence des représentations initiales

Phase orale collective.
Poser les questions avant de faire ouvrir le manuel.

Prendre en compte les réponses des élèves. Conserver la trace écrite des réponses des élèves pour mesurer leur évolution en fin d'apprentissage.

> Observation des photographies du manuel

Recherche personnelle ou par petits groupes.

Faire observer les photos de la page 46 du manuel. Poser les questions : « Quelles sont les différences entre les animaux ? » ; « Quels sont les points communs entre ces chiens et le loup ? ». Conclure : tous ces chiens, et même le loup, sont de la même espèce car ils peuvent avoir des petits ensemble.

Faire observer les photos de la page 47 du manuel. Les élèves vérifient dans un dictionnaire ou une encyclopédie si ces animaux sont de la même espèce. L'enseignant peut proposer d'autres « couples » d'animaux et demander aux élèves s'ils sont ou non de la même espèce. Les élèves vont découvrir que le fait de se ressembler n'est pas un critère d'appartenance à la même espèce. Le seul critère pertinent est le fait de pouvoir avoir des petits ensemble.

- Le coq et la poule appartiennent à la même espèce : ils sont le mâle et la femelle. Pourtant, ils ne se ressemblent pas (plumes, taille, crête du coq...).
- Le crapaud est souvent pris pour le mâle de la grenouille. La grenouille et le crapaud sont des Amphibiens d'espèces différentes. Ils ne peuvent pas avoir de petits ensemble.
- La vache est la femelle du taureau. Ils sont de la même espèce.
- La chouette n'est pas la femelle du hibou. Ce sont deux Oiseaux, des rapaces nocturnes qui appartiennent à des espèces différentes. Ils ne peuvent pas avoir de petits ensemble.
- Le caniche et le saint-bernard sont de la même espèce : ce sont des chiens, mais de race différente.
- Le faux-bourdon est le mâle de l'abeille. Ils sont de la même espèce.
- La jument est la femelle du cheval. Ils sont de la même espèce.

> « Je lis »

Phase orale collective.

Buffon était un grand naturaliste du XVIIIe siècle. Ce texte de Buffon traite de la naissance du langage. Faire lire le texte à haute voix par différents élèves, phrase après phrase.

Avant de répondre aux questions, les élèves recherchent dans une encyclopédie ou un livre sur les arbres des images et des photographies d'aiguilles de pin et de sapin, de feuilles de chêne, de hêtre et de tilleul. Ils comparent la forme des feuilles.

Pour comprendre pourquoi les hommes ont donné des noms différents au chêne et au sapin, les élèves recherchent la principale différence entre les deux : les pins et les sapins ont des aiguilles et les chênes, les tilleuls et les hêtres ont des feuilles larges.

À l'intérieur du groupe « sapin » et du groupe « chêne », ils trouvent les différences qui ont conduit à distinguer les espèces citées. C'est la forme des feuilles qui a conduit à distinguer le chêne du hêtre et du tilleul. C'est le fait que les aiguilles soient plus ou moins nombreuses et groupées qui a permis de distinguer le pin, le sapin et l'if.

Ce texte permet de lancer une réflexion sur la nécessité de trouver des critères distinctifs de plus en plus précis. Poser les questions : « Quand faut-il s'arrêter ? » ; « À partir de quel critère ? ». En effet, on ne peut pas distinguer les groupes à l'infini : chaque être vivant est unique et différent de son voisin, il faut donc savoir limiter le nombre des critères distinctifs et conserver la notion de groupe et d'espèce. À l'intérieur d'une espèce, chaque individu est différent, mais les points communs sont plus nombreux que les différences.

Séance 2

> « Je comprends »

Phase collective.

Deux individus d'une même espèce ne sont jamais exactement semblables. On dit qu'il y a une variation à l'intérieur de l'espèce. Il y a souvent des différences entre le mâle et la femelle. Mais à l'intérieur d'une même espèce, les points communs sont plus importants que les différences.

Deux animaux ne sont de la même espèce que s'ils peuvent procréer ensemble et que les petits sont fertiles, c'est-à-dire qu'ils peuvent aussi avoir des petits. Par exemple, un tigre et un lion appartiennent à deux espèces différentes. En captivité, on a parfois réussi exceptionnellement à les faire se reproduire entre eux. Un tigre et une lionne peuvent donner naissance à un tigron. Mais le tigron est stérile : il ne pourra jamais avoir de petits.

> Recherche documentaire

Les élèves peuvent faire une recherche documentaire pour trouver d'autres animaux de la même espèce où le mâle et la femelle ne se ressemblent pas. Ils classent les résultats dans un tableau indiquant ces différences (taille, couleur...). Par exemple : la chèvre et le bouc, le canard col-vert mâle (aux plumes colorées) et la femelle (plumes unies grisâtres)...

SÉQUENCE PÉDAGOGIQUE : CHAPITRE 14
QUE RACONTENT LES FOSSILES ?

Objectif

Cette séquence permet d'aborder l'étude des fossiles en tant que traces de l'évolution des êtres vivants.

Matériel

- Manuel pages 48 et 49 et *Carnet de chercheur CM2* pages 34 et 35.

- Fossiles (qui appartiennent à l'école, à l'enseignant ou apportés par les élèves).

Pour réaliser l'expérimentation :

- Pâte à modeler.
- Plâtre.
- Boue.
- Sable.
- Coquillages actuels trouvés sur une plage ou chez un poissonnier (coquilles de moules, coques, bigorneaux, etc.).
- Feuilles d'arbres pour les empreintes de végétaux.

Séance 1

Phase orale collective.
Durée : 20 à 30 minutes.

> Émergence des représentations initiales

Poser les questions suivantes avant de faire ouvrir le manuel : « Qu'est ce que des fossiles ? » ; « Comment se sont-ils formés ? »... Recueillir les idées des élèves et les confronter lors d'un débat dans la classe. Conserver la trace des réponses des élèves pour mesurer leur évolution en fin d'apprentissage.

> « J'observe »

Faire observer des fossiles apportés par le maître ou des élèves et les photographies du manuel page 48.
« À quels animaux ou végétaux actuels peux-tu comparer certains de ces fossiles ? » Certains fossiles ressemblent un peu à des êtres vivants actuels. Cela nous permet d'émettre l'hypothèse qu'ils vivaient dans des conditions semblables à celles que nous connaissons actuellement (milieu de vie, climat...). Lorsque les fossiles sont très différents des êtres vivants que nous connaissons, on procède par recoupement. Pour le trilobite par exemple, on peut parfois trouver dans la même couche de terrain d'autres animaux ou plantes qui rappellent des caractères de certains animaux actuels et, par recoupement, on peut imaginer leur milieu de vie.
« Quelles parties des animaux ou des végétaux se sont conservées dans ces fossiles ? » Les photographies du manuel page 48 nous montrent différents types de fossiles. Les fossiles conservés dans la résine sont très rares : insectes dans de l'ambre de la Baltique (Doc. 6). Ce sont généralement les parties dures des êtres vivants qui se sont conservées : os du dinosaure (Doc. 5), carapace du trilobite (Doc. 1). Ce sont parfois les empreintes qui nous sont parvenues : empreinte de la coquille de l'ammonite (Doc. 4), empreinte de pas de dinosaure (Doc. 3), empreinte d'une feuille de fougère (Doc. 2).
« Que nous apprennent ces fossiles ? » Les paléontologues ont comparé différents éléments fossiles qui concernent les Dinosaures. Ils ont ainsi découvert que certains, qui ont laissé des empreintes, marchaient ou couraient sur terre, que certains faisaient un nid sur le sol pour y pondre leurs œufs (*cf.* « Étonnant ! »). En étudiant des fossiles de la mâchoire d'un tyrannosaure et en observant la grande taille de cette mâchoire ainsi que les dents, les scientifiques ont conclu que le tyrannosaure était un grand carnivore.

Séance 2

Phase par groupes, puis phase orale collective.
Durée : 30 à 45 minutes.

> Situation-problème : comment se forme un fossile ?

La réalisation d'une modélisation participe à la compréhension du phénomène de fossilisation.
Plusieurs expériences sont envisageables dans la classe pour les manipulations des élèves.

- Mélanger dans un pot transparent de l'eau boueuse, du sable et des coquillages actuels. Laisser reposer une journée, puis constater le dépôt des coquillages dans les couches de boue et de sable, voire des coquillages brisés par l'agitation de l'eau.
- Ramollir de la pâte à modeler, puis y enfoncer un coquillage actuel pour marquer son empreinte interne ou externe. On peut aussi couler du plâtre dans l'empreinte pour réaliser un moulage. Le plâtre correspond alors à une nouvelle couche de terrain qui se dépose, comme dans le processus naturel de fossilisation.
- Couler du plâtre dans une boîte et y poser une feuille d'arbre en surface. On obtient une belle empreinte comme celle de la fougère fossile (Doc. 2 page 48).

> « Je comprends »

La lecture du compte rendu d'expérience de Noémie (page 49) permet de comprendre comment se forme un fossile. Les élèves peuvent refaire l'expérience. Dans de la pâte à modeler ramollie, ils enfoncent un coquillage pour y laisser son empreinte. Ils peuvent faire deux empreintes différentes du même coquillage : une de l'intérieur et l'autre de l'extérieur ! En coulant du plâtre par-dessus, comme si une nouvelle couche de terrain se déposait, ils réalisent un moulage. Cette expérience leur permet d'approcher la notion de stratigraphie, la couche du dessus se déposant après la couche du dessous. Ainsi, dans la plupart des cas dans la nature, la couche de terrain du dessous est plus âgée que celle du dessus. Il en est de même pour les fossiles qu'elle contient.
« Qu'obtiennent les enfants à la suite de leur expérience ? » Théo et Noémie obtiennent des empreintes de coquille et des moulages externes de coquille dans la pâte à modeler et un moulage interne avec le plâtre.
« Quel(s) fossile(s) de la page 48 du manuel se sont formés de cette manière ? » L'empreinte de fougère (Doc. 2) et celle d'ammonite (Doc. 4) sont des moulages externes comme dans la pâte à modeler. Le fossile de trilobite (Doc. 1) pourrait être un moulage interne ou un reste de la carapace.
Cette expérience fait prendre conscience des notions de moulage interne ou externe et d'empreinte.

> Question complémentaire

On peut demander aux élèves d'émettre des hypothèses pour expliquer pourquoi les fossiles sont rares alors que les animaux devaient être très nombreux aux époques où les roches se sont formées. Réponse : il y a peu de fossiles car seules les parties dures se sont conservées (carapace, coquille, os, graines) alors que les parties molles se sont rapidement décomposées. Mais ces parties molles ont tout de même parfois laissé leur empreinte (feuilles).

> « Je comprends »

Les quatre schémas de la fossilisation confirment ce qui a été compris en faisant ou en observant l'expérience. Les couches se sont déposées dans l'ordre chronologique de la fossilisation :

- la couche qui s'est déposée en premier est la plus ancienne ;
- la couche qui s'est déposée en deuxième est plus récente que la première ;
- et ainsi de suite…

Les chercheurs peuvent repérer l'âge des fossiles s'ils connaissent l'âge des couches de terrain dans lesquelles on les trouve. Les fossiles qui sont dans la couche du dessous sont plus anciens que ceux de la couche du dessus.

> Synthèse

Les animaux et les végétaux qui vivaient il y a plusieurs millions d'années ont laissé des traces dans la roche : ce sont les fossiles. L'étude des fossiles nous permet de connaître l'histoire des espèces qui ont aujourd'hui disparu. Le paléontologue compare les fossiles aux êtres vivants actuels, pour déterminer leur identité, leur espèce, leur taille, et savoir où, quand et comment ils vivaient.

SÉQUENCE PÉDAGOGIQUE : ZOOM SUR… LES ÉTAPES DE LA VIE

Objectif

Cette séquence permet de se représenter l'évolution des êtres vivants dans le temps.

Matériel

- Manuel pages 50 à 53 et *Carnet de chercheur CM2* pages 36 à 41.

Pour la frise murale :

- Grandes feuilles de papier (format A3 ou plus).
- Ruban adhésif.
- Gros feutres.

Pour la « corde du temps » :

- Corde de 46 mètres.
- Carton pour dessiner et découper les figurines représentant les animaux et les plantes.

Séance 1

Phase collective avec réalisations individuelles de dessins

Durée : 50 à 60 minutes.

> Situation-problème : comment reconstituer une représentation de l'histoire de la vie sur Terre ?

Avec toute la classe, on reconstitue l'histoire de la vie sur une frise du temps de 4,6 mètres avec de grandes feuilles fixées sur le mur de la classe. Pour réaliser cette frise, les élèves assemblent des feuilles A3 afin de réaliser une frise de 4,6 mètres de long.

Faire calculer aux élèves tous les combien de centimètres il faut faire un trait si l'on veut avoir un repère tous les « 100 millions d'années ». Si 4,6 mètres représentent 4 600 millions d'années, ils calculent que 10 cm représentent 100 millions d'années.

Après une mise en commun et la validation par l'enseignant, un groupe gradue avec un trait vertical tous les 100 millions d'années, c'est-à-dire qu'il trace un repère tous les 10 centimètres, le total devant représenter 4 600 millions d'années. Ils écrivent en bas de chaque trait le repère de temps correspondant. Mettre le 0 à droite et 4 600 à gauche.

> Construction de la frise

Pendant qu'un groupe gradue la frise, les autres élèves décalquent chacun un dessin. C'est un des êtres vivants (animal ou végétal) présents sur les illustrations du manuel aux pages 50 à 53. Pour que chaque période de l'histoire de la vie soit représentée, il vaut mieux répartir les dessins sur l'ensemble des élèves. Chaque élève dessine un animal ou une plante à partir des animaux représentés dans les planches du manuel ou d'autres documents. Ils notent la période de vie de l'animal en bas de leur dessin.

À partir des dates, ils calculent à quel endroit de la frise du temps ils vont devoir accrocher leur dessin pour respecter la chronologie. Ils pourront s'aider du tableau ci-dessous. Dès qu'il a terminé, chaque élève va coller son dessin au bon endroit sur la frise.

On peut également choisir de réaliser une corde du temps de 46 mètres de long. On procède alors de la même manière. On peut aussi réaliser une modélisation de taille intermédiaire en réalisant une frise sur un long couloir de l'école. Essayer toujours de prendre des longueurs totales ayant un rapport simple avec 46 (4,6 m ; 9,2 m ; etc.).

Dates (en millions d'années)	Événements à représenter	Longueurs à mesurer sur la frise (en mètres)	Longueur à mesurer sur la corde (en mètres)
– 4 600	La formation de la Terre	4,6 m	46 m
– 3 800	L'origine de la vie (les Bactéries)	3,8 m	38 m
– 3 000	Les Cyanobactéries (Bactéries marines)	3 m	30 m
– 620	Les premiers animaux pluricellulaires et les premières Algues dans l'eau	62 cm	6,5 m
– 500	Les premiers Poissons	50 cm	4 m
– 360	Les Vertébrés sortent des eaux (Amphibiens)	36 cm	3,6 m
– 260	Les premiers Dinosaures	26 cm	2,6 m
– 200	Les premiers Mammifères	20 cm	2 m
– 120	Les grands Dinosaures	12 cm	1,2 m
– 65	La disparition des Dinosaures	6,5 cm	65 cm
– 30	Les premiers Singes	3 cm	30 cm
– 4	Les premiers Hommes	4 mm	4 cm
0	L'année 0 du calendrier	Extrémité droite	Extrémité droite

> Structuration

On lit ensuite la frise du temps en commençant par les temps les plus anciens. S'il s'agit d'une corde, on la déroule en nommant au fur et à mesure les événements qui y sont marqués. Les élèves prennent conscience des temps relatifs entre les différents événements, en particulier la longue durée de la vie unicellulaire et l'accélération relative de l'évolution des Vertébrés.

On demande aux élèves ce qui les surprend le plus dans l'histoire de la vie représentée par la frise ou la corde du temps. On aide à la structuration en leur posant des questions. Après discussion par groupes, ils répondent sur leur carnet puis on fait une mise en commun.

« Y avait-il de la vie sur Terre quand la Terre s'est formée ? » Non, la vie n'est apparue que plus d'un million d'années après la formation de la Terre.

« Pourquoi la vie s'est-elle développée d'abord dans la mer et pas sur la terre ? » Les premières formes de vie sont des Bactéries et des cellules isolées qui ne pouvaient vivre hors de l'eau. En effet, l'atmosphère n'était pas encore respirable, elle était dépourvue d'oxygène. De plus, ces cellules ne possédaient pas encore de système de résistance au dessèchement.

« Les scientifiques proposent plusieurs explications à la disparition des Dinosaures. Lesquelles ? » Certains pensent qu'une météorite ou d'immenses éruptions volcaniques auraient obscurci l'atmosphère pendant de nombreuses années, empêchant le Soleil de fournir assez d'énergie aux végétaux, donc privant de nourriture les gros animaux et changeant sans doute provisoirement la composition de l'atmosphère.

« Qu'est-ce qui surprend le plus dans l'histoire de la vie représentée par la frise du temps ? » Ce qui est le plus marquant est la très longue durée avant l'arrivée de la vie et surtout la durée encore plus longue entre les premières cellules et les premiers êtres vivants plus complexes (type Méduse et Éponges). Enfin, il est frappant d'observer la formidable accélération de la diversification des formes de vie dans les dernières centaines de millions d'années, c'est-à-dire les périodes les plus récentes et les plus proches de nous.

Séance 2

Phase orale collective.
Durée : 20 à 30 minutes.

> Situation-problème : L'évolution de l'Homme

Ce sujet passionne les élèves. Mais il est nécessaire d'avoir été sensibilisé à l'évolution des espèces vivantes en préalable à cette approche de l'évolution de l'Homme. Cette séquence est donc un thème de synthèse à placer plutôt en fin de cycle.

> Observation

Faire commenter les pages 54 et 55 du manuel. Faire observer tout particulièrement la liaison entre les outils, la taille du cerveau et la position plus ou moins verticale des Hommes préhistoriques, ainsi que les périodes où ils ont vécu. Les élèves vont observer une évolution des fabrications (outils, art, feu) en liaison avec le développement du cerveau des Hommes préhistoriques.

Faire observer les documents du manuel en demandant aux élèves de les comparer et de chercher les différences. Ils proposent ensuite des hypothèses pour interpréter ces évolutions.

La comparaison des dessins d'Hommes préhistoriques permet de découvrir que les Australopithèques se différencient du Chimpanzé car ils marchent debout. Les Hommes suivants, de l'*Homo habilis* à l'Homme de Cro-Magnon sont de mieux en mieux redressés et de plus en plus grands.

La comparaison des volumes des crânes montre une augmentation depuis l'*Homo habilis* jusqu'à l'*Homo sapiens sapiens* (Homme de Cro-Magnon). Demander aux élèves ce qu'ils peuvent en déduire. On peut supposer que les Hommes sont de plus en plus intelligents. Pour comprendre comment l'augmentation du nombre de circonvolutions du crâne correspond à une augmentation de la surface du cerveau, plier une feuille de papier A3 en accordéon afin qu'elle couvre la même surface qu'une feuille A4. Ce modèle permet une bonne visualisation et compréhension du phénomène d'augmentation du volume du cerveau. On peut aussi faire observer le déplacement du trou occipital, qui correspond au point de jonction du crâne avec la colonne vertébrale. La présence d'un trou occipital de plus en plus central par rapport à la base du crâne correspond à une adaptation à la station debout, le crâne étant alors en position d'équilibre sur la colonne vertébrale. La station verticale a libéré la main et permis l'usage d'outils.

L'Homme est le résultat d'une longue évolution, depuis les Australopithèques jusqu'à l'Homme moderne (*Homo sapiens sapiens*). Mais attention ! ces hommes ne sont pas tous nos ancêtres directs. Comme ils marchaient debout, leur main a été libérée et, grâce à leur cerveau de plus en plus développé, ils ont pu inventer et se fabriquer des outils, maîtriser le feu, produire des œuvres artistiques et surtout « penser » au présent, au passé et à l'avenir…

> Activité optionnelle : reconstituer l'évolution de l'Homme sur une frise du temps

On peut réaliser une frise du temps de 4 mètres de long avec de grandes feuilles fixées sur le mur de la classe.

Pour représenter 4 millions d'années sur une frise de 4 mètres, les élèves vont commencer par calculer et marquer des repères sur la frise. Sur la frise, 1 mm représente 1 000 ans. L'extrémité droite représente aujourd'hui, le temps présent. On marque un repère tous les 100 000 ans, soit tous les 10 cm, et un repère tous les 10 000 ans, soit tous les centimètres dans la partie droite, qui correspond à la période la plus récente. On écrit sous les repères les principaux repères de temps.

L'enseignant répartit entre les élèves (ou les groupes d'élèves) les Hommes préhistoriques et leurs outils. Chacun décalque le dessin d'un Homme et de son crâne ou d'un outil en notant bien l'époque correspondante. Il fixe ensuite son dessin sur la frise du temps à la bonne place pour respecter la chronologie. Demander aux élèves d'entourer d'une couleur spécifique les périodes de chaque type d'Homme préhistorique. Les élèves vont ainsi découvrir que des périodes de temps sont communes à plusieurs types d'Hommes préhistoriques. Certains ont vécu au même moment, ce qui prouve qu'ils ne descendent pas tous les uns des autres.

Dans le manuel, nous avons parfois noté seulement les caractéristiques d'un spécimen représentatif. Dans le tableau ci-dessous, nous donnons aussi les caractéristiques de l'espèce.

Durée réelle de l'espèce	**Longueurs sur la frise (à partir de la droite)**	**Repères à placer sur la frise (à partir de la droite)**	**Hommes préhistoriques**	**Outils et inventions**
De – 4 à 2,8 millions d'années	4 m à 2,8 m	à 3 m	Australopithèques : plusieurs espèces dont *Afarensis* (Lucy) et *Africanus*.	– Lucy ne fabrique aucun outil. – Lucy marche debout.
De – 3 à 1,3 millions d'années	3 m à 1,3 m	à 1,8 m	*Homo habilis*.	– Galets aménagés puis galets taillés. Alimentation omnivore. – Abris de branchages.
De – 1,7 million à 100 000 ans	1,7 m à 10 cm	à 80 cm	*Homo erectus*.	– Utilise le feu. – Outils « bifaces ». – Habite des grottes et des cabanes. Premiers rituels.
De – 100 000 à 35 000 ans	de 10 cm à 3,5 cm	à 5 cm	*Homo sapiens* : Homme de Neandertal (il y a 50 000 ans).	– Outils très diversifiés (pointes, racloirs). – Vêtements de peaux de bêtes. – Culte des morts.
De – 40 000 à nos jours	de 9 cm à 0 cm	à 3,5 cm	*Homo sapiens sapiens* : Homme de Cro-Magnon (il y a 35 000 ans).	– Taille de l'os (pointes de flèches, aiguilles, boutons). – Artiste : ivoire sculpté, – peintures dans les grottes.
– 2 000	2 mm		Année 0 du calendrier.	
0	0 (à droite)		Aujourd'hui.	

Environnement et écologie

PAGES 56-65
DU MANUEL

RÉFÉRENCES AUX PROGRAMMES

L'objectif est de faire découvrir le rôle et la place des êtres vivants dans un écosystème, de montrer leurs facultés d'adaptation et de faire percevoir les interactions avec les activités humaines dans une perspective de développement durable. Ces séquences sont mises en place dans le cadre de l'éducation à l'environnement. L'approche scientifique permet une prise de conscience des phénomènes et des interactions au sein d'un milieu. Elle fait apparaître la transversalité des approches et des thèmes en lien avec l'éducation civique.

On fera découvrir aux élèves que « les êtres vivants sont adaptés (liens de dépendance entre les êtres vivants d'un même milieu) ». Les élèves doivent prendre conscience de la complexité des interactions et de l'impact des actions exercées par les hommes sur les milieux.

Les documents d'accompagnement des programmes précisent que « cette approche écologique est abordée à partir d'un ou deux exemples simples traités en un temps limité ; en effet, elle ne constitue pas un objectif spécifique, mais l'occasion de synthétiser quelques-unes des connaissances acquises par ailleurs ». On doit privilégier les approches concrètes en fonction des milieux que l'on peut explorer avec ses élèves.

Compétences en sciences et technologie

> Être capable de

- Observer et exploiter des documents scientifiques (photos et textes).
- Poser des questions précises et cohérentes à propos d'une situation.
- Participer à la préparation d'une enquête ou d'une visite en élaborant un protocole d'observation ou un questionnaire.
- Mettre en œuvre une enquête pour découvrir les éléments d'un milieu de vie de l'environnement, en particulier les êtres vivants.
- Imaginer et réaliser un dispositif expérimental susceptible de répondre aux questions que l'on se pose, en s'appuyant sur des observations, des mesures appropriées ou un schéma.
- Mettre en relation des observations réalisées en classe et des savoirs que l'on trouve dans une documentation.
- Rechercher les éléments objectifs qui situent les espèces les unes par rapport aux autres dans un milieu naturel donné.
- Savoir interpréter quelques situations simples qui se passent dans la nature.
- Exploiter en autonomie des documents scientifiques adaptés.

> Avoir compris et retenu

- Les relations alimentaires entre les êtres vivants d'un même milieu, en indiquant, pour les réseaux trophiques, le sens de circulation de la matière.
- Les concepts de proie et prédateur.
- L'adaptation des êtres vivants à leur milieu.
- La notion d'équilibre dans un milieu. Un écosystème donné est en équilibre fragile. Les hommes modifient profondément leur environnement et certaines de leurs modifications peuvent avoir des conséquences écologiques importantes.
- Le rôle des activités humaines sur les modifications de l'environnement et ses conséquences.
- La notion de développement durable.

Compétences « maîtrise de la langue »

> Parler en sciences

- Utiliser le lexique spécifique des sciences dans les différentes situations didactiques mises en jeu.
- Formuler des questions pertinentes.
- Participer activement à un débat argumenté.
- Savoir rechercher et énoncer des critères.
- Utiliser à bon escient les connecteurs logiques dans le cadre d'un raisonnement rigoureux.

> Lire en sciences

- Traiter une information complexe comprenant du texte, des images, des schémas.
- Lire et comprendre un ouvrage documentaire.
- Rechercher des informations pertinentes dans des documents.
- Trouver sur Internet des informations scientifiques simples et les comprendre.

> Écrire en sciences

- Prendre des notes lors d'une expérience, d'une enquête, d'une visite.
- Rédiger, avec l'aide du maître, un compte rendu d'expérience.
- Rédiger un texte pour communiquer des informations.
- Produire, modifier et exploiter un document à l'aide d'un logiciel de traitement de texte.
- Communiquer à l'aide d'une messagerie électronique.

Liens avec d'autres disciplines ou parties du programme

> Éducation du citoyen

- Prendre conscience du rôle de chacun dans les causes de pollution et l'action sur l'environnement.
- Enquêter pour comprendre.
- Agir directement pour protéger son environnement.
- Apprendre à débattre.

> Géographie

- Décrire et comparer : des paysages urbains ; des paysages ruraux ; des modifications des espaces ; des ensembles climatiques.
- Étudier et comparer : des réalités locales et régionales ; des paysages, des photographies.

> Histoire

- Comparer l'évolution des différentes activités humaines au fil du temps.
- Savoir utiliser les connaissances historiques dans le domaine des sciences et de la technologie.

> Littérature

- Rechercher en BCD ou en médiathèque une sélection d'ouvrages documentaires et/ou de littérature de jeunesse sur les thèmes abordés.

INFORMATIONS POUR L'ENSEIGNANT

L'écosystème

Un écosystème est un lieu de vie (le biotope) peuplé d'animaux et de végétaux (la biocénose). Tout écosystème est **interdépendant** avec les écosystèmes voisins. Chaque animal et chaque plante trouve dans son environnement les conditions nécessaires à sa vie.
À l'intérieur d'un écosystème, les êtres vivants d'espèces différentes ont des relations de type alimentaire allant de l'indifférence à la dépendance.

> Les végétaux

Les végétaux chlorophylliens sont le premier maillon des chaînes alimentaires car ils sont les seuls capables de produire de la matière organique à partir de l'air et de l'eau. Ce sont les **producteurs**. Grâce à la **chlorophylle** (pigment vert des végétaux), ils utilisent le dioxyde de carbone de l'air et l'eau du sol pour fabriquer de la matière organique et ils rejettent de l'oxygène. C'est la **photosynthèse**, qui utilise l'énergie de la lumière.
dioxyde de carbone + eau + énergie solaire ➜ glucides + dioxygène
Par d'autres réactions chimiques, les glucides donnent des lipides et des protéines (en particulier avec l'utilisation de sels minéraux dissous dans l'eau et prélevés dans le sol au niveau des racines des plantes). Cette matière organique (glucides, lipides, protéines) leur permet de grandir et de se développer.

> Les réseaux trophiques

Tous les êtres vivants d'un même milieu dépendent les uns des autres, en particulier pour se nourrir. **Les végétaux verts fabriquent de la matière organique qui sert de nourriture aux animaux.** Aucun animal, aucun champignon n'est capable de fabriquer lui-même de la matière organique, il ne peut que la transformer. Les animaux et les champignons sont donc dépendants des végétaux.
Les animaux végétariens, dits **consommateurs primaires**, se nourrissent de la matière organique des végétaux. Ils sont eux-mêmes mangés par des **animaux carnivores**, dits **consommateurs secondaires**. Et ainsi de suite (**consommateurs tertiaires**, etc.). **La prédation** est la capture d'un animal par un autre. Ces chaînes ont souvent des maillons en commun : elles s'organisent en **réseaux trophiques**, chaque animal mangeant (en général) plusieurs sortes de nourritures.
Les plantes et les animaux morts se décomposent sous l'action des bactéries et des champignons du sol. Ils sont réduits en sels minéraux. Ces sels minéraux sont absorbés par les végétaux chlorophylliens pour fabriquer leurs protéines ; **le cycle de la matière est bouclé.**

Un milieu en équilibre

Il y a **compétition entre les animaux** pour la nourriture, pour l'occupation de l'espace et pour leur reproduction. Malgré cette compétition, il y a en général un équilibre au sein d'un milieu entre le nombre de producteurs et de consommateurs aux différents niveaux. **Un milieu est en équilibre lorsque le nombre des êtres vivants de chaque espèce reste statistiquement le même.** La disparition d'un maillon de la chaîne alimentaire entraîne un déséquilibre du système et peut provoquer la dégradation du milieu.
L'homme, qui a maintenant une action sur tous les milieux, peut provoquer des déséquilibres en détruisant des espèces ou au contraire en en surprotégeant d'autres, mais surtout par la pollution des milieux.

Les indicateurs de pollution

Il est possible de mesurer les pollutions avec des appareils de mesure sophistiqués. On utilise ainsi des appareils pour mesurer la pollution atmosphérique dans les grandes villes : les résultats obtenus entraînent par exemple la prise de décision de la régulation du trafic automobile.
Il est localement possible de repérer la pollution à des indices biologiques : certains végétaux et animaux sont plus ou moins sensibles à la pollution. On peut ainsi faire une étude près de l'école (repérage de la pollution urbaine à partir de l'observation des lichens) ou dans la rivière (certaines algues prolifèrent dans les eaux polluées).

Les activités humaines et la protection des milieux

Un milieu est toujours ouvert sur les milieux voisins avec lesquels il est en relation. Les actions sur un milieu ont donc des conséquences sur les milieux voisins. De plus, l'homme agit sur tous les milieux directement ou indirectement. L'estuaire d'un fleuve est un bon exemple d'étude. En effet, il rassemble les eaux venant d'un vaste territoire, donc multipliant les risques de pollution. Mais il est aussi le siège d'activités humaines qui dépendent de la qualité des eaux, comme l'aquaculture et l'ostréiculture (élevage des huîtres) ainsi que le tourisme. La notion d'équilibre y est particulièrement sensible et facilement perçue par les habitants. **L'approche de ces questions d'environnement est systémique.** Elle doit prendre en compte de multiples facteurs, qu'il faut savoir repérer et dont il faut comprendre les interactions. Les choix à faire ne sont pas liés qu'à des facteurs biologiques, mais prennent en compte des facteurs économiques et sociaux. Ils conduisent à des décisions des citoyens et des actions à la fois individuelles et collectives. Cette approche systémique, dans une perspective de développement durable, relève donc à la fois des sciences, mais aussi de la géographie, de l'histoire locale et de l'éducation civique.

Le développement durable

Si l'éducation à l'environnement existe dans les Instructions officielles depuis 1977, la notion de « développement durable » ne date que de 2004. Voici l'évolution de la conception environnementale entre 1977 et 1987.

L'environnement est « l'ensemble, à un moment donné, des aspects physiques, chimiques, biologiques et des facteurs sociaux et économiques susceptibles d'avoir un effet direct ou indirect, immédiat ou à terme, sur les êtres vivants et les activités humaines » (circulaire n° 77-300 du 29 août 1977).

Le développement durable est « un développement qui répond aux besoins des générations présentes sans compromettre la capacité des générations futures de répondre aux leurs » (rapport Bruntland, 1987, du nom du Premier ministre norvégien, rapporteur du projet de la Commission mondiale pour l'environnement et le développement).

Le développement durable comprend trois volets indissociables : social, économique et environnemental. C'est donc un concept beaucoup plus large que celui de l'environnement. À l'école élémentaire, il est difficile de concevoir un travail sur le volet social ou le volet économique du développement durable. C'est ce qui explique que les Instructions officielles se limitent à l'Éducation à l'environnement pour un développement durable (EEDD).

Ce concept de développement durable s'appuie sur les **valeurs citoyennes à enseigner** :

- principe de **précaution** (ne pas attendre l'irréparable pour agir) ;
- principe de **prévention** (mieux vaut prévenir que guérir) ;
- principe d'**économie** (réduire les gaspillages) ;
- principe de **responsabilité** (celui qui dégrade doit réparer) ;
- principe de **participation** (tout le monde est concerné et doit agir) ;
- principe de **solidarité** (léguer aux générations futures un monde vivable).

Représentations des élèves et obstacles à prendre en compte

Les élèves n'ont aucune idée de la richesse et de la diversité des animaux et des végétaux qui peuplent un milieu. Ils pensent que les êtres vivants sont indépendants les uns des autres. En particulier, ils ne pensent pas qu'il y a obligation pour certains animaux d'en manger d'autres, donc ils ont du mal à percevoir la notion de chaîne alimentaire. Aussi ils ne perçoivent pas la nécessité d'une compétition entre animaux et encore moins entre les végétaux.

Une autre difficulté provient de l'emploi du mot « milieu », qui a une signification différente dans le langage courant (milieu d'un carré, d'une pièce, milieu familial).

Pour représenter les relations alimentaires entre êtres vivants, il est important de **tracer des flèches dans le sens du transfert de matière organique, donc signifiant « est mangé par »**, la flèche étant dirigée vers le prédateur. Cela permet de comprendre les **transferts de matière et d'énergie** et de percevoir directement les conséquences de la disparition de certaines espèces.

Étant donné le décalage entre les conceptions des élèves et les concepts en jeu, il faut rester à un niveau simple sans s'engager sur des polémiques écologiques.

SÉQUENCE PÉDAGOGIQUE : CHAPITRE 15
COMMENT LES ANIMAUX RÉSISTENT AU FROID ?

Objectif

Cette séquence permet d'aborder la notion d'adaptation des animaux à un milieu de vie.

Matériel

- Manuel pages 56 et 57 et *Carnet de chercheur CM1* pages 30 et 31.
- Grandes feuilles de papier, gros feutres pour la prise en notes des réponses des élèves (affichage au tableau).

Séance 1

Phase de réflexion individuelle suivie d'une phase orale collective.
Durée : 45 minutes.

> Situation-problème : Comment certains animaux résistent-ils à des froids extrêmes ?

Demander aux élèves de lister leurs idées à ce sujet en précisant à chaque fois à quels animaux ils pensent.

> « J'observe »

Faire observer les photos du manuel page 56. Dans chaque cas, les élèves proposent les moyens de résister au froid de chacun des animaux présentés.

Poser la question : « Qu'est-ce qui permet à chacun de ces animaux de survivre sous des climats froids et de résister à des températures de – 40 °C ? »

La marmotte a une couche de graisse et une fourrure épaisse. Elle hiberne tout l'hiver au fond de son terrier.

Les manchots empereurs se regroupent et se serrent les uns contre les autres en formant une « tortue » pour résister aux vents glacés de l'Antarctique. Ils passent chacun leur tour de l'extérieur vers l'intérieur du groupe pour se réchauffer.

Le gypaète barbu est un rapace qui continue à chasser au-dessus des montagnes enneigées. On voit sur la photo qu'il possède un duvet important qui le protège des vents et du froid.

> « Je lis »

Avant de commencer la lecture du texte de la page 56, les élèves proposent leurs hypothèses sur l'ours polaire. D'après eux, comment fait-il pour résister au froid sur la banquise ? Les élèves vérifient leurs hypothèses en lisant le texte.

Comment l'ours polaire résiste-t-il au froid ? Il a des longs poils qui emprisonnent une couche d'air et isolent ainsi son corps du froid. De plus, une couche de graisse d'environ 10 cm d'épaisseur entoure le corps de l'ours. Enfin, au plus froid de l'hiver, l'ours hiberne dans sa tanière à l'abri des vents glacés.

> Analyser une expérience : « Je comprends »

Faire analyser l'expérience menée dans le « Je comprends » page 57. Chaque bouteille contenait de l'eau à 40 °C. Les schémas du manuel donnent la température de l'eau après 4 heures passées au réfrigérateur.

La température de l'eau placée dans la bouteille sans rien autour est descendue à une température de 5 °C. L'eau placée dans les autres bouteilles est restée plus chaude : 16 °C dans la bouteille entourée de fourrure, 15 °C dans la bouteille entourée de laine, 14 °C dans la bouteille entourée de duvet, et 13 °C dans la bouteille entourée de graisse.

Conclusion : la fourrure, la laine, le duvet et la graisse sont de bons isolants thermiques, en particulier contre le froid. Les animaux qui vivent dans les régions froides ont une épaisse couche de graisse qui leur sert de réserve d'énergie et qui les isole du froid. Leur corps est en plus recouvert d'une épaisse fourrure ou de duvet qui empêche la chaleur de leur corps de s'échapper.

> Expérimenter : *Carnet de chercheur*

L'activité des pages 30 et 31 du *Carnet de chercheur CM1* est un complément essentiel au manuel. Les élèves lisent l'expérience proposée, puis répondent aux questions individuellement ou par petits groupes. L'enseignant met ensuite en place une phase de mise en commun au niveau du groupe-classe.

Des enfants d'une classe émettent l'hypothèse « La laine réchauffe ».

L'expérience du premier groupe permet de conclure que la laine n'a pas réchauffé l'eau, mais elle a maintenu la température de l'eau à 20 °C.

L'expérience du second groupe montre une augmentation de la température de l'eau de 2 °C à 8 °C. Si seule cette expérience avait été réalisée, les élèves pourraient conclure que la laine réchauffe, puisque la température de l'eau a monté de 2 à 8 °C.

Heureusement, l'enseignant a mis en place dans le même temps une expérience témoin avec une autre bouteille sans laine dans la classe. Dans ce cas, la température de l'eau passe de 2 °C à 18 °C. Elle augmente davantage que celle de la bouteille entourée de laine. On ne peut donc pas dire que la laine réchauffe.

En fait, la comparaison des deux dernières expériences, avec et sans laine, démontre simplement que la laine a des propriétés isolantes. La laine empêche la chaleur de la pièce de réchauffer l'eau à 2 °C dans la seconde expérience et elle maintient la température de l'eau dans la première expérience.

> Élaboration de la synthèse

Poser la question : « Que venez-vous d'apprendre pendant ces deux séances ? »

La synthèse se fait d'abord oralement, collectivement, en prenant en compte ce que les élèves ont compris et doivent retenir.

Ensuite, la trace écrite, que les élèves recopieront dans leur cahier, peut se présenter comme dans l'encadré du savoir à retenir de la page 57 du manuel. Ce n'est qu'un exemple, pas un modèle.

SÉQUENCE PÉDAGOGIQUE : CHAPITRE 16
QUI CHASSE QUI ?

Objectif

Comprendre le rôle et la place des êtres vivants dans les réseaux alimentaires.

Matériel

- Manuel pages 58 et 59 et *Carnet de chercheur CM1* pages 32 et 33.

Séance 1

Phase collective et individuelle.

Durée : 30 minutes.

> « J'observe »

Les deux photographies de la page 58 du manuel doivent permettre de lancer un débat dans la classe.

Les élèves vont décrire ce qu'ils observent. Il faut veiller à n'imposer aucun point de vue *a priori* lors de ces quelques minutes d'échanges.
La réponse à la question « Les plus gros mangent-ils toujours les plus petits qu'eux ? » découle naturellement de l'observation qui a précédé. La lionne chasse la gazelle et va la manger. Des fourmis magnans mangent un mammifère plus gros qu'elles. Ces documents permettent de dépasser l'approche affective souvent rencontrée chez les élèves qui perçoivent la « cruauté » des situations et la mort inéluctable de la proie. Mais il n'y a ni méchant ni bon. D'ailleurs, la capacité de fuite de certains animaux leur assure la vie sauve... Et il arrive que la lionne renonce temporairement à chasser la gazelle trop rapide.

> « Je lis »

Le texte proposé situe la relation proie - prédateur dans le milieu littoral. Il va permettre de montrer que toute espèce est absolument dépendante d'une ou plusieurs autres pour sa nourriture et que la concurrence est vive. Il apparaît que l'homme est présent dans la chaîne alimentaire. Il exploite depuis toujours les milieux pour trouver sa nourriture.
Quelques prédateurs des moules : crabes verts, bigorneaux, étoiles de mer, oiseaux.
Les moules ont un moyen de défense : leur coquille, qui leur permet de se mettre à l'abri. Mais leurs prédateurs ont des moyens de contourner cet obstacle : les bigorneaux percent leur coquille, les étoiles de mer parviennent à l'ouvrir... L'homme, qui cultive les moules pour sa nourriture, est un prédateur des moules qui défend les moules contre leurs autres prédateurs naturels. C'est ainsi que l'homme s'inscrit dans la chaîne alimentaire qui caractérise le milieu marin.
Il est possible de dépasser le questionnement proposé en faisant appel aux connaissances des élèves sur le milieu marin. Qu'ont-ils déjà observé au bord de la mer ? Quelles sont leurs représentations du milieu marin ? Il est envisageable de faire le parallèle entre le texte et la planche du milieu marin des pages 60 et 61 du manuel.
On aura soin d'accepter toute évocation d'autres situations de la part des élèves. Un livre, un film ou un documentaire apportés par un élève peuvent être l'occasion d'un travail sur les chaînes alimentaires et les relations entre les proies et les prédateurs. On peut proposer à l'élève de présenter le livre qu'il a apporté en classe à ses camarades.
Il est également important de transférer aux milieux terrestres et aériens ce que les élèves ont relevé dans le texte dans le milieu marin.

Séance 2

Phase collective.
Durée : 30 minutes.

> « Je comprends »

Les quatre photographies de la page 59 du manuel et leurs commentaires sont très explicites. Elles nous présentent des proies, des prédateurs et leurs techniques. Les espèces se sont adaptées aux conditions de leur milieu pour assurer leur survie en développant des armes d'attaque et de défense.
Faire rechercher les proies de l'aigle et du requin d'un côté, les prédateurs du papillon et de la phyllie de l'autre.
Les légendes permettent à tous les élèves, même les plus réticents, de comprendre les armes et les moyens de défense des différents animaux. La difficulté est ici d'amener les élèves à imaginer les techniques qui ne se voient pas, qui ne sont pas immédiatement perceptibles sur les photographies. Les élèves vont ainsi proposer : la vitesse, la vue perçante, la capacité olfactive, la capacité à rester parfaitement immobile...
Faire classer ces aptitudes selon qu'elles sont utiles à la proie ou au prédateur, et parfois aux deux. Demander aux élèves de justifier leur classement et de donner des exemples d'animaux qui possèdent telle ou telle capacité.
L'idée que la prédation et la défense sont liées est à développer. Chaque espèce a développé des « compétences » qui lui permettent de s'emparer de ses proies (vitesse, vision, dentition, camouflage...). Dans le même temps, les espèces se sont dotées de moyens de défense qui leur permettent de survivre (fuite, camouflage, forte prolifération...). Il ne faut pas oublier qu'un prédateur est lui-même la proie d'un autre prédateur. Ses compétences de chasseur peuvent lui être utiles pour se défendre.

> Synthèse

La variété des animaux proposés dans cette séquence aide l'élève à prendre conscience de la richesse et de la diversité des espèces qui constituent un milieu et qui sont dépendantes les unes des autres. Le lien alimentaire est symbolisé par une flèche tracée dans le sens du transfert de la matière organique. La flèche signifie « est mangé par ». L'accent est mis dans le *Carnet de chercheur CM1* sur le respect de cette convention.

SÉQUENCE PÉDAGOGIQUE : ZOOM SUR... LE MILIEU MARIN

Objectif

Prendre conscience que le milieu marin est un espace que partagent de nombreuses espèces qui sont souvent en concurrence et dont l'équilibre est fragile.

Matériel

- Manuel pages 60 et 61 et *Carnet de chercheur CM1* pages 34 et 35.
- Encyclopédie.

Séance 1

Durée : 35 à 40 minutes.

> Émergence des représentations initiales

Une courte phase d'expression libre et collective peut permettre de faire émerger des représentations fausses ou des ambiguïtés. Noter ces représentations initiales pour mesurer l'évolution des connaissances en fin de séquence.

> Observation

À partir de l'observation individuelle de la double page, faire établir par les élèves la liste des animaux et des végétaux. Pour être certain de ne pas en oublier, demander aux élèves de faire le décompte total : il y a 24 espèces animales et 3 espèces végétales (si l'on classe le plancton dans les espèces animales).

Certaines ambiguïtés vont ainsi être levées. L'anémone de mer est un animal, contrairement à ce que pensent de nombreux élèves. Quant au plancton, on pourra préciser, sans entrer dans les détails, qu'il existe aussi bien du zooplancton (animal) que du phytoplancton (végétal). Le plancton est l'ensemble des êtres vivants en suspension dans l'eau, incapables de se déplacer activement.

En liaison avec les classifications des végétaux et des animaux vues précédemment, les élèves vont chercher à quel groupe appartient chaque animal ou végétal représenté sur ce dessin. Le moment est favorable pour désigner les mammifères marins et les différencier des poissons présents sur la planche.

Séance 2

Durée : 35 à 40 minutes.

> Étude du milieu marin

Lancer un débat dans la classe pour connaître les expériences des élèves : quelle(s) espèce(s) ont-ils réellement observées dans la nature ? où ont-ils observé ces animaux et ces végétaux ? en bord de mer ? à marée haute ou à marée basse ? dans le sable, dans les rochers, dans les flaques ?... Faire le lien entre cette discussion et l'activité du *Carnet de chercheur CM1* page 35. Les élèves doivent percevoir qu'il existe plusieurs milieux au sein d'un même milieu. Ainsi, dans le milieu marin, il y a le milieu de la plage, des rochers qui affleurent à marée basse, du littoral toujours submergé et de la haute mer. Que ce soit lors de vacances ou de classe de mer, ou si la classe est située près d'un littoral, il est intéressant de faire de la pêche à pied. Les élèves vont ainsi observer les animaux et les végétaux dans leur milieu naturel. Il faut les initier également au respect des milieux : une flaque d'eau dans les rochers à marée basse est un petit milieu naturel à elle toute seule : le moindre bouleversement dans la flaque porte atteinte au milieu de vie de ses habitants. Les élèves doivent donc apprendre à remettre à sa place le moindre caillou déplacé, les algues...

> L'homme dans le milieu marin

L'homme fait partie du milieu marin. Poser la question : « De quelle manière l'homme est-il représenté dans le dessin des pages 60 et 61 du manuel ? La présence de l'homme dans le milieu marin apparaît sous la forme d'un chalutier. En effet, l'homme utilise les ressources de la mer : il pêche les poissons et les crustacés pour sa consommation. Faire établir la liste des espèces commercialisées dans les poissonneries et consommées en France.

« Quels poissons et crustacés présents sur ce dessin peut-on manger ? Quelles espèces sont consommées dans d'autres pays ? » Les élèves vont peut-être alors parler de la baleine, dont la chasse est interdite en Europe, mais autorisée au Japon. Insister sur les mesures de protection des espèces qui existent dans le monde et sur les restrictions de pêche. On peut ainsi signaler les très sévères conditions de protection et de pêche de la coquille Saint-Jacques sur les côtes de France.

L'homme agit également sur le milieu : il fait du bateau, se baigne, construit des ports... Des fermes et des élevages industriels d'espèces marines ont parfois remplacé la pêche. Il est important ici de faire le lien avec les leçons suivantes sur la pollution et le développement durable. Il pourra être opportun de revenir sur cet exemple du milieu marin et de l'action de l'homme sur ce milieu naturel au moment de la séquence pédagogique « Tous responsables ? ».

> Évaluation

Demander aux élèves quel est le régime alimentaire des animaux représentés. Ils vont tout d'abord faire un premier tri en fonction de ce qu'ils savent ou croient savoir. « Que mangent les dauphins ? » Puis, les élèves vérifient les régimes alimentaires des animaux. L'utilisation de l'encyclopédie est indispensable. Cette activité permet de réinvestir les connaissances acquises lors de la séquence « Qui chasse qui ? ». On peut faire classer les animaux selon qu'ils sont des proies ou des prédateurs.

On attirera l'attention des élèves sur les grandes différences de taille entre les animaux du milieu marin. Un travail de recherche sur ces grandeurs est possible. Il est ainsi important de faire remarquer que la gravure n'a pas permis de respecter les grandeurs. Il est ainsi artificiel de voir autant d'espèces à une si faible profondeur. C'est une bonne occasion d'aborder la notion d'échelle et les difficultés de représentation du réel dans un espace réduit et d'expliquer ce qu'est une convention de représentation.

SÉQUENCE PÉDAGOGIQUE : CHAPITRE 17
TOUS RESPONSABLES ?

Objectif

Cette séquence permet de prendre conscience de l'approche systémique de l'environnement en abordant l'étude des interactions dans un écosystème en prenant en compte les activités humaines.

Matériel

- Manuel pages 62 et 63 et *Carnet de chercheur CM1* pages 36 et 37.
- Grandes feuilles de papier, gros feutres pour la prise en notes des réponses des élèves (affichage au tableau).

Séance 1

Phase orale collective.
Durée : 20 à 35 minutes.

> Situation-problème : Quelles sont les actions humaines qui sont polluantes sur l'environnement et comment les diminuer dans une perspective de développement durable ?

> « J'observe »

Les photographies page 62 du manuel font découvrir des interactions entre des activités humaines, collectives ou individuelles, et le milieu naturel. L'observation et le commentaire de ces photos peuvent être le point de départ d'un débat entre les élèves. Ils vont pouvoir repérer les activités humaines qui polluent et réfléchir à la manière d'éviter ces pollutions.

Le Doc. 1 permet de comprendre l'impact des pollutions agricoles sur l'environnement. Certains pesticides, utilisés pour préserver les cultures des attaques de certains insectes, peuvent tuer les abeilles qui sont élevées pour produire du miel.

Le Doc. 2 montre les rejets toxiques industriels dans une rivière. Ces produits peuvent tuer les poissons et la faune et la flore d'une rivière.

Le Doc. 3 met en lumière que la pollution est l'affaire de tous. Même nos actions quotidiennes les plus simples peuvent avoir de grandes conséquences. Chacun d'entre nous peut limiter les pollutions. Ainsi, l'utilisation et le rejet dans la nature de sacs en plastique ont des conséquences sur la nature : la dégradation esthétique de l'environnement et la mort d'animaux (une cigogne sur la photo, ou des dauphins et des tortues qui s'étouffent avec ces sacs).

> « Je lis »

Faire lire aux élèves le texte du « Je lis » page 62 du manuel : ce texte est un extrait de journal destiné aux agriculteurs. Les élèves en font une lecture individuelle pour répondre aux questions lors d'un débat collectif.

« Que se passe-t-il s'il pleut le jour ou le lendemain de l'épandage ? » S'il pleut le jour ou le lendemain de l'épandage, les pesticides ou les engrais sont emportés par le ruissellement directement vers l'estuaire ou la rivière. Ils se retrouvent alors en quantité importante dans l'eau de l'estuaire et le polluent.

« Quelles mesures permettent de diminuer les risques de pollution ? » Si les agriculteurs tenaient compte de la météo avant l'épandage, ils économiseraient beaucoup d'argent en utilisant moins d'engrais ou de pesticides : la quantité de pesticides lessivée par la pluie et qui se retrouve dans l'eau leur coûte cher. Ces produits auraient une meilleure efficacité : les agriculteurs en utiliseraient moins pour un meilleur résultat : si les pesticides ont le temps de pénétrer dans les feuilles avant la pluie ou si les engrais ont le temps de pénétrer dans le sol et d'être utilisés par les plantes. Les agriculteurs utiliseraient moins d'engrais avec une meilleure efficacité (sur un champ d'un hectare, 2 à 70 kg de nitrates peuvent être perdus si un orage éclate juste après l'épandage).

Séance 2

Travail de groupe, puis synthèse collective.
Durée : 45 minutes à 1 heure 30.

> Situation-problème : comment réaliser une affiche pour sensibiliser les autres classes à la protection de l'environnement et au développement durable ?

Par petits groupes, les élèves choisissent un thème sur la protection de l'environnement. Exemples : « Ne pas jeter de sacs en plastique dans la nature » ou « Trier les ordures », etc.

Chaque élève dessine une proposition d'affiche sur son carnet. Les élèves discutent de leur choix au sein de chaque groupe. Ils vont devoir réaliser une affiche par groupe. L'enseignant les guide pour le choix du thème, de l'illustration, du slogan…

Une fois le thème choisi au niveau de chaque groupe, les élèves réalisent leur affiche sur une grande feuille, de format A3 ou plus.

Quand tous les groupes ont terminé la réalisation de leur affiche, l'enseignant organise un débat dans la classe autour des affiches. On dégage les critères qui caractérisent chaque affiche, la façon dont les groupes ont illustré ces critères… On argumente pour juger les affiches les plus percutantes et les plus efficaces.

Chaque affiche peut ensuite être exposée dans l'école, dans le préau ou les couloirs, pour sensibiliser les autres classes aux messages de protection de l'environnement.

SÉQUENCE PÉDAGOGIQUE : ZOOM SUR… UN ESTUAIRE POLLUÉ OU PRÉSERVÉ

Phase individuelle, puis synthèse collective.
Durée : 45 minutes à 1 heure 15.

> Situation-problème : quelles sont les actions polluantes sur l'environnement d'un estuaire et comment les limiter ?

Les élèves observent les illustrations pages 64 et 65 en tenant compte de ce qu'ils viennent d'apprendre dans la leçon précédente.

> Observer et classer des informations

Demander aux élèves de réaliser les activités du

Carnet de chercheur CM1 pages 38 et 39.
Après avoir observé attentivement les deux illustrations du manuel, les élèves remplissent le tableau avec les informations récoltées.

Actions polluantes	Solutions contre la pollution
Répandre des pesticides sur une culture	Ne pas répandre de pesticides avant un orage ou de longues périodes de pluie et attendre que la météo annonce une période sèche
Cultiver les champs jusqu'au bord d'une rivière	Laisser une bande herbeuse ou des haies entre le champ cultivé et la rivière
Laisser se répandre le lisier de porcs dans la terre	Stocker le lisier dans des cuves pour le transformer en gaz énergétique ou l'épandre loin des rivières en dehors des périodes pluvieuses
Des égouts qui coulent directement dans la rivière	Créer des stations d'épuration
Un bateau qui dégaze en mer	Dégazer dans les installations spécifiques qui existent dans les ports
Jeter des poubelles par-dessus bord en bateau	Ramener les déchets à terre et les jeter dans des containers de ramassage sélectif des ordures
Laisser ses détritus dans la nature	Rapporter ses détritus avec soi ou les jeter dans les poubelles
Nettoyer une voiture au bord de la rivière	Nettoyer moins souvent sa voiture (pour économiser l'eau) et dans les stations spécialement équipées

> Organiser un débat

Organiser dans la classe une discussion collective à partir de la lecture des résultats du tableau et plus largement du repérage de tous les détails significatifs des illustrations.
Les élèves recherchent sur les deux illustrations toutes les actions polluantes. Ils les décrivent et les commentent et tentent d'y apporter des solutions. Ils remarquent en particulier les désagréments pour les touristes sur la plage et dans la forêt. Ils commentent aussi les conséquences de la pollution sur certaines activités économiques comme l'ostréiculture : l'eau polluée oblige les ostréiculteurs à fermer leur exploitation et les prive donc de revenus. Et les consommateurs ne peuvent plus déguster d'huîtres ni ramasser de coquillages !

> Réaliser une affiche

Les élèves vont réaliser une affiche pour convaincre les gens de ne pas polluer et de combattre la pollution. Ce projet d'affiche doit être mené individuellement ou par petits groupes.
Cet exercice est une évaluation de l'impact des réflexions collectives sur les qualités de communication des élèves, au travers d'une affiche.

- Chaque élève choisit une action polluante pour l'estuaire présente sur l'illustration de la page 64.
- Il choisit un slogan et l'écrit.
- Il fait un dessin ou découpe et colle une photo trouvée dans un magazine.
- Il réalise son affiche, avec le slogan et l'illustration choisi.
- Avec l'aide du maître, les élèves discutent au sein de chaque groupe pour choisir un des projets d'affiche, puis ils le réalisent en grand format.

Synthèse

L'enseignant aide les élèves à tirer les conclusions de ces leçons sur l'environnement. Par exemple : « Nous devons trouver un moyen de sauvegarder les milieux et de continuer à développer les activités humaines. Nous devons maintenir les milieux naturels en équilibre et empêcher la disparition des espèces animales et végétales. » Cette synthèse, d'abord exprimée oralement, pourra être recopiée par écrit par chaque élève dans son cahier.

SÉQUENCE PÉDAGOGIQUE : ZOOM SUR... LE DÉVELOPPEMENT DURABLE

Objectif

Ce « Zoom sur... » doit favoriser la compréhension du concept de développement durable.

Matériel

- Manuel pages 66 et 67 et *Carnet de chercheur CM2* pages 42 et 43.
- Grandes feuilles de papier et gros feutres pour la prise en notes des questions et des réponses des élèves (affichage au tableau).

Séance 1

La démarche de projet est un outil adapté pour développer des comportements lucides, solidaires et responsables, qu'il s'agisse d'un projet d'école, de cycle ou de classe.

> Observations

Il faut mettre en place des sorties sur le terrain pour permettre l'observation réelle des situations de pollution ou de protection de l'environnement représentées dans le manuel. Ces observations peuvent se faire sur le terrain proche de l'école ou à l'occasion de classes transplantées. Il faut faire en sorte que les élèves se sentent concernés et participent activement.

Partir du commentaire des photographies du manuel.

- La pollution locale. À partir des Doc. 1 et 3 page 6, les élèves cherchent d'autres types de pollutions qu'ils peuvent observer près de chez eux : eau des rivières, mer, forêt, qualité de l'air...
- La gestion des eaux et forêts : les Doc. 7 et 8 page 67 présentent une réalité certes lointaine (Amazonie) mais que les enfants comprennent bien. La nécessité de l'utilisation du papier recyclé leur apparaît très clairement à l'observation du Doc. 7.
- La gestion des déchets. À partir des Doc. 3 et 4 et de l'encadré « Étonnant ! » page 67. L'idéal serait de visiter une déchetterie pour que les élèves se rendent compte des tonnes de déchets que les consommateurs qu'ils sont produisent chaque jour.
- La maîtrise de l'énergie. Ce thème doit être traité en parallèle avec les leçons sur l'énergie pages 142 à 145 du manuel.
- La gestion des transports. Le Doc. 2 de la page 66 va bien entendu être plus parlant pour les petits citadins que pour les enfants qui habitent en zone rurale. Ils doivent tout de même tous être familiarisés avec la pollution atmosphérique due aux émissions de gaz d'échappement.

> Questions concrètes sur ces situations locales et enquêtes

À partir des situations locales qu'ils ont observées et en fonction des pistes données dans le manuel, organiser des petits groupes de réflexion. Chaque thématique peut être traitée par des groupes d'élèves différents.

Quelques exemples de thématiques de travail :

- un air sain à respirer ;
- le tri et le recyclage des déchets ;
- du papier recyclé pour sauver la forêt ;
- des principes de prévention et de prudence.

En vue d'un débat qui viendra faire la synthèse de cette séquence, chaque groupe prépare des arguments et des solutions sur sa thématique de travail. Les élèves peuvent également réaliser des panneaux d'affichage réunissant des photographies trouvées dans la presse écrite, des articles de journaux, des publicités, des brochures d'informations trouvées auprès d'associations ou à la mairie... Une exposition réunissant tous les panneaux d'affichage peut être organisée dans l'école afin de sensibiliser toutes les classes à la protection de l'environnement et au respect du développement durable.

> Remarques

Les municipalités se montrent de plus en plus motivées pour soutenir, aider et même s'associer aux actions projetées par les écoles.

Il est également possible de trouver des partenaires extérieurs : ADEME (Agence de l'environnement et de la maîtrise de l'énergie), ARENE (Agence régionale de l'environnement et des nouvelles énergies), Agences de l'eau, entreprises, fondations...

Séance 2

> Mise en commun des acquis

Après l'observation des documents et des réalités proches de l'univers des élèves, il est particulièrement intéressant de lancer un débat argumenté sur chaque grand thème :

- sur les déchets, le tri sélectif, le sur-emballage...
- sur la pollution atmosphérique. Quelles solutions les élèves proposent-ils ? Faire la liste des solutions proposées : développement des transports en commun dans les grandes villes, développement de voitures non polluantes (électriques, carburants propres...).

Les élèves peuvent également présenter des exposés sur un thème de leur choix en présentant de nombreux documents.

Il est possible d'organiser dans l'école, en collaboration avec d'autres classes, une semaine sur l'éducation à l'environnement pour un développement dans l'école.

> Du local au général

Les actions locales doivent permettre d'ouvrir sur des questions plus planétaires indispensables pour une prise de conscience globale du concept de développement durable. Chacun doit agir à son échelle ; on peut commencer tout petit, dans la vie de tous les jours, et être efficace. C'est l'accumulation de ces petits gestes qui aura des effets sur l'environnement.

Il est important en effet de montrer aux élèves l'influence d'un geste quotidien ou d'une action locale sur l'avenir de la planète.

Faire participer le plus possible la classe à des initiatives locales. Certaines collectivités locales placent dans les écoles des containers pour la récupération et le recyclage des piles, du papier.... Il existe également des opérations du type « Les Recyclades ».

Il est possible d'étendre le projet dans le cadre d'une correspondance avec d'autres écoles ou d'un jumelage. Il peut également être envisagé de participer à des dispositifs nationaux comme « Mille défis pour ma planète ».

La qualité de l'eau

PAGES 68-79
DU MANUEL

RÉFÉRENCES AUX PROGRAMMES

Savoirs

- Le trajet et les transformations de l'eau dans la nature (cycle naturel de l'eau).
- Le rôle de l'homme sur le cycle naturel de l'eau.
- La définition d'une eau potable.
- Le fonctionnement d'une station de traitement de l'eau.
- Les causes de la pollution de l'eau et les conséquences sur l'environnement.
- Le fonctionnement d'une station d'épuration des eaux usées.

Compétences en sciences et technologie

> Être capable de

- Poser des questions précises et cohérentes à propos d'une situation d'observation ou d'expérience.
- Recommencer une expérience en ne modifiant qu'un seul facteur par rapport à l'expérience précédente.
- Imaginer et réaliser un dispositif expérimental susceptible de répondre aux questions que l'on se pose, en s'appuyant sur des observations, des mesures appropriées ou un schéma.
- Savoir interpréter quelques situations simples se produisant dans la nature.
- Exploiter en autonomie des documents scientifiques adaptés.
- Mettre en relation des données, en faire une représentation schématique et l'interpréter, mettre en relation des observations réalisées en classe et des savoirs que l'on trouve dans une documentation.
- Participer à la préparation d'une enquête ou d'une visite en élaborant un protocole d'observation ou un questionnaire.

> Avoir compris et retenu

- La dynamique du cycle naturel de l'eau : circulation en continu sous ses différents états ; rôle du Soleil ; rôle des sols.
- L'infiltration de l'eau dans les différents types de sols : définition de la perméabilité.
- À quelles conditions l'eau peut être bue sans risque pour la santé : définition de la potabilité de l'eau.
- Le rôle d'une usine de traitement de l'eau.
- Les risques de pollution de l'eau et ses conséquences sur l'environnement.
- Le rôle d'une usine de traitement des eaux usées.
- Le rôle des activités humaines sur les modifications de l'environnement et leurs conséquences.

Compétences « maîtrise de la langue »

> Parler en sciences

- Utiliser le lexique spécifique des sciences.
- Formuler des questions pertinentes.
- Participer activement à un débat argumenté.
- Utiliser à bon escient les connecteurs logiques dans le cadre d'un raisonnement rigoureux.

> Lire en sciences

- Lire et comprendre un ouvrage documentaire.
- Trouver sur Internet des informations scientifiques simples, les apprécier de manière critique et les comprendre.
- Traiter une information complexe comprenant du texte, des images, des schémas, des tableaux…
- Chercher, se documenter au moyen d'un produit multimédia (CD-Rom, DVD-Rom, site Internet, base de données).

> Écrire en sciences

- Prendre des notes lors d'une observation, d'une expérience, d'une enquête, d'une visite.
- Noter les informations dégagées pendant l'examen d'un document.
- Rédiger une courte synthèse à partir des informations notées.
- Rédiger, à l'aide du maître, un compte rendu d'expérience ou d'observation (texte à statut scientifique).
- Rédiger la légende d'un document iconographique ou donner un titre à un écrit scientifique.
- Tenir un carnet d'expériences et d'observations.
- Rédiger un texte pour communiquer des connaissances (texte à statut documentaire).
- Produire, créer, modifier et exploiter un document à l'aide d'un logiciel de traitement de texte.
- Communiquer à l'aide d'une messagerie électronique.

Liens avec d'autres disciplines ou parties du programme

> Géographie

- Décrire et comparer : des paysages urbains ; des paysages ruraux ; des modifications des espaces ; des ensembles climatiques.
- Étudier et comparer : des réalités locales et régionales ; des paysages ; des photographies.
- Rechercher des réponses dans un atlas imprimé ou dans un atlas numérique.

> Histoire

- Découvrir et étudier des éléments du patrimoine.
- Comparer l'évolution des différentes activités humaines au fil du temps.
- Savoir utiliser les connaissances historiques dans le domaine des sciences et de la technologie.
- Classer des documents selon leur nature, leur date et leur origine.
- Examiner un document historique et justifier de son point de vue.

> Éducation civique

- Étudier les menaces qui pèsent sur l'environnement et la responsabilité de chacun.
- Apprendre à débattre.

> Littérature

Rechercher en BCD ou en médiathèque une sélection d'ouvrages documentaires et/ou de littérature de jeunesse sur les thèmes abordés.

INFORMATIONS POUR L'ENSEIGNANT

Où va l'eau de pluie ?

L'eau de pluie **ruisselle**, **s'évapore** ou **s'infiltre** dans le sol où elle est stockée. En montagne, l'eau est stockée à l'état solide (glaciers, neige). En moyenne sur une année et sur l'ensemble du globe terrestre, 65 % des précipitations qui arrivent à terre s'évaporent, 24 % ruissellent et 11 % s'infiltrent.

> Les eaux souterraines

Lorsque le sol est **perméable**, l'eau de pluie s'infiltre jusqu'à ce qu'elle rencontre une roche **imperméable** où se forme une **nappe phréatique**. L'érosion va alors créer un **réseau hydrographique souterrain** avec des lacs, des grottes, des chutes... L'eau souterraine circule et lorsque la nappe trouve une sortie, c'est **une source**. Cette eau souterraine peut aussi être captée directement dans la nappe phréatique par forage.

> Les inondations

On peut définir différents types d'inondations, selon leurs causes.

- Les inondations par débordement des cours d'eaux ou par les réseaux d'égouts.
- Les inondations par stagnation des eaux pluviales ou ruissellement. Ce sont les inondations qui se produisent en milieu urbain lorsque l'**imperméabilisation** des sols et la conception des constructions freinent le bon écoulement des fortes pluies (orages) ou parce que la capacité des systèmes d'évacuation est insuffisante.

Il existe plusieurs facteurs aggravants aux risques d'inondation.

- La pente du terrain.
- Le déboisement. Depuis 1960, 60 % des haies ont été détruites en France. Cette suppression a pour effet d'accélérer le ruissellement des eaux surtout sur les pentes. La forêt retient l'eau. Les feuilles en rendent une partie par **l'évapotranspiration**. Les racines, le matelas de mousse, les branchages, les feuilles empêchent le ruissellement. En bordure de rivières, les haies et les arbres retiennent les berges. Quand toute cette végétation disparaît par arrachage, les risques d'inondation se font plus importants. L'eau n'étant pas retenue, elle ruisselle le long des pentes.
- L'urbanisation. Les surfaces bitumées, bétonnées et les constructions ne laissent plus beaucoup de place à l'infiltration naturelle des eaux de pluie dans le sol.
- Les constructions en zones inondables. En France, près de 25 % des communes peuvent être inondées sur une partie de leur territoire. Des maisons, des immeubles, des routes ont été construits à des endroits où un risque d'inondation existe.
- Les évolutions climatiques dues à l'effet de serre et en particulier l'augmentation des précipitations en ville. Le principal facteur de cette augmentation des précipitations est l'utilisation de l'automobile et le développement des industries, ce qui peut entraîner à terme une augmentation de la pollution, une hausse des températures et une augmentation des précipitations.

Le cycle naturel de l'eau

Le concept de cycle de l'eau est relativement moderne tel qu'on le connaît. Dès l'Antiquité, des Chinois, des Grecs et des Romains avaient observé différentes phases par lesquelles passe l'eau. Mais le cycle de l'eau n'a été compris qu'à la fin du XVIIe siècle, en particulier grâce aux travaux sur l'évaporation. Il n'a été quantifié à l'échelle de la planète qu'au XXe siècle. Le cycle de l'eau est un processus très complexe qui concerne des domaines multiples : géologie, climats, reliefs, végétation... Il n'est pas entièrement compréhensible pour un élève de cycle 3. Il est donc nécessaire de se référer à l'espace vécu, dans l'environnement proche de l'habitat des élèves.

Il y a deux réservoirs d'eau.

- **L'hydrosphère** est le nom donné à l'ensemble de l'élément liquide de la Terre : les mers et les océans d'une part, les eaux continentales superficielles et souterraines d'autre part.
- **L'atmosphère** est la couche gazeuse qui entoure le globe terrestre sur une épaisseur d'environ 500 km.

Entre les réservoirs d'eau de l'hydrosphère et de l'atmosphère, l'eau subit des **changements d'état** et circule de façon permanente. C'est **le cycle naturel de l'eau**.

Sous l'effet du rayonnement du Soleil, **l'eau s'évapore** de toute la surface du globe, mais surtout des mers et des océans. La vapeur d'eau, invisible, s'élève dans l'atmosphère. La température diminuant en altitude, **la vapeur d'eau se condense** en gouttelettes pour former les nuages que les vents transportent au-dessus des continents. Les nuages restituent l'eau aux continents sous forme de pluie, de neige ou de grêle.

Les temps de séjour de l'eau dans les réservoirs sont très différents.

Le Soleil est le moteur du cycle de l'eau. Grâce à l'énergie thermique qu'il produit, il active et maintient constamment les masses d'eau en mouvement.

Le cycle de l'eau comporte deux parties très liées :

- une partie atmosphérique, essentiellement sous forme de vapeur d'eau ;
- une partie terrestre, sous forme d'écoulement de l'eau sur les continents (superficiel ou souterrain).

On considère que le cycle de l'eau est stationnaire : toute perte d'eau par une des parties, atmosphérique ou terrestre, est compensée par un gain d'eau par l'autre partie.

Il ne faut pas confondre le fonctionnement du cycle, indéfini et continu, avec sa description schématique qui a un « point de départ » et un « point de retour » mais qui peut commencer par n'importe quelle étape.

Quelle eau peut-on boire ?

> Le traitement de l'eau destinée à la consommation

Après le **captage** d'une source naturelle, l'eau est débarrassée des corps flottants et des déchets : c'est le **dégrillage**. Les déchets plus fins sont éliminés par le **tamisage**.

L'eau subit ensuite différents traitements pour éliminer les matières organiques et les micropolluants : **décantation**, **floculation** puis **filtration**. L'eau arrive dans des bassins où un traitement chimique par un coagulant permet aux particules en suspension de s'agglomérer en flocons (ou flocs). Les flocons sont entraînés par leur poids au fond des bassins de décantation.

À la sortie des **bassins de décantation**, l'eau passe à travers des filtres. La **filtration sur sable** retient les petites particules. Malgré tous ces traitements, l'eau contient souvent encore des polluants (en particulier des nitrates et des phosphates). Le passage sur **charbon actif** permet l'absorption de la plus grande partie de ces composés.

Le dernier traitement est la **désinfection**. On injecte de l'ozone (**ozonation**) pour éliminer les virus et les bactéries, puis on ajoute du chlore sous forme d'eau de javel (**chloration**) pour détruire les dernières bactéries et garantir une bonne qualité de l'eau potable du **stockage** à la **distribution** jusqu'au robinet du consommateur.

Des traitements spécifiques complémentaires sont mis en place lorsque cela s'avère nécessaire pour éliminer telle ou telle substance. Il existe une grande diversité de traitements spécifiques.

L'eau distribuée doit répondre à de nombreux critères de qualité fixés par la réglementation (loi n° 92-3 du 3 janvier 1992). L'eau ne doit pas contenir de bactéries susceptibles de nuire à la santé. La teneur en nitrates, fluor et pesticides doit être conforme aux normes fixées par la réglementation. La dureté et la qualité organoleptique (odeur, saveur, turbidité) sont aussi mesurées.

Dans chaque département, c'est le service « Santé Environnement » de la DDASS qui assure ces contrôles en effectuant des prélèvements sur les installations de production et de distribution. Les consommateurs sont informés des résultats.

L'eau est un produit local et sa qualité peut varier selon les régions. Elle peut être **dure** et contenir beaucoup de calcaire et de magnésium, ou **douce**. Dure ou douce, l'eau n'est pas dangereuse pour la santé. Mais si on utilise de l'eau dure, le linge est rêche, le savon ne mousse pas et les tuyauteries sont détériorées par les dépôts de calcaire.

> Le stockage de l'eau traitée

Les châteaux d'eau permettent à la station de traitement de fonctionner à débit constant. Cette réserve constitue une sécurité en cas de surconsommation et assure un débit et une pression réguliers.

> Le transport de l'eau

Pendant longtemps, aller **puiser l'eau à la rivière ou au puits** était un geste quotidien. Dans certains pays en voie de développement c'est encore une pratique courante. Une femme africaine peut parcourir jusqu'à 6 km par jour pour approvisionner sa famille en eau.

Pendant l'Antiquité, les Romains ont apporté en Gaule leur savoir-faire hydraulique avec la construction des **pompes** et des **aqueducs** qui alimentaient les thermes et les fontaines publiques.

À Paris, la construction de **la première pompe à relevage des eaux**, la célèbre Samaritaine, date de 1602, à la demande du roi Henri IV. Ce n'était pas le début d'un véritable système de distribution, mais un moyen de combattre les incendies.

L'urbanisation a changé les pratiques quotidiennes. À partir des années 1800, l'eau est arrivée jusqu'aux fontaines par des canalisations de plus en plus nombreuses, mais il restait à la transporter vers les maisons et dans les étages. C'est ainsi qu'est apparue **la corporation des porteurs d'eau**. Les deux seaux pesaient chacun environ 25 litres et compensaient leur poids. Ils étaient retenus par une bretelle et un cerceau les écartait des jambes du porteur. Le transport de l'eau était payant. À la fin du XVIIIe siècle, les tonneaux sur charrette étaient tirés par un cheval. Avec la mise en place des réseaux de canalisations, les porteurs d'eau ont disparu vers la fin du XIXe siècle.

Aujourd'hui, l'eau qui arrive dans chaque habitation par les canalisations est comptabilisée par un compteur. Le réseau souterrain est surveillé, entretenu et contrôlé par **les fontainiers**.

Une **canalisation principale** (généralement en fonte) part du **réservoir** (château d'eau par exemple) et aboutit à un nœud de **canalisations secondaires** (en béton armé) et de **conduites** (en plastique) qui alimentent le **réseau de distribution** aux consommateurs. Des **vannes** (robinets d'arrêt) permettent de « couper » l'eau secteur par secteur pour ne pas gêner tous les utilisateurs en cas de réparations ou de nouveaux raccordements.

Les canalisations sont enterrées dans le sol afin d'être protégées du gel.

Qu'est-ce qui pollue l'eau ?

> Définition de la pollution

La pollution est la dégradation d'un milieu naturel par un polluant.

On appelle « polluant », ou « déchet », tout résidu d'un processus de production, de transformation ou d'utilisation, toute substance, matériau ou produit que son détenteur destine à l'abandon. La notion de dégradation est très importante : si l'équilibre d'un écosystème n'est pas modifié de façon durable, on ne peut pas parler de pollution. Cela signifie que, pour une même substance, son caractère polluant sera plus ou moins élevé en fonction des quantités déversées dans le milieu et de la capacité de ce milieu à l'éliminer naturellement.

> La notion de biodégradabilité

Les déchets qui peuvent être décomposés par des êtres vivants (micro-organismes comme les bactéries, les moisissures) **sont biodégradables**. Cette décomposition diffère selon la matière. Dans la nature, les déchets organiques naturels (feuilles mortes, épluchures de fruits...) sont biodégradables à 100 % en quelques semaines alors qu'il faudra des centaines d'années pour un morceau de plastique. Le verre, les métaux et la plupart des plastiques ne sont pas biodégradables.

Les polluants peu ou pas biodégradables détruisent l'équilibre des écosystèmes, en particulier des écosystèmes aquatiques.

> Les origines de la pollution des eaux

La pollution des eaux a des origines multiples, qui sont toujours les causes des activités humaines :

- eaux ménagères usées ;
- rejets urbains : lavage des trottoirs, des places de marché ainsi que les violentes pluies et les orages qui entraînent toutes les saletés dans les égouts ;
- industries chimiques et agroalimentaires ;
- agriculture : engrais, pesticides, insecticides... ;
- élevages industriels (porcheries...), piscicultures ;
- décharges d'ordures ;
- accidents de transports de produits chimiques ;
- lavages, vidanges de voitures ;
- pluies acides. Les gaz d'échappement des voitures et des industries se condensent dans l'atmosphère. Ces pluies acides brûlent la végétation, détruisent les milieux naturels aquatiques et peuvent même ronger les pierres des bâtiments.

Pour avoir plus de précisions sur les activités humaines et leurs conséquences sur l'environnement, se reporter aux chapitres précédents sur l'environnement et le développement durable.

> Les conséquences

Les conséquences des pollutions sur l'environnement et sur la qualité de l'eau peuvent être visibles et spectaculaires. La pollution peut entraîner la mort des animaux du milieu touché. On observe également de plus en plus souvent la prolifération d'algues (**l'eutrophisation**) qui absorbent de l'oxygène au détriment de la faune et du reste de la flore. On parle parfois de « **marée verte** » (à Venise, en Bretagne...).

La pollution de l'eau peut entraîner des maladies chez l'homme, notamment des gastro-entérites ou des allergies. Dans les pays en voie de développement, on estime que 80 % des maladies sont dues à la consommation d'eaux polluées.

Bien sûr, la pollution de l'eau entraîne la dégradation des écosystèmes aquatiques.

> Propositions de solutions

Pour éviter les pollutions et la dégradation des écosystèmes aquatiques, il faut :

- **changer nos comportements. La pollution est un problème de société.** Chacun de nous peut, par des gestes quotidiens simples, contribuer à la préservation, à la protection de l'eau et à sa pureté.

Depuis 1975, des lois et des circulaires posent les principes de la **réglementation des déchets** : prévention, réduction, gestion (tri, recyclage, réemploi), élimination finale... La loi n° 92-646 du 13 juillet 1992 prévoyait par exemple la suppression des décharges brutes à compter du 1er juillet 2002.

Depuis 1993, à l'initiative des Nations Unies, on célèbre chaque année le 22 mars la **Journée mondiale de l'eau**. C'est l'occasion de réfléchir au problème de l'eau dans le monde, de mener des actions de sensibilisation, de mobiliser tous les citoyens afin de permettre à tous d'accéder à l'eau potable. Le thème de la décennie « 2005 – 2015 » est « **L'eau, source de vie** ».

- **nettoyer l'eau.**

Comment nettoyer l'eau ?

Pendant longtemps, les eaux usées ont été versées directement dans les fleuves et les rivières, dans la mer ou dans les sols. C'est encore parfois le cas, même si la législation l'interdit.

L'application de la loi sur l'eau de 1992 oblige les communes à collecter les eaux usées grâce au tout-à-l'égout et à les épurer dans une **station d'épuration collective**. En France, 77 % de la population est raccordée à une station d'épuration. Si l'habitation n'est pas reliée à une station d'épuration, les eaux usées sont prétraitées par une **fosse septique**.

La fosse septique sert à rendre les eaux usées compatibles avec une infiltration dans le sol. Les matières les plus lourdes sédimentent et forment un dépôt de boues au fond de la fosse, tandis que les matières les plus légères (comme les graisses) s'accumulent en surface. Les fosses septiques doivent être vidangées (vidées, nettoyées) régulièrement.

Il existe trois grandes catégories d'eaux usées :

- les **eaux domestiques** qui proviennent des habitations. Ce sont les eaux ménagères venant des salles de bains et des cuisines, auxquelles il faut ajouter les eaux « vannes » qui sont les rejets des toilettes ;
- les **eaux industrielles** qui doivent souvent subir un pré-traitement spécifique avant de retourner dans la nature ;
- les **eaux pluviales**.

L'**assainissement des eaux usées** se fait en deux étapes : la **collecte**, puis le **traitement**.

> L'épuration des eaux usées

Les eaux domestiques usées et les eaux pluviales des égouts passent à travers des grilles (**dégrillage** et **tamisage**) de plus en plus petites qui permettent de récupérer des objets de toutes sortes.

L'eau repose ensuite dans un bassin le temps que les très petits objets et le sable se déposent au fond (**dessablage**). Les graisses qui sont remontées en surface sont ensuite récupérées (**dégraissage**). À ce stade, le mélange formé par l'eau, les déchets organiques, les produits chimiques et les micro-organismes est appelé « **boues activées** ».

Les micro-organismes (bactéries), très nombreux, qui « mangent » les matières organiques, forment des boules (flocs) qui tombent au fond des bassins de **décantation**.

Après un dernier **traitement biologique pour éliminer les nitrates et les phosphates**, l'eau qui sort de la station d'épuration est rejetée dans le milieu naturel. Elle est **claire, assainie, mais elle n'est pas potable**. Ce sera le rôle de la station de traitement de la rendre potable à la consommation (voir le chapitre 19 « Quelle eau peut-on boire ? »).

SÉQUENCE PÉDAGOGIQUE : CHAPITRE 18 OÙ VA L'EAU DE PLUIE ?

Objectif

Il s'agit de comprendre ce qui peut se passer après la pluie :

- évaporation ;
- ruissellement ;
- infiltration ;
- stockage.

Matériel

- Manuel pages 68 et 69 et *Carnet de chercheur CM1* pages 40 et 41.
- Grandes feuilles de papier, gros feutres pour prise en notes des réponses des élèves (affichage au tableau).
- Bouteilles en plastique.
- Gobelets.
- Filtres à café.
- Sable.
- Gravier.
- Terre.
- Argile.
- Chronomètres.

Séance 1

Durée : 20 à 35 minutes selon que la séance comportera ou non une trace écrite (réponses aux questions du « Je lis »).

Phase orale collective.

> Problématisation

Émergence des représentations initiales à partir du titre du chapitre écrit au tableau : « Où va l'eau de pluie ? »

Ces représentations et conceptions initiales sont définies par André Giordan et Gérard de Vecchi comme « un ensemble d'images mentales, de modèles présents chez l'apprenant avant même qu'une activité quelconque ne débute ». Conserver la trace écrite de ces représentations initiales pour mesurer leur évolution en fin d'apprentissage.

Poser une série de questions pour faire apparaître ces représentations et formuler le problème :

« L'eau peut-elle toujours s'écouler, s'infiltrer ? » ; « Qu'est-ce qui peut freiner le ruissellement de l'eau ? » ; « Si l'eau s'infiltre, que devient-elle ? » ; « Que se passe-t-il lors de pluies trop violentes ? »...

Poser les questions avant de faire ouvrir le manuel. Prendre en compte les réponses des élèves. Les écrire.

> « J'observe »

À partir des documents photographiques de la page 68, apporter des éléments de réponses ou compléter celles qui viennent d'être données lors de la problématisation. Pour cela, se référer au tableau d'affichage où l'on a noté les réponses initiales des élèves. Faire commenter et justifier les réponses données à partir de l'observation de chaque document photographique.

Prendre en compte les réponses des élèves en les écrivant au fur et à mesure sur une grande feuille à l'affichage. Cette trace sera conservée pour les séances ultérieures : les réponses des élèves seront complétées ou corrigées si besoin.

D'autres photographies peuvent être proposées pour compléter le « J'observe » du manuel :

- caniveaux qui débordent après de fortes pluies ;
- orage ;
- cascade ;
- neige ;
- quartier urbain très construit ;
- rues ou prairies inondées...

Prendre soin de proposer une ou deux situations qui aideront à répondre à l'enquête dans le *Carnet de chercheur* (page 69) de façon à ce que chaque élève de la classe puisse être en situation de réussite.

Les manuels de géographie et de langue française, les ouvrages de la BCD peuvent offrir d'autres ressources photographiques.

> « Je lis »

Le texte présenté dans le manuel est un article de journal. Après un court moment oral, la troisième question peut faire l'objet d'une réponse écrite individuelle.

On peut proposer d'autres types de lectures sur le même thème. Les élèves peuvent être amenés à rechercher à la BCD d'autres articles de presse, ou des extraits de littérature de jeunesse traitant par exemple des inondations ou de la sécheresse et de ses conséquences.

> Synthèse

La synthèse peut être recopiée dans le cahier par chaque élève. Elle constitue le savoir de base à retenir. L'eau de pluie **ruisselle**, **s'évapore** ou **s'infiltre** dans le sol où elle est stockée (eaux souterraines).

Séance 2

Durée : 20 à 40 minutes (si le dispositif expérimental du « Je comprends » est réalisé).
Travail individuel (ou par groupes si le dispositif expérimental du « Je comprends » est réalisé).
Synthèse collective et trace écrite.

> Investigation et structuration

Les quatre expériences de la page 69 du manuel et les explications données doivent conduire à l'élaboration avec les élèves du tableau de synthèse (encadré jaune) définissant :

- les notions de perméabilité et d'imperméabilité des sols en fonction de leur nature ;
- une nappe phréatique.

> « Je comprends »

Faire des groupes pour réaliser les expériences du « Je comprends » du manuel. Il est préférable de mettre en place les expériences dans la classe. Mais il est bien entendu possible de se contenter d'observer attentivement les schémas du manuel et d'en tirer les conclusions.
Chaque groupe commence par lire la consigne. Puis, les élèves mettent en place les expériences avec le matériel dont ils disposent. Il peut être intéressant de répartir les quatre expériences entre quatre groupes. L'expérience n° 1 est réalisée par le groupe n° 1, etc.
Au sein de chaque groupe, un élève est le chronométreur. Il est impératif de verser la même quantité d'eau simultanément sur chaque matériau. Le chronométreur déclenche le chronomètre à cet instant et l'arrête au moment précis où la première goutte d'eau est passée à travers le filtre pour tomber dans la bouteille.
Chaque groupe dit ce qu'il constate, ce qu'il observe (vitesse, aspect de l'eau...). Les résultats sont mis en commun.
Il est important de s'assurer que les élèves effectuent les bons gestes dans la mise en place du dispositif expérimental tout d'abord, puis dans le chronométrage. Pour l'expérience n° 4, il convient de ne pas utiliser l'argile directement en poudre, mais sous forme de « galette ».
Prendre en compte les observations en interrogeant quelques élèves. Laisser les élèves changer leurs observations et leurs conclusions entre eux. Sont-ils d'accord entre eux ? Observent-ils la même chose ?

> Explications

Chaque expérience est reprise en commun et expliquée. Les résultats sont mis en commun.
Il faut s'assurer que les termes exacts sont employés à bon escient par les élèves. Au besoin, on peut reprendre les réponses apportées par les élèves et les compléter. On établit les conclusions qui s'imposent quant aux propriétés des différents sols. En fonction des temps chronométrés, les différents types de sols peuvent être classés selon leur perméabilité.

> *Carnet de chercheur*

Les élèves mènent une enquête sur les inondations et leurs causes. Cette recherche est personnelle : ils peuvent trouver des documents en BCD, sur Internet, dans la presse écrite... Ils peuvent aussi bien sûr se référer aux séances 1 et 2 de cette séquence pédagogique. Ils réalisent un projet d'affiche et le présentent au groupe-classe.

> « Étonnant ! »

L'eau est si précieuse dans certains endroits de la planète que l'homme cherche par tous les moyens à la « capturer ». le dispositif du capteur de brouillard permet d'engager un débat sur l'inégale répartition des pluies sur la planète. Il faut lancer le débat en liaison étroite avec la géographie et les études sur les climats engagées au cycle 3. Les élèves vont être amenés à parler des pays riches en eau et des pays pauvres en eau, mais aussi des pays insuffisamment développés pour pouvoir convenablement traiter et distribuer l'eau dont ils disposent.

> Synthèse

La synthèse se fait d'abord oralement, collectivement, en prenant en compte ce que les élèves ont compris et doivent retenir.
Poser la question : « Que venez-vous d'apprendre pendant ces deux séances ? »
La trace écrite, pour le cahier individuel, peut se présenter comme dans l'encadré du manuel page 69. Ce n'est qu'un exemple, pas un modèle. L'important est que les élèves sachent définir « perméable » et « imperméable ».

> Évaluation

Individuelle et écrite, l'évaluation devra permettre de s'assurer que les élèves sont capables d'identifier, de nommer et de définir ce qu'est un sol perméable et ce qu'est un sol imperméable.

SÉQUENCE PÉDAGOGIQUE : ZOOM SUR... LE CYCLE NATUREL DE L'EAU

Matériel

- Manuel pages 70 et 71 et *Carnet de chercheur CM1* pages 42 et 43.

Séance 1

Durée : 25 minutes (si le schéma est reproduit par les élèves).

Phase orale collective et trace écrite.

> Observer et comprendre un schéma

Le schéma de la double page 70 et 71 du manuel sera commenté en s'aidant des compétences acquises par les élèves et en particulier de ce qui aura été fait dans le chapitre 18 « Où va l'eau de pluie ? ».
Il est important que soit élaborée en commun une définition du cycle naturel de l'eau.
Le schéma peut être reproduit par les élèves.
Il est possible de poser une série de questions de compréhension sur le schéma du cycle de l'eau.
« Quel élément peut-on appeler le moteur du cycle de l'eau ? »
Le phénomène d'évaporation n'existe-t-il qu'au-dessus des mers et des océans ?
« À quels autres endroits de ce schéma peut-on flécher « évaporation » et « condensation » ? »
« Quelles sont les formes de précipitations identifiables sur ce schéma ? »
« En montagne, sous quelle forme l'eau peut-elle être stockée ? »
« Pouvez-vous expliquer pourquoi, à certains endroits, l'eau ruisselle alors qu'à d'autres endroits elle s'infiltre ? »
« Que peut devenir l'eau qui ruisselle ? l'eau qui s'infiltre ? »
« Où l'homme peut-il capter l'eau qui sera ensuite traitée pour sa consommation ? »

> *Carnet de chercheur*

L'activité proposée doit fonctionner comme une auto-évaluation. L'élève a recours au schéma du livre.
Les trois schémas sont à compléter :
- par des légendes pour situer l'évaporation, la condensation, les précipitations et le ruissellement ;
- par des ajouts d'éléments, en particulier le phénomène d'infiltration absent dans les trois schémas.

Schéma de Théo : légendes + Soleil + infiltration.
Schéma de Ludivine : légendes + ruissellement + infiltration.
Schéma de Farid : légendes + Soleil + ruissellement + infiltration.

SÉQUENCE PÉDAGOGIQUE : CHAPITRE 19 QUELLE EAU PEUT-ON BOIRE ?

Objectif

Il s'agit de définir ce qu'est une eau potable.

Matériel

- Manuel pages 72 et 73 et *Carnet de chercheur CM2* pages 44 et 45.
- Grandes feuilles de papier, gros feutres pour la prise en notes des réponses des élèves (affichage au tableau).

Séance 1

Durée : 20 à 35 minutes, selon que la séance comportera ou non une trace écrite (réponses aux questions du « Je lis »).
Phase orale collective.

> Problématisation

Émergence des représentations initiales à partir du titre du chapitre écrit au tableau : « Quelle eau peut-on boire ? » Conserver la trace écrite pour mesurer l'évolution des connaissances des élèves en fin d'apprentissage.
Demander aux élèves : « Peut-on boire n'importe quelle eau ? » ; « Est-ce important pour la santé ? » ; « Est-ce qu'on peut voir à l'œil nu si une eau est consommable ou pas ? » ; « Que faut-il faire pour qu'une eau soit potable ? »... Poser les questions avant de faire ouvrir le manuel. Prendre en compte les réponses des élèves. Les écrire.

> « J'observe »

À partir des photographies de la page 72 du manuel, apporter des éléments de réponses ou compléter celles qui viennent d'être données (*cf.* traces écrites au tableau ou sur grande feuille à l'affichage) en demandant aux élèves : « Peut-on, sans risque pour la santé, boire chacune de ces eaux ? » Faire commenter et justifier les réponses données à partir de l'observation de chaque photographie. Prendre en compte les réponses des élèves en les écrivant au fur et à mesure sur une grande feuille à l'affichage. Cette trace sera conservée pour les séances ultérieures : les réponses des élèves seront complétées ou corrigées si besoin.
D'autres photographies peuvent être proposées. Les manuels de géographie, d'histoire et de langue française, les ouvrages de la BCD peuvent offrir d'autres ressources photographiques :
- un ruisseau de montagne ;
- une source ;
- une mare ;
- une fontaine publique portant l'affichage « eau potable »...

> « Je lis »

Lecture d'images en lien avec l'histoire et la géographie. Faire décrire les deux documents présentés. Pour plus d'informations, se reporter aux « Informations pour l'enseignant ».
Faire faire une recherche documentaire sur l'évolution de l'acheminement de l'eau et de son stockage au fil du temps. Cette activité interdisciplinaire permet de faire le lien avec le programme d'histoire de cycle 3. Les élèves peuvent commencer par les Doc. 3 et 4.
Autres questions possibles : « Par où arrive l'eau dans votre maison ? » ; « Combien y a-t-il de points d'eau dans votre maison (robinets, chasses d'eau...) ? » ; « Servent-ils tous les jours ? » ; « Par où l'eau usée est-elle évacuée ? » ; « À quoi servent les siphons installés

à la sortie des lavabos, des baignoires, des toilettes ? »...

Faire la liste des appareils ménagers qui ont besoin d'eau pour fonctionner.

> Synthèse

Une eau, même claire et limpide, n'est pas forcément potable car elle peut contenir des produits chimiques ou des micro-organismes invisibles à l'œil nu mais dangereux pour la santé.

Séance 2

Durée : 25 minutes.

Travail collectif oral, puis individuel.

> Investigation et structuration

Le schéma des étapes de l'usine de traitement de l'eau de la page 73 et les explications données doivent conduire à l'élaboration avec les élèves du tableau de synthèse (encadré jaune) définissant la notion d'eau potable.

> « Je comprends »

Faire observer le schéma de la station de traitement des eaux. À partir de la représentation schématique et des légendes données, les élèves essaient oralement de décrire le cheminement de l'eau étape par étape. L'enseignant donne ensuite plus de détails (*cf.* « Informations pour l'enseignant »).

> Élaboration de la synthèse

La synthèse se fait d'abord oralement, collectivement, en prenant en compte ce que les élèves ont compris et doivent retenir.

Poser la question : « Que venez-vous d'apprendre pendant ces deux séances ? » La trace écrite, pour le cahier individuel, peut se présenter comme dans l'encadré de la page 73. Ce n'est qu'un exemple, pas un modèle. L'important est que les élèves sachent définir « une eau potable » et la manière de rendre l'eau potable.

> *Carnet de chercheur*

L'activité du *Carnet de chercheur* incite les élèves à mener une enquête sur la distribution de l'eau dans leur commune et leur environnement proche. Les questions posées dans le carnet sont une aide à l'investigation. Les élèves feront une recherche personnelle dans leur commune. Ils peuvent par exemple se rendre à la mairie ou consulter le site Internet de leur commune. Ils peuvent aussi rechercher des cartes postales, prendre des photos, dessiner...

> Prolongements « maîtrise de la langue »

Travail sur la polysémie des mots, sur la synonymie, sur l'antonymie.

Travail sur les familles de mots, les processus de nominalisation, l'identification de l'origine de quelques mots... Exemples :

Terre : terrer ; terrestre ; terrien ; terreux ; terricole ; terreau ; terrain ; territoire ; terroir ; terrier ; terrassement ; terrasse ; terrine ; atterrir ; enterrer ; déterrer ; souterrain (eaux souterraines) ; souterrainement.

Goutte : goutter ; gouttelette ; égoutter ; égouttoir ; compte-gouttes ; goutte-à-goutte ; se ressembler comme deux gouttes d'eau.

Eau (*aqua* en latin) : aquatique ; aqueduc ; aqueux ; aquarelle.

Capter/captage ; forer/forage ; pomper/pompage

Inondation = submersion

Perméable ≠ imperméable

Ces exercices de vocabulaire permettent de s'assurer de la bonne utilisation du lexique rencontré jusqu'alors et de rendre les élèves capables de comprendre des mots nouveaux ou des expressions dans leur contexte.

> Prolongements en histoire

- La vie quotidienne à Paris au XVIIIe siècle.
- Le savoir-faire romain pour la distribution de l'eau.

SÉQUENCE PÉDAGOGIQUE : CHAPITRE 20 QU'EST-CE QUI POLLUE L'EAU ?

Objectif

Il s'agit de comprendre la notion de pollution de l'eau et ses conséquences pour l'environnement.

Matériel

- Manuel pages 74 et 75 et *Carnet de chercheur CM2* pages 46 et 47.
- Grandes feuilles de papier, gros feutres pour la prise en notes des réponses des élèves (affichage au tableau).
- Gobelets ou verres.
- Plante verte en pot.
- Vinaigre blanc.
- Clous en fer.
- Débris naturels (feuilles, terre, branches...).

Séance 1

Durée : 20 à 35 minutes, selon que la séance comportera ou non une trace écrite (réponses aux questions du « Je lis »).

Phase orale collective.

> Problématisation

Émergence des représentations initiales à partir du titre du chapitre écrit au tableau : « Qu'est-ce qui pollue l'eau ? » Demander aux élèves : « Que peut-il se passer si l'eau est polluée ? » ; « Est-ce important pour la santé ? » ; « Y a-t-il des pollutions plus graves que d'autres ? » ; « Que faut-il faire pour éviter les risques de pollution ? »... Poser les questions avant de faire ouvrir le manuel. Prendre en compte les réponses des élèves. Conserver la trace écrite de ces représentations initiales des élèves pour mesurer leur évolution en fin d'apprentissage.

> « J'observe »

À partir des photographies de la page 74, apporter des éléments de réponses ou compléter celles qui viennent d'être données (*cf.* traces écrites au tableau ou sur grande feuille à l'affichage) en posant aux élèves les questions du « J'observe ». Faire commenter et justifier les réponses données à partir de l'observation de chaque photographie. Prendre en compte les réponses des élèves en les écrivant au fur et à mesure sur une grande feuille à l'affichage. Cette trace écrite sera conservée pour les séances ultérieures : les réponses des élèves seront complétées ou corrigées au fur et à mesure si besoin.

D'autres photographies peuvent être proposées :

- marée verte ;
- camion transportant des produits chimiques renversé sur la chaussée…

Les manuels de géographie, les ouvrages de la BCD peuvent offrir d'autres ressources photographiques.

> « Je lis »

Sur une carte géographique de la région parisienne, suivre le trajet du *Bélénos* dans le département des Hauts-de-Seine. On peut éventuellement faire nommer quelques communes traversées par le bateau dépollueur (bateau dragueur). La drague est une griffe de fer (ou grappin) destinée à racler le fond de l'eau pour y retrouver des objets. Les objets récupérés sont mis dans des bennes.

En regardant la photographie, les élèves ne parleront sans doute que de « grue », de « pelle »…Introduire le terme de « drague ». Cela permettra de rapprocher le texte sur le *Bélénos* du dragage de la Garonne évoqué dans l'encadré « Étonnant ! ». Si les élèves habitent près de la mer ou d'un cours d'eau, il peut être intéressant de se renseigner s'il existe un bateau dragueur à proximité.

La réponse à la dernière question du « Je lis » peut faire l'objet d'un travail écrit individuel.

Séance 2

Durée : 20 à 40 minutes (si le dispositif expérimental est mis en place).

Travail individuel (ou par groupes si le dispositif expérimental est réalisé).

Synthèse collective et trace écrite.

> Investigation et structuration

L'exploitation des documents de la leçon du manuel doit conduire à l'élaboration avec les élèves du tableau de synthèse définissant :

- la notion de pollution ;
- la notion de biodégradabilité des polluants ;
- les conséquences sur les eaux.

> « Je comprends »

À partir des schémas du manuel page 75, les élèves mettent en place un dispositif expérimental. C'est un travail de lecture de schéma intéressant. Ils expérimentent et émettent des hypothèses sur ce qu'il va se passer. L'observation finale peut se faire au bout de deux semaines, ou plus tôt si l'observation est possible. Les résultats de l'expérience n° 1 vont ainsi être visibles tôt : les feuilles de la plante vont jaunir rapidement.

Pour l'arrosage de la plante (Doc. 4), il faut utiliser du vinaigre blanc. Cela permet de mettre en valeur le fait que la pollution de l'eau n'est pas toujours visible à l'?il nu. C'est aussi l'occasion de faire référence à la pollution par les pluies acides.

Pour le second dispositif (Doc. 5), il faut utiliser des clous en fer, qui vont rouiller. C'est l'occasion de faire le lien avec le texte du « Je lis » page 74. On peut poser la question : « Que se passerait-il si les déchets cités, « voitures ou réfrigérateurs », n'étaient pas récupérés par le *Bélénos* ? »

Pour le troisième dispositif (Doc. 6), ne pas mettre n'importe quel détritus qui rendrait le mélange trop odorant ! Il vaut mieux utiliser des déchets naturels : des feuilles, des branches, de la terre…

> Élaboration de la synthèse

La synthèse se fait d'abord oralement, collectivement, en prenant en compte ce que les élèves ont compris et doivent retenir.

Poser la question :« Que venez-vous d'apprendre pendant ces deux séances ? »

La trace écrite, pour le cahier individuel, peut se présenter comme dans l'encadré de la page 75. Ce n'est qu'un exemple, pas un modèle. L'important est que les élèves sachent définir la pollution et distinguer un « polluant biodégradable » d'un « polluant non biodégradable » et ses conséquences sur l'environnement.

> *Carnet de chercheur*

La recherche des logos est une occasion supplémentaire de débattre sur la protection de l'environnement et la prise de conscience de chacun pour aider à sa préservation.

> Prolongements interdisciplinaires

Les élèves peuvent rechercher sur des emballages et recopier les renseignements trouvés.

Un panneau d'affichage regroupant ces textes courts peut être constitué. Voici un exemple de texte que l'on peut trouver sur un paquet de céréales : « Cet emballage est constitué à 80 % de carton et de papier recyclés. Les 20 % restants proviennent de plantations de conifères dont la gestion rigoureuse assure la régénération constante de la forêt. XXX participe au programme français de récupération des emballages. »

> Évaluation

Individuelle et écrite, l'évaluation devra permettre de s'assurer que les élèves sont capables d'identifier, de nommer et de définir « pollution » et « biodégradabilité ».

SÉQUENCE PÉDAGOGIQUE : CHAPITRE 21
COMMENT NETTOYER L'EAU ?

Objectif

Il s'agit de comprendre comment une station d'épuration permet de nettoyer les eaux usées.

Matériel

- Manuel pages 76 et 77 et *Carnet de chercheur CM2* pages 48 et 49.
- Grandes feuilles de papier, gros feutres pour la prise en notes des réponses des élèves (affichage au tableau).
- Bouteilles en plastique.
- Grille (type faisselle en plastique ou morceau de grillage).
- Gravier.
- Sable.
- Charbon de bois.
- Débris naturels (herbes, feuilles...).

Séance 1

Durée : 20 à 35 minutes.
Phase orale collective.

> Problématisation

Émergence des représentations initiales à partir du titre du chapitre écrit au tableau : « Comment nettoyer les eaux usées ? »
En conserver la trace pour mesurer leur évolution en fin d'apprentissage.
Demander aux élèves : « Qu'est-ce qu'on appelle « eaux usées » ? » ; « Où vont les eaux usées ? » ; « Où vont les eaux domestiques ? » ; « Où vont les eaux de pluie ? » ; « Ces eaux retournent-elles directement à la rivière ? » ; « Pourquoi ? » ; « Quel traitement vont-elles subir ? »...
Poser les questions avant de faire ouvrir le manuel. Prendre en compte les réponses des élèves. Les écrire.

> « J'observe »

À partir des photographies de la page 76 du manuel, apporter des éléments de réponses ou compléter celles qui viennent d'être données (*cf.* traces écrites au tableau ou sur grande feuille à l'affichage) en posant aux élèves les questions du « J'observe ». Faire commenter et justifier les réponses données à partir de l'observation de chaque photographie.
Prendre en compte les réponses des élèves en les écrivant au fur et à mesure sur une grande feuille à l'affichage. Cette trace sera conservée pour les séances ultérieures : les réponses des élèves seront complétées ou corrigées au fur et à mesure si besoin.
D'autres photographies peuvent être proposées :
- caniveaux (et grilles de bouches d'égout) lors d'une forte pluie ;
- station de lavage de voitures...

> « Je lis »

En observant et en commentant le schéma à l'aide des questions, les élèves vont comprendre le fonctionnement d'une station d'épuration.
Faire observer le schéma de la station de traitement des eaux. À partir de la représentation schématique et des légendes données, les élèves essaient oralement de décrire le cheminement de l'eau étape par étape. L'enseignant donne ensuite plus de détails (*cf.* « Informations pour l'enseignant »).

Séance 2

Durée : 20 à 40 minutes (si le dispositif expérimental est mis en place).
Travail individuel (ou par groupes si le dispositif expérimental est réalisé, ce qui est souhaitable).
Synthèse collective et trace écrite.

> Investigation et structuration

Le schéma de la page 76, le dispositif de la page 77 et les explications données doivent conduire à l'élaboration avec les élèves du tableau de synthèse définissant le fonctionnement d'une station d'épuration. Les élèves suivent pas à pas le compte rendu d'expérience de la page 77 pour construire leur mini-station d'épuration. Il faut qu'ils observent leur expérience en lien avec le schéma fonctionnel de la station d'épuration de la page 76. Ils vont ainsi identifier clairement les différentes étapes : dégrillage et tamisage au niveau de la grille, dessablage et filtration au niveau des graviers, du sable et du charbon. Leur mini-station ne comporte pas l'étape du traitement biologique.
Il est important de leur faire comprendre pourquoi on ne peut pas boire l'eau ainsi filtrée : cette eau n'est pas destinée à la consommation. Elle a été nettoyée afin de pouvoir être remise dans la nature. C'est cette eau qui sera ensuite captée pour être traitée dans une station de traitement de l'eau (voir chapitre « Quelle eau peut-on boire ? ») avant d'arriver à nos robinets.

> Élaboration de la synthèse

La synthèse se fait d'abord oralement, collectivement, en prenant en compte ce que les élèves ont compris et doivent retenir.
Poser la question : « Que venez-vous d'apprendre pendant ces deux séances ? » La trace écrite, pour le cahier individuel, peut se présenter comme dans l'encadré de la page 77 du manuel. Ce n'est qu'un exemple, pas un modèle. L'important est que le fonctionnement d'une station d'épuration soit parfaitement compris. Cette trace écrite peut être complétée par le schéma de fonctionnement d'une station d'épuration.
L'activité du *Carnet de chercheur* permet également de synthétiser leurs connaissances sur les « eaux propres » et les « eaux usées » au niveau de leur habitat.

> « Étonnant ! »

Le texte « Étonnant ! » fait un parallèle entre le rôle de la station d'épuration et le rôle des reins dans le corps. Il sera intéressant de revenir sur ce paragraphe lors de la séquence sur le chapitre 29 « Comment nettoyer l'organisme ? ».

> Évaluation

Individuelle écrite, l'évaluation devra permettre de s'assurer que les élèves sont capables d'expliquer le fonctionnement d'une station d'épuration des eaux usées.

SÉQUENCE PÉDAGOGIQUE : ZOOM SUR… L'ACTION DE L'HOMME SUR LE CYCLE DE L'EAU

Matériel

- Manuel pages 78 et 79 et *Carnet de chercheur CM2* pages 50 et 51.

Séance 1

Durée : 25 minutes.
Phase orale collective.
Le schéma de la double page 78 et 79 du manuel sera commenté en s'appuyant sur les compétences acquises par les élèves lors des séquences précédentes.
Il est important que soit élaborée en commun une trace écrite définissant le rôle de l'homme.
« Quelle est la différence entre ce schéma du cycle de l'eau et celui des pages 70 et 71 ? » C'est le rôle de l'homme. Les pages 70 et 71 représentaient le cycle naturel de l'eau dans la nature : l'homme n'y intervenait pas. Ici, nous voyons le cycle de l'eau de consommation.
Le schéma peut être reproduit par les élèves qui doivent avoir compris les grandes étapes du cycle de l'eau de consommation :

- le captage et le pompage (dans la rivière ou dans la nappe phréatique) ;
- le transport ;
- la production d'eau potable dans une station de traitement ;
- le stockage dans un château d'eau ;
- la distribution ;
- la collecte et l'épuration des eaux usées.

Prolongements

Plusieurs recherches documentaires sur le thème de l'eau, en lien avec de nombreuses disciplines : l'histoire, la géographie, la littérature, l'éducation civique…

> Les métiers de l'eau

- Pour le captage : géologues ; puisatiers ; foreurs.
- Pour le traitement : chimistes ; biologistes ; préleveurs ; goûteurs.
- Pour la distribution : fontainiers.
- Pour la circulation de l'eau dans les maisons : plombiers.
- Pour la collecte des eaux usées : les égoutiers.

> Enquête

On peut également lancer une enquête sur les régions du monde privées d'eau en général et d'eau potable en particulier. Un certain nombre de documents sont présents dans le manuel (« Étonnant ! » pages 68 et 79 ; Doc. 1 et 5 page 72) et les élèves peuvent chercher dans d'autres documents : sur Internet, dans la presse écrite, dans la littérature…

L'alimentation

PAGES 80-87
DU MANUEL

Première approche des fonctions de nutrition (digestion, respiration et circulation)
Conséquences à court et à long terme de notre hygiène ; actions bénéfiques ou nocives de nos comportements (notamment dans l'alimentation)

RÉFÉRENCES AUX PROGRAMMES

« Ces sujets concernent le corps de l'enfant, son intimité et aussi son intégrité. Il est donc essentiel de respecter la sensibilité de chacun. » (*Documents d'accompagnement des programmes*, CNDP, 2002).

Savoirs

Les leçons sur l'alimentation constituent une première approche des fonctions de nutrition. Elles permettent également d'aborder les conséquences à court et à long terme de notre hygiène, ainsi que les actions bénéfiques ou nocives de nos comportements.

- La fonction de digestion.
- L'appareil digestif.
- Le rôle de l'eau dans le fonctionnement de l'organisme.
- Les types d'aliments, leur classification.
- Les règles d'une alimentation équilibrée.

Compétences en sciences et technologie

> Être capable de

- Poser des questions précises et cohérentes à propos d'une situation d'observation ou d'expérience.
- Recommencer une expérience en ne modifiant qu'un seul facteur par rapport à l'expérience précédente.
- Imaginer et réaliser un dispositif expérimental susceptible de répondre aux questions que l'on se pose, en s'appuyant sur des observations, des mesures appropriées ou un schéma.
- Savoir interpréter quelques situations simples se produisant dans la nature.
- Exploiter en autonomie des documents scientifiques adaptés.
- Mettre en relation des données, en faire une représentation schématique et l'interpréter.
- Mettre en relation des observations réalisées en classe et des savoirs que l'on trouve dans une documentation.
- Participer à la préparation d'une enquête ou d'une visite en élaborant un protocole d'observation ou un questionnaire.
- Tenir un carnet d'expériences et d'observations.
- Rédiger un compte rendu intégrant schéma d'expérience ou dessin d'observation et le communiquer.
- Produire, créer, modifier un document à l'aide d'un logiciel de traitement de texte.
- Communiquer au moyen d'une messagerie électronique.

> Avoir compris et retenu

- Les principes élémentaires des fonctions de nutrition à partir de leurs manifestations chez l'homme.
- Les relations entre nutrition, respiration et circulation.

Compétences « maîtrise de la langue »

> Parler en sciences

- Utiliser le lexique spécifique des sciences.
- Formuler des questions pertinentes.
- Participer activement à un débat argumenté.
- Utiliser à bon escient les connecteurs logiques dans le cadre d'un raisonnement rigoureux.

> Lire en sciences

- Lire et comprendre un ouvrage documentaire.
- Trouver sur Internet des informations scientifiques simples, les apprécier de manière critique et les comprendre.
- Traiter une information complexe comprenant du texte, des images, des schémas, des tableaux…
- Chercher, se documenter au moyen d'un produit multimédia (CD-Rom, DVD-Rom, site Internet, base de données).

> Écrire en sciences

- Prendre des notes lors d'une observation, d'une expérience, d'une enquête, d'une visite.
- Noter les informations dégagées pendant l'examen d'un document.
- Rédiger une courte synthèse à partir des informations notées.
- Rédiger, avec l'aide du maître, un compte rendu d'expérience ou d'observation (texte à statut scientifique).
- Rédiger la légende d'un document iconographique ou donner un titre à un écrit scientifique.
- Tenir un carnet d'expériences et d'observations.
- Rédiger un texte pour communiquer des connaissances (texte à statut documentaire).
- Produire, créer, modifier et exploiter un document à l'aide d'un logiciel de traitement de texte.
- Communiquer à l'aide d'une messagerie électronique.

Liens avec d'autres disciplines ou parties du programme

> Littérature
- Rechercher en BCD ou en médiathèque une sélection d'ouvrages documentaires et/ou de littérature de jeunesse sur les thèmes abordés.
- Lire et comprendre un ouvrage documentaire.
- Participer à un débat sur l'interprétation des ouvrages.

> Éducation physique et sportive
- Liens entre l'alimentation et les activités sportives.

> Arts visuels
- Les arts du goût et de la table.
- Reproductions de tableaux.

INFORMATIONS POUR L'ENSEIGNANT

La brochure *Documents d'accompagnement des programmes* (CNDP, 2002) propose une séquence pédagogique très complète, « Que deviennent les aliments que nous mangeons ? » (pages 15 à 28), testée dans plusieurs classes :
- séance 1 : Où vont l'eau et le pain ?
- séance 2 : Que ressent-on quand on mange ?
- séance 3 : Que se passe-t-il quand on avale ?
- séance 4 : Comment fonctionne l'appareil digestif ?
- séance 5 : Que deviennent les aliments dans le corps ?
- séance 6 : Évaluation

Informations scientifiques et techniques

> La digestion
La digestion a pour fonction de transformer les aliments dans l'appareil digestif pour qu'ils soient absorbés et transportés dans le sang.

L'appareil digestif est l'ensemble des organes permettant la digestion des aliments, c'est-à-dire les organes du tube digestif et les glandes digestives.

Le tube digestif fait partie de l'appareil digestif : c'est le long tube par lequel passent les aliments. Il est constitué de **la bouche**, de **l'œsophage**, de **l'estomac**, de **l'intestin grêle**, du **gros intestin** (ou **côlon**), du **rectum** et de **l'anus**. Le tube digestif mesure environ 11 mètres de long chez l'adulte.

Lors de la digestion, les aliments subissent des modifications physiques :
- dans la bouche, les dents coupent, déchirent, écrasent et broient les aliments ;
- dans l'estomac, les muscles écrasent et malaxent plus les aliments.

Lors de la digestion, les aliments subissent également des modifications chimiques :
- la **salive** agit sur les aliments lors de la mastication ;
- dans l'estomac, les aliments sont brassés et transformés en bouillie en présence **d'acide** et des **sucs gastriques** ;
- le **suc pancréatique** (produit par le pancréas) et la **bile** (fabriquée par le foie et stockée par la vésicule biliaire) se mélangent à cette bouillie.

Au fur et à mesure de ces transformations, la bouillie devient de plus en plus liquide. Le suc intestinal agit à son tour sur les particules d'aliments. Elles sont devenues si fines, si solubles, qu'elles peuvent traverser la paroi poreuse de l'intestin grêle : c'est **l'absorption intestinale**.

Les protéines, les vitamines, les glucides, les lipides, les sels minéraux sont des **nutriments** contenus dans les aliments. Ils passent dans le sang qui les conduit vers tous les organes qui les utilisent comme source d'énergie (pour bouger, respirer...) ou comme matériaux de construction (pour grandir, grossir...).

Certaines particules trop grosses, non digérées, ne peuvent pas traverser la paroi de l'intestin grêle et vont dans le gros intestin. Elles sont compactées dans le rectum d'où elles sont évacuées sous forme d'**excréments** (les selles) par l'anus.

> Pourquoi vomit-on ?
Le vomissement intervient quand on a trop mangé ou parce qu'on a une maladie (gastro-entérite, par exemple). L'estomac se contracte et renvoie les aliments vers le haut grâce aux muscles.

> Que se passe-t-il quand on avale de travers ?
Le tuyau qui conduit les aliments à l'estomac s'appelle **l'œsophage**. Le tuyau qui conduit l'air vers les poumons s'appelle **la trachée**. **L'épiglotte** permet d'empêcher les aliments d'aller dans la trachée. Quand on avale de travers, l'aliment passe dans la trachée au lieu de passer dans l'œsophage. À ce moment-là, on tousse parce qu'on ne peut plus respirer et la nourriture ressort. Si la personne qui a avalé de travers n'arrive pas à expulser l'aliment et s'étouffe, il faut lui porter secours. On peut alors lui administrer des claques dans le dos avec le plat de la main ouverte ou, en cas d'inefficacité des claques, faire la **manœuvre de Heimlich**.
- Placez-vous derrière la victime.
- Passez vos bras sous ceux de la victime.
- Mettez un poing au-dessus du nombril de la victime, l'autre main par-dessus votre poing.
- Enfoncez le poing d'un coup sec vers vous et vers le haut. Répétez jusqu'à cinq fois cette technique.

En appuyant au-dessus du nombril, vous augmentez la pression dans les poumons et vous permettez l'expulsion vers le haut du corps étranger qui était coincé dans les voies respiratoires (*cf.* www.croix-rouge.fr).

Le corps a besoin d'eau
Pour la plupart des adultes, la notion d'alimentation n'est pas associée à celle d'**hydratation**. Pourtant, le rôle de l'hydratation est tout aussi important pour la santé. L'homme a besoin d'eau, sinon il peut mourir de **déshydratation**. **Sans eau, la survie d'un être humain ne dépasse pas deux à trois jours.**

L'eau est le principal constituant du corps humain. **Le corps d'un adulte de 70 kg contient environ 45 litres d'eau.** Cette eau provient principalement de l'eau que nous buvons. Boire de l'eau régulièrement est donc le meilleur moyen d'entretenir le corps et de garder la forme. **L'eau** doit être considérée comme une **nourriture essentielle** au même titre que n'importe quel aliment. Il faut habituer très tôt l'enfant à s'hydrater en buvant régulièrement de l'eau. **Les besoins quotidiens** d'un adulte de 70 kg sont de 2,5 litres en moyenne dans des conditions normales. Ces besoins peuvent atteindre 6 litres dans certaines conditions, comme un effort sportif, en altitude (à plus de 2 000 mètres) ou par une très forte chaleur.

> Où se trouve l'eau dans le corps ?

L'eau se trouve partout dans le corps, mais elle est inégalement répartie.

L'eau constitue 96 à 99 % des liquides : sang, lymphe, sueur, salive, liquide céphalo-rachidien, sucs digestifs... Elle est présente à 75 % dans les muscles, à 30 % dans les os et la graisse. Toutes les cellules de notre corps sont remplies d'eau (eau intracellulaire) et baignent dans l'eau (eau extracellulaire). L'eau dissout toutes les substances en les faisant passer à l'intérieur et à l'extérieur de chaque cellule et d'une cellule à l'autre.

> D'où vient l'eau de notre corps ?

Chaque jour, l'eau est fournie par les aliments (1 litre environ) et la boisson (1,5 l environ).

Les aliments les plus riches en eau sont :

- les fruits et les légumes ;
- les yaourts et le fromage blanc.

La boisson du petit-déjeuner doit être copieuse pour bien réhydrater l'organisme après la nuit.

> L'hydratation

Les fonctions de l'hydratation sont multiples dans le bon fonctionnement de notre corps :

- **fonction thermorégulatrice**. Elle aide à maintenir la température du corps à 37 °C, que la température extérieure soit supérieure à 40 °C ou inférieure à 10 °C.
- **fonction de régulation**. Elle permet de compenser les pertes en eau (rejet d'urine et de selles, sudation, respiration).
- **fonction cardio-vasculaire.** Une mauvaise hydratation peut augmenter la fréquence cardiaque, surtout lors d'efforts physiques.
- **fonction de drainage et d'élimination.** L'hydratation aide à l'élimination des toxines, grâce notamment au travail de l'appareil digestif et de l'appareil rénal. L'eau aide à l'élimination du dioxyde de carbone et de l'acide lactique qui peuvent provoquer des crampes et des tendinites, surtout chez les sportifs.

L'erreur consiste à attendre le signal d'alarme « d'avoir soif » pour s'hydrater. En effet, quand le mécanisme physiologique de la soif (sécheresse des muqueuses de la bouche et de la gorge, origine de l'expression « avoir la gorge sèche ») signale cette sensation, le corps est déjà légèrement déshydraté. La sensation de soif ne répond pas aux réels besoins en eau du corps. Il faut donc « boire sans soif » régulièrement et en particulier pendant les fortes chaleurs ou l'effort physique, lorsque le corps transpire beaucoup.

Il est nécessaire d'être particulièrement vigilant en ce qui concerne les enfants et les personnes âgées (en vieillissant, on perd la sensation de soif et le corps contient moins d'eau) qui sont encore plus fragiles face à la chaleur.

Quels sont les signes d'une déshydratation ?

Ces signes sont multiples :

- sensation de soif ;
- bouche et langue sèches ;
- peau fripée ;
- coloration rouge du visage ;
- fatigue, faiblesse, maux de tête ;
- crampes (pour le sportif) ;
- accélération du rythme cardiaque ;
- urine très foncée ;
- absence d'urine ;
- fièvre...

Quelles sont les mesures préventives pour éviter la déshydratation ?

- Boire régulièrement et en quantité suffisante.
- Utiliser un brumisateur pour se mouiller la tête et la nuque en cas de fortes chaleurs.
- Porter un chapeau.
- Ne pas s'exposer au Soleil, ni faire de sport aux heures les plus chaudes de la journée.

> Une alimentation équilibrée

Manger équilibré, c'est manger de tout en quantité suffisante et raisonnable pour couvrir tous les besoins.

Cette alimentation équilibrée doit être apportée au cours de **trois repas par jour** (quatre avec le goûter pour les enfants) pris à **heures régulières**.

Les relations entre l'alimentation et la santé sont aujourd'hui clairement établies. Pour l'enfant, une alimentation déséquilibrée peut conduire à un excès de poids et même à **l'obésité**. Ce problème mobilise les services de santé scolaires : médecins et infirmières scolaires interviennent auprès des élèves pour des actions de prévention auxquelles il est nécessaire que les enseignants s'associent.

Il n'existe pas d'aliment (ni groupe d'aliments) parfait qui pourrait nous apporter tout ce qui nous est nécessaire : protéines, lipides, glucides, vitamines, sels minéraux... Mais il n'y a pas non plus de mauvais aliment, à moins d'être consommé en quantité déraisonnable. Notre rôle est donc de montrer aux élèves que chaque aliment a sa place et son utilité. **Pour l'équilibre nutritionnel comme pour le goût et le plaisir de manger, il faut puiser tous les jours dans la variété de chacun des grands groupes d'aliments.**

Ces chapitres seront l'occasion de travailler sur les cinq sens et plus particulièrement le goût et l'odorat.

Il est possible de créer un lien avec les arts visuels.

Si des activités d'élaboration d'aliments dans la classe sont projetées, se référer au texte *La Sécurité des aliments : les bons gestes*, ministère de l'Éducation nationale, circulaire n° 2002-004 du 3 janvier 2002.

Un enfant a besoin de **calcium pour ses os** (produits laitiers), de *protéines pour le développement des muscles* (viandes, poissons, œufs), de **glucides pour l'énergie** (pain, céréales, pomme de terre, légumes secs), de **vitamines** et de **fibres** (fruits et légumes).

> La pyramide alimentaire

Cette pyramide n'est pas un modèle rigide mais un exemple de guide pour choisir une alimentation équilibrée. Selon notre âge et notre activité, nous avons des besoins alimentaires différents.

La pyramide des aliments permet de visualiser les différents groupes d'aliments et de nous renseigner sur les proportions idéales que doit occuper chacun de ces groupes dans notre alimentation quotidienne. Les médecins nutritionnistes sont d'accord sur le fait qu'il y a des aliments qu'on doit moins manger que d'autres. **Tout en bas de la pyramide, on trouve les aliments que l'on peut manger autant que l'on veut et quand on le veut : ce sont les fruits et les légumes. Quand on monte dans la pyramide, on trouve les aliments dont il ne faut pas abuser : les matières grasses, les produits sucrés.** C'est sur ce point important qu'il faut attirer l'attention des élèves dans le cadre de l'éducation à la santé.

- **Groupe vert : les fruits et les légumes.** Ces aliments sont riches en vitamines anti-oxydantes (C, bêta carotène), en minéraux (fer, magnésium), en cellulose et en fibres. Leur consommation doit être encouragée.
- **Groupe marron : les céréales, le pain, les pâtes, le riz, les pommes de terre, les légumes secs.** Ils sont riches en glucides (sucres lents, amidon), en protéines végétales, en vitamines du groupe B, en minéraux, en fibres (pain, riz complet...).
- **Groupe bleu : le lait et les produits laitiers.** Ils sont riches en protéines animales, en calcium, en vitamines du groupe B, du groupe A (dans les produits non écrémés) et du groupe D.
- **Groupe rouge : les viandes, les poissons et les œufs.** Ils sont riches en protéines animales, en minéraux (fer, zinc), en vitamines du groupe B et du groupe A (foie et jaune d'œuf). Il n'est pas nécessaire d'en manger deux fois par jour : les produits laitiers complètent les apports.
- **Groupe jaune : les corps gras.** Ils sont riches en lipides, en vitamines des groupes A, D (beurre et crème) et E, en acides gras essentiels (certaines huiles et margarines). Il faut varier les sources.
- **Groupe rose : sucre et produits sucrés.** Ils sont riches en glucides simples (sucres rapides). Ils ne sont pas indispensables au bon fonctionnement de l'organisme.

L'eau est la seule boisson indispensable au bon fonctionnement de l'organisme.

Voici un **exemple de journée alimentaire équilibrée** pour un enfant de 10 ans :
- légumes crus ou cuits : 250 g ;
- fruits : 200 à 300 g ;
- féculents : 200 g de pain et 60 à 70 g de pâtes, de riz ou de légumes secs ;
- produits laitiers : 500 ml de lait, 125 g de yaourt ou de fromage blanc, 15 g de fromage ;
- viande, poisson, œuf : 50 à 100 g ;
- matières grasses : 50 g.

Représentations des élèves et obstacles à prendre en compte

Il est difficile pour des élèves de cet âge de se représenter ce qu'ils ne voient pas :
- la digestion chimique ;
- le passage de la notion d'aliment à la notion de nutriment ;
- les relations entre les différentes fonctions par l'intermédiaire du sang.

Les dessins des représentations initiales des élèves comportent souvent les mêmes erreurs, les mêmes conceptions erronées.
- Des représentations de type « tuyauterie ». les élèves représentent l'appareil digestif sous la forme d'un seul tuyau tout droit, ou bien d'un tuyau avec l'estomac et l'intestin. L'estomac et l'intestin sont les organes les plus représentés.
- D'autres élèves dessinent deux tuyaux : l'un pour les aliments solides, l'autre pour les liquides. Sur le trajet, une bifurcation peut exister, soit après la bouche, soit après l'estomac.
- Ils confondent souvent l'appareil digestif avec le système urinaire

Les élèves pensent le plus souvent qu'il existe un tri des aliments : ceux qui sont solides vont dans l'intestin et les liquides vont dans la vessie.

SÉQUENCE PÉDAGOGIQUE : CHAPITRE 22
QUE DEVIENT LA POMME QUE JE MANGE ?

Objectifs

Il s'agit de comprendre ce qui se passe lors de la digestion et à quoi elle sert.
- Identifier, nommer, représenter sur un schéma et légender les différents organes de l'appareil digestif.
- Comprendre les différentes étapes de la digestion et les transformations mécaniques et chimiques.
- Comprendre le passage de la notion d'aliment à la notion de nutriment.
- Identifier les liens de l'appareil digestif avec l'appareil circulatoire, l'appareil respiratoire et l'appareil excréteur.

Matériel

- Manuel pages 80 et 81 et *Carnet de chercheur CM1* pages 44 et 45.

- Grandes feuilles de papier, gros feutres pour prise en notes des réponses des élèves (affichage au tableau).
- Feuilles de papier calque.
- Radiographies des différents organes de l'appareil digestif.
- Schémas (sans légende) en grand format de l'appareil digestif.

Séance 1

Phase orale collective.

Durée : 45 minutes à 1 heure 30 selon que la séance comportera ou non une représentation initiale par le dessin, une mise en situation et une trace écrite (schéma légendé de l'appareil digestif).

> Problématisation

Faire émerger les représentations initiales à partir du titre du chapitre écrit au tableau : « Que devient la pomme que je mange ? ». Pour cette séance, on peut privilégier les représentations par le dessin de façon à se rendre compte des représentations parcellaires ou erronées. Pour gagner du temps, il est possible de fournir une silhouette du corps à chaque élève. Donner la consigne suivante : « Dessine et légende le trajet d'un morceau de pomme dans ton corps. » Conserver la trace écrite de ces représentations initiales pour mesurer leur évolution en fin d'apprentissage.

> Formulation du problème

Par le questionnement

« Quel est le chemin parcouru par les aliments dans notre corps ? » ; « À quoi servent ces aliments ? » ; « À quoi sert la digestion ? » ; « Où va la "bonne nourriture" ? Où vont les déchets ? » ; « Que se passe-t-il dans les différents organes ? »...

Poser les questions avant de faire ouvrir le manuel. Prendre en compte les réponses des élèves. Les écrire. S'assurer de l'emploi du lexique approprié par les élèves. Par exemple, on doit parler d'**estomac** et non du **ventre** : « Les aliments vont dans l'estomac » et non pas « Les aliments vont dans le ventre »).

Par le débat

Sélectionner cinq ou six dessins des représentations initiales, les afficher, les comparer lors d'un débat. Noter les questions sans réponses, les points qui demandent une vérification ou un complément d'information à rechercher ultérieurement dans le manuel, dans des ouvrages documentaires ou sur Internet.

Par une mise en situation

Distribuer un morceau de pomme à chaque élève. Poser la question : « Que se passe-t-il dans la bouche ? ». Faire mâcher le morceau de pomme très lentement pour mettre en évidence la mastication, le rôle des dents et de la salive. Faire parler les élèves. Distribuer un autre morceau de pomme aux élèves. Leur faire mâcher très rapidement avant de l'avaler. « Quelle(s) différence(s) avec le fait de mastiquer longtemps ? ». Les élèves vont parler du goût, de l'humidification par la salive, de la consistance, du bruit.

Pour repérer la déglutition, faire repérer les parties de la gorge qui bougent quand on avale. C'est peut-être à ce moment-là que les élèves parleront d'« avaler de travers » (voir « Informations pour l'enseignant »). Montrer un schéma d'une coupe de la gorge.

Continuer à suivre le trajet de la pomme en ouvrant le manuel page 80 pour suivre les étapes du tube digestif sur le schéma.

> « J'observe »

À partir des documents radiographiques de la page 80 du manuel, apporter des éléments de réponses ou compléter celles qui viennent d'être données (*cf.* traces écrites au tableau ou sur grande feuille à l'affichage) en redemandant aux élèves « Que devient la pomme que je mange ? ».

Faire commenter et justifier les réponses données à partir de l'observation de chaque document radiographique. Faire le lien avec le schéma central à compléter. On peut éventuellement distribuer une feuille de papier calque à chaque élève. Ils la posent sur la page du manuel pour écrire les légendes des radiographies (question 3 de la page 80).

Prendre en compte les réponses des élèves (noms des différents organes) en les écrivant au fur et à mesure sur un schéma agrandi à l'affichage au tableau. Cette trace sera conservée pour les séances ultérieures : les réponses des élèves seront complétées ou corrigées si besoin.

D'autres radiographies peuvent être proposées.

> Synthèse de la séance 1

La synthèse de la séance se fait d'abord oralement, collectivement, en prenant en compte ce que les élèves ont compris et doivent retenir. Poser la question : « Que venez-vous d'apprendre pendant cette séance ? ». Ensuite, la trace écrite, pour le cahier individuel, peut se présenter comme le début de l'encadré jaune page 81 associé au schéma de l'appareil digestif. Ce n'est qu'un exemple, pas un modèle. L'important, c'est que les élèves sachent identifier les organes de l'appareil digestif et expliquer les premières étapes de la digestion (ce qui se passe dans la bouche et le passage dans l'œsophage).

Séance 2

Phase collective puis individuelle.

Durée : 45 minutes à 1 heure (s'il existe une trace écrite individuelle : les réponses aux questions du « Je lis »).

Lors d'une phase orale collective, faire appel aux souvenirs des élèves de la séance précédente. Ils vont reformuler ce qui a été fait, en s'appuyant sur le schéma de l'appareil digestif à l'affichage. Ils doivent s'arrêter à : « Ce qui se passe dans la bouche n'est qu'une étape de la digestion. » La transformation des aliments va se poursuivre dans les autres étapes.

> « Je lis »

Le texte décrit l'expérience de Lazzaro Spallanzani. Il va permettre de mettre en évidence ce que les élèves ne voient pas : les transformations chimiques des aliments.

Après une courte discussion orale s'appuyant sur les deux premières questions, les troisième et quatrième questions peuvent faire l'objet d'une réponse écrite individuelle.
Faire formuler des hypothèses par les élèves. Les dents et la mastication ne servent qu'à faciliter la digestion. Dans certaines parties du corps, il y a des produits chimiques qui transforment les aliments. C'est pour montrer cela que Lazzaro Spallanzani enferme le morceau de viande et l'avale sans mastication. La digestion du morceau de viande est totale. Le broyage des aliments dans la bouche (même en mastiquant longtemps) n'est donc pas la seule étape de la digestion. Dans l'estomac, les aliments sont écrasés par les muscles, mélangés à du suc gastrique et transformés en bouillie. Dans l'intestin grêle, d'autres sucs réduisent encore la bouillie. C'est à ce niveau que la partie digérée, composée de nutriments, passe dans le sang. La partie non digérée va dans le gros intestin pour être évacuée par l'anus sous forme d'excréments (les selles).

Autres exemples de lectures

On peut proposer aux élèves d'autres comptes rendus d'expérience.
Lazzaro Spallanzani (1729-1799) : « Il s'agissait de prendre par la bouche une petite bourse de toile contenant 50 grains de pain mâché. Je fis cette expérience le matin après mon lever étant à jeun [...]. Je gardai cette bourse pendant 23 heures sans éprouver aucun mal. La petite bourse est rejetée avec les excréments. Elle ne contenait plus de pain. Le fil avec lequel on avait cousu les deux côtés de la bourse n'était ni rompu, ni gâté, de même que celui qui fermait l'entrée. Il n'y avait pas la moindre déchirure à la toile. »
Réaumur (1683-1757) : « Une buse, à qui j'avais seulement arraché quelques plumes des ailes pour la laisser vivre en liberté dans mon jardin, fut destinée à des expériences. Je plaçai dans un gros tube de fer blanc ouvert par les deux bouts, un morceau de viande. Le tube, ainsi garni, fut donné à la buse pour son premier déjeuner. Ce ne fut que le lendemain que je trouvai le tube qu'elle venait de rendre : il avait toute sa rondeur, on ne découvrait sur sa face extérieure aucune trace de frottements. Le morceau de viande avait été réduit peut-être au quart de son premier volume ; ce qu'il en restait était couvert d'une espèce de bouillie, venue probablement de celles de ces parties qui avaient été dissoutes. »

Séance 3

Travail individuel écrit, puis phase orale collective.
Durée : 20 à 45 minutes.

> Investigation et structuration

Les séances 1 et 2 et les explications données doivent conduire à l'élaboration avec les élèves du tableau de synthèse définissant la digestion.

> « Je comprends »

Les élèves suivent le trajet des aliments sur leur schéma muet de l'appareil digestif. Ils placent les légendes en s'aidant du manuel et en orthographiant sans erreur.
Quand les élèves ont terminé, chaque étape de la digestion est reprise et expliquée oralement par les élèves.

> Élaboration de la synthèse complète

Reprise de la synthèse 1 (séance 1)
Elle se fait d'abord oralement, collectivement, en prenant en compte ce que les élèves ont compris et doivent retenir. Poser la question : « Que venez-vous d'apprendre pendant ces trois séances ? » La trace écrite, pour le cahier individuel, peut se présenter comme dans l'encadré de la page 81 et être associée au schéma de l'appareil digestif. Ce n'est qu'un exemple, pas un modèle. L'important est que les élèves sachent ce qu'est la digestion et puissent suivre le trajet d'un aliment dans l'appareil digestif en donnant quelques commentaires.

Séance 4

> Évaluation

L'évaluation doit être individuelle et passer par le dessin. Les élèves vont s'autoévaluer. Redonner à chaque élève une silhouette prédessinée et demander de dessiner et de légender le schéma de l'appareil digestif. Comparer avec les dessins des représentations initiales en début de séance 1.

SÉQUENCE PÉDAGOGIQUE : CHAPITRE 23
POURQUOI LE CORPS A-T-IL BESOIN D'EAU ?

Objectifs

Il s'agit, dans ce chapitre, de mettre en évidence le rôle vital de l'eau dans le fonctionnement de l'organisme.

- L'eau, principal constituant du corps humain.
- Le rôle de l'eau dans le fonctionnement du corps humain.
- Les risques liés au manque d'eau : la déshydratation.

Matériel

- Manuel pages 82 et 83 et *Carnet de chercheur CM1* pages 46 et 47.
- Grandes feuilles de papier, gros feutres pour prise en notes des réponses des élèves (affichage au tableau).

Séance 1

Phase orale collective.

Durée : 45 minutes à 1 heure selon que la séance comportera ou non une phase écrite individuelle (réponses aux questions du « Je lis »).

> Problématisation

Faire émerger les représentations initiales des élèves à partir du titre du manuel écrit au tableau : « Pourquoi le corps a-t-il besoin d'eau ? ».
Poser les questions suivantes pour aider à la formulation du problème : « Comment savez-vous que le corps a besoin d'eau ? » ; « À quels moments de la journée buvez-vous ? » ; « Y a-t-il des moments où vous buvez plus que d'autres ? » ; « Pouvez-vous l'expliquer ? » ; « Que buvez-vous ? »... Poser les questions avant de faire ouvrir le manuel. Prendre en compte les réponses des élèves. Conserver une trace écrite de ces représentations initiales pour évaluer l'apprentissage en fin de séquence.

> « J'observe »

À partir de l'observation des photographies de la page 82 du manuel, apporter des éléments de réponses ou compléter celles qui viennent d'être données en redemandant aux élèves : « Pourquoi le corps a-t-il besoin d'eau ? ».
Faire commenter les Doc. 1 et 2 de la page 82.
Doc. 1 : les besoins journaliers en eau sont élevés chez les bébés. L'eau représente en moyenne 75 % du poids d'un nourrisson et 60 % du poids d'un bébé d'1 an. Les bébés ne peuvent pas exprimer à temps leur besoin : ils ne peuvent pas dire qu'ils ont soif. Il faut donc penser à les hydrater régulièrement en leur donnant de l'eau à boire, surtout quand il fait très chaud. C'est sans doute le cas sur le Doc. 1, car l'enfant n'est pas vêtu. Il ne s'agit pas ici du biberon de lait du repas !
Doc. 2 : la légende indique que la sportive boit « après l'effort ». Faire remarquer aux élèves qu'il faut boire aussi avant l'effort et pendant l'effort.
« De quelles façons le bébé et la sportive perdent-ils l'eau de leur corps ? » Urine, sueur, larmes. Les élèves citent en général ces trois exemples, mais oublient la respiration.
« Que se passerait-il si le bébé et la sportive ne buvaient pas ? » Cette question est à rapprocher du phénomène de déshydratation et des questions 1 et 3 du « Je lis ».
Laisser parler les élèves, les aider à évoquer des situations de la vie quotidienne. Que prévoient leurs parents en voiture ? sur la plage ? dans le sac de sport ? D'autres photographies peuvent être proposées.

> « Je lis »

Ce texte peut être l'occasion lors d'une séance de littérature de relire *Le Petit Prince* en entier.
« Pourquoi le besoin en eau est-il plus important dans le désert ? » Le rôle de la chaleur, les risques de déshydratation.
« Combien de temps peut-on survivre sans boire ? » Voir le paragraphe « Informations pour l'enseignant ».
Ce texte est aussi l'occasion de rappeler les difficultés de s'approvisionner en eau dans certaines régions du globe (*cf.* chapitres 18 et 19).

Séance 2

Travail collectif, puis phase individuelle (écriture du texte).
Durée : 30 minutes.

> « Je comprends » : débat

Faire appel à la mémoire des élèves et faire reformuler ce qui a été dit lors de la séance précédente. Ce moment oral collectif doit être court. Il reprend ce qui a été dit sur le rôle de la chaleur (Doc. 1 et « Je lis »). Faire commenter le dessin. On peut prolonger le débat en laissant les élèves parler des autres risques liés à la chaleur : l'insolation, les coups de soleil...
Laisser aux élèves le temps d'écrire le texte. Quel type de texte ? En cohérence avec les compétences acquises en maîtrise de la langue, ce texte peut être :

- une liste de ce qu'il va falloir emporter avant de partir à la plage pour éviter la déshydratation ;
- un texte injonctif : c'est la maman qui parle, elle donne des recommandations à son fils.

> « Sur ton Carnet de chercheur »

Les activités des séances 1 et 2 doivent permettre aux élèves de travailler seuls dans leur *Carnet de chercheur*.
Il faut boire davantage pour compenser les pertes en eau qui sont plus importantes que d'habitude :

- par la sudation excessive (fièvre ; chaleur ; sport) ;
- par les selles (certaines maladies entraînent des diarrhées qui s'ajoutent à la fièvre).

> Investigation et structuration

Les séances 1 et 2 et les explications données doivent conduire à l'élaboration avec les élèves du tableau de synthèse définissant le rôle de l'eau dans l'organisme. La synthèse doit se faire d'abord oralement, collectivement, en prenant en compte ce que les élèves ont compris et doivent retenir. Poser la question : « Que venez-vous d'apprendre pendant ces deux séances ? ». Ensuite, la trace écrite, pour le cahier individuel, peut se présenter comme dans l'encadré de la page 83. Ce n'est qu'un exemple, pas un modèle. L'important est que les élèves aient compris le rôle vital de l'eau pour l'organisme et connaissent les précautions à prendre pour éviter la déshydratation.

Séance 3

> Évaluation

L'évaluation doit être individuelle et écrite. Elle devra permettre de s'assurer que les élèves sont capables d'expliquer à d'autres (des élèves d'une autre classe, par exemple, ou des correspondants) pourquoi le corps a besoin d'eau et quelles sont les précautions à prendre pour éviter la déshydratation.

SÉQUENCE PÉDAGOGIQUE : CHAPITRE 24
COMMENT MANGER ÉQUILIBRÉ ?

Objectif

Il s'agit, dans ce chapitre, de définir le repas équilibré d'un enfant, c'est-à-dire un repas qui favorise sa bonne santé et sa croissance harmonieuse. Ce chapitre ne peut pas être traité sans se référer à la pyramide des aliments, « Zoom sur... La classification des aliments », des pages 86 et 87 du manuel.

Matériel

- Manuel pages 84 et 85 et *Carnet de chercheur CM1* pages 48 et 49.
- Grandes feuilles de papier, gros feutres pour la prise en notes des réponses des élèves (affichage au tableau).
- De nombreux exemples de menus (restauration scolaire, fêtes familiales, magazines...).
- Balance de cuisine.
- Différents aliments.

Séance 1

Phase orale collective.

Durée : 1 heure à 1 h 15 selon que la séance comportera ou non une phase écrite individuelle (réponses aux questions du « Je lis »).

> Problématisation

Faire émerger les représentations initiales des élèves à partir du titre du manuel écrit au tableau : « Comment manger équilibré ? ».

« À votre avis, que signifie l'adjectif *équilibré* ? » Manger équilibré, c'est manger sans excès au moins un aliment de chaque groupe par jour (*cf.* « Zoom sur... La classification des aliments » pages 86 et 87 du manuel).

Demander aux élèves de se souvenir de leur dernier repas de midi, de leur dernier repas du soir. Écrire quelques menus rapidement au tableau en organisant la présentation de façon à voir : entrée, plat, dessert... Comparer les menus, leur diversité, leurs ressemblances...

> « J'observe »

À partir des documents de la page 84, apporter des éléments de réponses ou compléter celles qui viennent d'être données (*cf.* traces écrites au tableau ou sur grande feuille à l'affichage) en redemandant aux élèves : « Comment manger équilibré ? ».

Faire commenter les Doc. 1 et 2.

Doc. 1 : laisser un temps de lecture individuelle. De quel type d'écrit s'agit-il ? Faire justifier les réponses : les élèves doivent employer le mot « menu » ; ils doivent parler de la présentation... Il s'agit d'un menu de restauration scolaire d'aujourd'hui. Des menus du même type et présentés de la même manière peuvent être connus de plusieurs enfants. Montrer d'autres menus du même genre. Repérer la présentation commune : entrée, plat (avec son accompagnement), fromage, dessert... La boisson est-elle toujours indiquée ? Pourquoi ? Il s'agit toujours de l'eau.

Doc. 2 : laisser un temps de lecture individuelle. Expliquer certains termes qui peuvent être inconnus des élèves : « cheveux d'ange » (vermicelle) ; « relevés » (on parle d'entrées de nos jours) ; « amourettes » (moelle des vertèbres de veau ou de mouton). Ce document est un menu de restaurant pour les enfants en 1900.

« Pour quels événements trouve-t-on des menus illustrés ? » Montrer des exemples (mariage, baptême, anniversaire...).

Faire comparer les deux menus, leurs ressemblances et leurs différences, que ce soit dans la présentation, les illustrations, le nombre de plats, les boissons...

Revenir à la question de départ : « Comment manger équilibré ? ». Poser la question : « À votre avis, quel est le menu le plus équilibré : celui de 1900 ou celui d'aujourd'hui ? »

> « Je lis »

Cet extrait peut être l'occasion en séance de littérature de lire d'autres textes (il y en a 99 !) extraits de *Exercices de style* de Raymond Queneau. Ces textes très courts répondent à des règles précises d'écriture : ils sont autant de façons différentes de raconter une même histoire : un incident dans un autobus à midi.

Lire à voix haute ce texte aux élèves avant de faire ouvrir le manuel. Laisser un court débat s'installer dans la classe, pour écouter leurs réactions. Qu'ont-ils compris ? Où se passe la scène ? Quels sont les personnages ? Peuvent-ils décrire la scène ? Quelles sont les odeurs ? les couleurs ?...

Les élèves prennent connaissance du texte écrit. Laisser un temps de lecture individuelle. Demander aux élèves de faire une recherche autour du mot « gastronomie ». Ils vont trouver que c'est l'art de la bonne chère. La France est le pays de la gastronomie. « Un menu gastronomique », « un repas gastronomique », « un restaurant gastronomique »... Un gastronome est celui qui connaît l'art de bien manger = gourmet ≠ goinfre, glouton.

Ce travail sur la langue doit être suivi par un travail écrit individuel. « Le titre de ce texte est-il justifié ? » Chaque élève argumente par écrit en se référant au texte.

Faire rechercher dans le texte toutes les expressions et les termes qui se rapportent au lexique de la gastronomie. « Qu'en pensez-vous ? » ; « Pourriez-vous dessiner la scène ? », etc.

Texte complet : « Gastronomique », *Exercices de style*, Raymond Queneau

« Après une attente gratinée sous un soleil au beurre noir, je finis par monter dans un autobus pistache où grouillaient les clients comme asticots dans un fromage trop fait. Parmi ce tas de nouilles, je remarquai une grande allumette avec un cou long comme un jour sans pain et une galette sur la tête qu'entourait une sorte de fil à couper le beurre. Ce veau se mit à bouillir parce qu'une sorte de croquant (qui en fut baba) lui assaisonnait les pieds poulette. Mais il cessa rapidement de discuter le bout de gras pour se couler dans un moule devenu libre. J'étais en train de digérer dans l'autobus de retour, lorsque, devant le buffet de la gare Saint-Lazare, je revis mon type tarte avec un croûton qui lui donnait des conseils à la flan, à propos de la façon dont il était dressé. L'autre en était chocolat. »

Séance 2

Travail collectif puis individuel (écriture d'un menu équilibré).

Durée : 30 à 45 minutes (selon que des pesées d'aliments sont effectuées ou non).

> « Je comprends »

Lors de cette phase orale collective, les élèves vont composer un repas équilibré. Reprendre le menu de restauration scolaire de la page 84. Retrouve-t-on dans ce menu (sans les indications de quantité) les 5 points illustrés dans le « Je comprends » ?

- viande, poisson ou œuf ;
- légumes ;
- féculent ;
- dessert ;
- eau.

Prendre d'autres menus (dont ceux donnés en début de séance 1) et faire la même activité. Laisser les élèves effectuer les pesées de différents aliments à disposition.

> « Sur ton Carnet de chercheur »

Les activités des séances 1 et 2 doivent permettre aux élèves de travailler seuls pour écrire leur menu idéal et dire s'il est ou non équilibré.

Séance 3

> Investigation et structuration

Les séances 1 et 2 et les explications données doivent conduire à l'élaboration avec les élèves du tableau de synthèse définissant une alimentation saine.

La synthèse se fait d'abord oralement, collectivement, en prenant en compte ce que les élèves ont compris et doivent retenir. Poser la question : « Que venez-vous d'apprendre pendant ces deux séances ? ». Ensuite, la trace écrite, pour le cahier individuel, peut se présenter comme dans l'encadré jaune page 85. Ce n'est qu'un exemple, pas un modèle. L'important est que les élèves aient compris le rôle d'une alimentation saine pour une bonne santé et une croissance harmonieuse.

> Évaluation

L'évaluation doit être individuelle et écrite. Elle devra permettre de s'assurer que les élèves sont capables d'analyser un menu et de dire s'il est ou non équilibré.

SÉQUENCE PÉDAGOGIQUE : ZOOM SUR... LA CLASSIFICATION DES ALIMENTS

Cette double page est à utiliser comme un outil de référence.

Voici quelques activités qui peuvent être proposées.

> Travail oral collectif

Reprendre les menus utilisés lors de la séquence précédente. Ces documents peuvent être des menus apportés par les élèves, trouvés dans les documents de la restauration scolaire... Utiliser la pyramide des aliments pour évaluer leur équilibre alimentaire.

> Travail écrit individuel

Faire répondre à la question de la page 87. « As-tu mangé équilibré aujourd'hui ? ». Chaque élève écrit ses quatre repas de veille. Il se réfère ensuite à la pyramide pour répondre à la question. Il est nécessaire de prévoir quelques exemples de repas : certains élèves ont en effet parfois des réticences à dire ce qu'ils ont mangé.

> Réalisation d'une pyramide

Chaque élève pourra construire sa propre pyramide. On peut, par exemple, faire utiliser des magazines afin de découper des photographies d'aliments ou bien faire dessiner les aliments par les élèves.

Respiration et circulation

PAGES 88-99
DU MANUEL

RÉFÉRENCES AUX PROGRAMMES

L'objectif est d'établir « une première approche des fonctions de nutrition : respiration et circulation » en privilégiant une approche fonctionnelle, en partant de question comme « Que devient l'air que tu respires ? », afin d'établir des liens entre les différentes fonctions, et en particulier la respiration et la circulation.

Compétences en sciences et technologie

> Être capable de

- Poser des questions précises et cohérentes à propos d'une observation des mouvements respiratoires et des rythmes respiratoires et cardiaques.
- Exploiter des schémas et des documents d'imagerie scientifique pour reconstituer les circuits respiratoire et circulatoire.
- Comparer et interpréter des mesures.
- Mesurer les rythmes respiratoire et cardiaque et les interpréter pour comprendre les liens entre respiration, circulation et activité physique.
- Imaginer et réaliser un dispositif expérimental susceptible de répondre aux questions que l'on se pose, en s'appuyant sur des observations, des mesures appropriées ou un schéma.
- Utiliser une maquette pour raisonner à propos des mouvements respiratoires.
- Mettre en relation des données concernant les rythmes respiratoire et circulatoire, en faire une représentation schématique et l'interpréter.
- Mettre en relation des observations réalisées en classe et des savoirs que l'on trouve dans le livre.
- Rédiger un compte rendu intégrant un schéma d'expérience.
- Rédiger un compte rendu pour rendre compte du trajet et des transformations de l'air et de son passage dans le sang.

> Avoir compris et retenu

- Les mouvements respiratoires (inspiration et expiration).
- La distinction entre l'air inspiré et l'air expiré.
- La circulation sanguine.
- Comment la respiration et la circulation sanguine s'adaptent au rythme des activités de l'organisme.
- La globalité du fonctionnement de l'organisme au travers de la circulation du sang, qui fait le lien entre les entrées (dioxygène, nutriments), les sorties (déchets, dioxyde de carbone, eau) et l'ensemble de l'organisme.

Compétences « maîtrise de la langue »

> Parler en sciences

- Utiliser le lexique spécifique des sciences dans les différentes situations didactiques mises en jeu.
- Formuler des questions pertinentes.
- Participer activement à un débat argumenté pour élaborer des connaissances scientifiques en en respectant les contraintes (raisonnement rigoureux, examen critique des faits constatés, précision des formulations, etc.).
- Savoir rechercher et énoncer des critères.

> Lire en sciences

- Lire des schémas.
- Traiter une information complexe comprenant du texte, des images, des schémas.
- Rechercher des informations pertinentes dans des documents.

> Écrire en sciences

- Prendre des notes lors d'une expérience.
- Rédiger, avec l'aide du maître, un compte rendu d'expérience (texte à statut scientifique).
- Rédiger un texte pour communiquer des connaissances (texte à statut documentaire).

Liens avec d'autres disciplines ou parties du programme

> Mathématiques

- Mesures et comparaison des rythmes (respiratoire et cardiaque).

INFORMATIONS POUR L'ENSEIGNANT

Informations scientifiques et techniques

> La respiration

L'homme respire de l'air par le nez. Il effectue des mouvements respiratoires : **inspiration** (l'air entre dans les poumons) et **expiration** (l'air ressort). L'air pénètre dans la trachée, puis entre dans les poumons par des tubes de plus en plus fins : les **bronches**. Elles se terminent par de petits sacs entourés de vaisseaux sanguins : les **alvéoles**. C'est dans les parois des alvéoles pulmonaires que se font **les échanges gazeux de dioxygène et de dioxyde de carbone entre l'air et le sang**. Mais ce sont les cellules de tous les organes de notre corps qui respirent.

Remarque : Il faut utiliser dès le début les termes scientifiques de dioxygène (au lieu d'oxygène) et de dioxyde de carbone (au lieu de gaz carbonique) afin de faciliter l'accès des élèves aux programmes de collège.

> Remarques

- **Les crises d'asthme** se manifestent par une difficulté à respirer. Elles peuvent être provoquées par une allergie à certaines substances (pollens, poussières, acariens, poils, fumée de cigarette) ou suite à un effort, à de l'inquiétude ou de l'énervement.
- **La fumée du tabac** contient des produits toxiques dont certains sont dangereux pour la santé des fumeurs et de ceux qui les entourent. La fumée du tabac contient :
  – de la nicotine, qui diminue la vigilance et a des effets cardio-vasculaires (rétrécissement du diamètre des artères et augmentation du rythme cardiaque) ;
  – des goudrons, qui se fixent dans certaines cellules des poumons, ce qui peut provoquer plus tard l'apparition de cancers ;
  – du monoxyde de carbone, qui prend la place de l'oxygène de façon irréversible sur les globules rouges (14 % pour un fumeur qui inhale la fumée) et réduit donc la capacité de transport de dioxygène par le sang ;
  – des substances irritantes pour les voies respiratoires (qui entraînent toux et bronchite chronique).
- **L'asphyxie** est liée à un déficit en dioxygène au niveau des cellules, en particulier des cellules nerveuses, ce qui peut entraîner la mort. L'asphyxie peut être due à :
  - un manque d'oxygène dans l'air ambiant (haute altitude, petit local non aéré) ;
  - une obstruction de la trachée ou des bronches par un corps étranger (petit objet ou cacahuète chez les jeunes enfants, par exemple) ;
  - un arrêt de la contraction des muscles de la cage thoracique et du diaphragme suite à une électrocution ;
  - la respiration de monoxyde de carbone (appareil de chauffage à gaz, à bois ou au charbon mal réglé, gaz d'échappement de voiture).
- **L'essoufflement** se produit lors d'un effort trop rapide ou trop important, lorsque la respiration n'arrive pas à fournir aux muscles le dioxygène de façon assez importante.

> La circulation sanguine

La circulation du sang joue un rôle central dans les échanges entre les organes et l'extérieur (air des poumons, nutriments du tube digestif, urine).

Les artères apportent le dioxygène et les nutriments jusqu'à tous les organes du corps qui les utilisent. Les organes produisent du dioxyde de carbone et des déchets qui sont transportés par le sang jusqu'aux poumons et aux reins pour être rejetés.

Le sang est propulsé en permanence par le cœur. Il circule en sens unique dans un circuit continu : l'appareil circulatoire, constitué de vaisseaux sanguins. Le sang va du cœur aux organes par les artères et retourne des organes au cœur par les veines. Revenu dans le cœur, le sang en repart par les artères pulmonaires en direction des poumons. Il revient ensuite au cœur par les veines pulmonaires.

> Le cœur

Le cœur est constitué de deux parties dont la circulation est séparée.

Dans le cœur droit, le sang riche en dioxyde de carbone provenant du fonctionnement des organes arrive par les veines caves inférieures et supérieures. Le sang entre dans une cavité, l'oreillette droite, dont la contraction le propulse dans le ventricule droit. La contraction du ventricule droit envoie le sang vers les poumons par les artères pulmonaires.

Dans le cœur gauche, l'oreillette gauche reçoit le sang oxygéné venant des poumons par les veines pulmonaires et le pousse dans le ventricule gauche. La contraction du ventricule gauche propulse le sang oxygéné par l'artère aorte vers le reste de l'organisme.

Les rythmes du cœur et de la respiration s'adaptent aux besoins de l'organisme : les deux rythmes s'accélèrent lors d'un effort. Lors d'une mise en condition, on observe aussi une préadaptation de l'organisme à l'effort. Lors d'un effort, le débit cardiaque peut être multiplié par 3. Avec de l'entraînement, le cœur devient plus puissant et son rythme au repos diminue (il descend à 50 pulsations par minute, avec des variations selon les individus). Chez l'enfant, ce rythme de base est d'autant plus rapide que l'enfant est jeune et petit (de 80 à 90 pulsations par minute au cycle 3 vers 10 ans).

> Le fonctionnement des organes de notre organisme

Pour vivre, les cellules de tous les organes de notre corps se nourrissent et respirent. Les réactions chimiques de respiration cellulaire à partir des nutriments (glucose en particulier) et du dioxygène (O_2) fournissent de l'énergie en rejetant du dioxyde de carbone (CO_2), de l'eau et des déchets azotés (urée).

> Les reins et le système urinaire

Les reins jouent un rôle de régulation de l'organisme en rejetant les déchets azotés produits par le fonctionnement des cellules.

Composition du sang (en g/l de sang)	Composition de l'urine (en g/l d'urine)
sucres (glucose) : 1 g/l	sucres : 0 g/l
sels : 3 g/l	sels : 6 g/l
urée : 0,3 g/l	urée : 15 g/l
lipides : 3 g/l	lipides : 0 g/l

L'analyse de ce tableau permet de prendre conscience du rôle des reins dans le rejet sélectif de certaines substances de déchets comme l'urée (0,3 g d'urée par litre de sang contre 15 g d'urée par litre d'urine). Les reins retiennent le glucose et les lipides, nutriments nécessaires au fonctionnement de l'organisme. Ils ont aussi un rôle de régulation de l'eau dans l'organisme : ils la retiennent, sauf lorsque la pression sanguine augmente (à cause des liquides absorbés en buvant ou en mangeant).

Représentations des élèves et obstacles à prendre en compte

> La respiration

Il faut commencer par relever les conceptions des élèves. Cette discussion leur permet de s'interroger et de réfléchir au **problème fonctionnel de la respiration en relation avec le fonctionnement de l'organisme**. Cette réflexion stimule et oriente la recherche dans les documents du manuel pour modifier leur schéma de départ. Elle leur permet de se rendre compte de leurs nouveaux acquis et ancre mieux leurs nouvelles connaissances en opposition avec leurs conceptions initiales.

En effet, les enfants assimilent la respiration à la vie. Cela a d'ailleurs été pendant longtemps **le repère de la vie par rapport à la mort**. Cette conception supprime tout questionnement. Au cycle 3, les élèves réduisent la respiration aux poumons lorsqu'ils les connaissent, parfois à « une espèce de sac dans le ventre ». C'est dans le ventre qu'ils situent parfois les poumons, car ils voient leur ventre bouger lorsqu'ils respirent. Pour beaucoup d'élèves, l'air passe par les poumons et le cœur. Parfois ils associent la respiration à certains moments (course, sport, quand ils sont essoufflés...). Ils pensent parfois qu'elle est directement liée aux battements du cœur.

Au mieux, les enfants réduisent la respiration aux phénomènes observables d'échanges d'air entre les poumons et l'extérieur. Tout l'objet de ces leçons est de les amener à construire la notion de **passage de l'air dans le sang pour atteindre les organes** (qui utilisent le dioxygène et produisent le dioxyde de carbone). Contrairement à ce que beaucoup pensent, nous n'inspirons pas que du dioxygène et nous n'expirons pas que du dioxyde de carbone. **Nous inspirons de l'air riche en dioxygène et nous expirons de l'air plus riche en dioxyde de carbone et moins riche en oxygène**. Mais cet air expiré est constitué aux 4/5e d'azote, qui n'a aucun rôle dans le fonctionnement de l'organisme.

Le rôle actif des mouvements respiratoires n'est souvent pas perçu : les enfants pensent que c'est l'air qui gonfle la poitrine.

Un obstacle à surmonter est la compréhension du passage des gaz dans le sang. Cela ne peut être perçu que si le concept de dissolution des gaz est appréhendé. Dire qu'un homme qui a bu rejette de l'alcool par les poumons permet de prendre conscience du rôle de la circulation, cette séquence ayant lieu après celle sur la digestion.

> La circulation sanguine

Les battements du cœur ne sont souvent perçus par les jeunes enfants que « lorsqu'on a le cœur qui bat », lors d'un effort ou d'une émotion et non comme un phénomène automatique et permanent. Toutes les expressions populaires avec le mot cœur, comme « avoir mal au cœur », les conduisent à une vision erronée du rôle du cœur.

Les vaisseaux sanguins ne sont pas perçus dans la continuité du système circulatoire et sont souvent réduits aux « veines », sans liaison avec le cœur. Cette conception est d'ailleurs renforcée par le fait que, lorsqu'on se coupe, on saigne mais on ne voit pas les petits vaisseaux sanguins coupés (car ce sont souvent de minuscules artérioles ou veinules non visibles à l'œil nu).

Les représentations traditionnelles du sang en bleu pour les veines et rouge pour les artères sont conventionnelles et ne correspondent pas à la réalité de la couleur du sang comme le croient souvent les enfants. Comme nous l'avons fait dans le manuel, il vaut mieux représenter le sang oxygéné en rouge vermillon et le sang non oxygéné en rouge sombre, comme dans la réalité, afin de ne pas faire croire que ce sont deux circuits sanguins différents. Cela permet de faire comprendre la continuité du circuit sanguin.

SÉQUENCE PÉDAGOGIQUE : CHAPITRE 25
OÙ VA L'AIR QUE JE RESPIRE ?

Objectif

Cette séquence permet de découvrir les mouvements d'inspiration et d'expiration et les organes impliqués.

Matériel

- Manuel pages 88 et 89 et *Carnet de chercheur CM2* pages 52 et 53.
- Lapin acheté au supermarché.
- Ciseaux de cuisine pour ouvrir la cage thoracique du lapin.
- Paille.
- Pince à épiler.
- Grandes feuilles de papier, gros feutres pour la prise en notes des réponses des élèves (affichage au tableau).
- Mètre de couturière.
- Bouteille en plastique (par groupe).
- Sac en plastique fin (par groupe).
- Paire de gants jetables en latex (par groupe).
- Élastique (par groupe).

Séance 1

Durée : 50 minutes à 1 heure (si l'on choisit l'option de l'observation directe des poumons de lapin).

> Émergence des représentations initiales

Phase individuelle.

Poser la question « Où va l'air que je respire ? » sans regarder le manuel. Demander individuellement aux élèves de dessiner sur leur *Carnet de chercheur* (page 52) leur idée afin de conserver une trace des réponses pour mesurer leur évolution en fin d'apprentissage.

> « J'observe » : prise de conscience de ma respiration

Phase collective avec observations individuelles.

Demander d'abord aux élèves de localiser leur propre respiration : « Comment pouvez-vous faire ? ». Puis faire essayer à la classe la proposition d'un des élèves. Vous pouvez vous-même proposer des observations supplémentaires, en sachant que les élèves pourront percevoir :

– l'entrée et la sortie d'air en mettant le dos de la main sous le nez ;

– les mouvements du thorax en plaçant les mains à plat sur la poitrine ;

– la relation entre les deux : une main sur la poitrine et l'autre sous le nez.

Les phénomènes mécaniques de la respiration sont aisément perçus par les élèves : **inspiration et expiration, protection des poumons par la cage thoracique**.

> « J'observe » l'appareil respiratoire du lapin

La séance peut être menée de deux façons :

- l'enseignant a acheté un lapin au supermarché et met en place une observation collective des poumons du lapin (ce qui est facile et à privilégier) ;
- on observe la photo et le schéma du manuel (page 88).

Une dissection d'un thorax de lapin peut permettre une bonne visualisation du trajet de l'air dans les bronches et les poumons. Elle permet de repérer des tuyaux, de les nommer (trachée, bronches). Elle permet aussi de bien visualiser **la richesse de la vascularisation** (densité des vaisseaux sanguins).

On commence par ouvrir le thorax avec des ciseaux de cuisine, ce qui peut se faire avant l'arrivée des élèves si on n'a pas l'habitude. Les pinces permettent de bien montrer les organes et le diaphragme.

En soufflant avec une paille dans la trachée (Doc. 1), on observe **le gonflement des poumons, le circuit de l'air, l'élasticité des poumons et les vaisseaux sanguins.**

Si on se contente d'observer la photographie du manuel, on ne peut pas repérer ces propriétés, mais on peut observer **les organes : cœur, poumons, trachée, cage thoracique (côtes et muscles entre les côtes) et diaphragme.**

> Je comprends

Cette phase commence par une mise en commun des observations précédentes. Puis, individuellement, les élèves corrigent leur dessin initial au crayon rouge. Ils se réfèrent au schéma du manuel pour écrire les légendes autour de leur dessin.

La liaison nez - trachée - poumons sera précisée à partir du schéma du manuel.

Séance 2

Durée : 40 à 50 minutes.

> Situation-problème : où va l'air inspiré ?

Travail collectif, puis trace écrite individuelle.

La séance commence par une phase collective de rappel des acquis de la séance précédente.

Faire mesurer à quelques élèves leur tour de poitrine pendant l'inspiration et pendant l'expiration. La réalisation de mesures de la cage thoracique aux stades de fin d'inspiration et fin d'expiration permet de mettre en évidence **les mouvements de la cage thoracique**. On peut utiliser une modélisation sur une bande de papier pour visualiser **l'augmentation de volume** ou effectuer une mesure directe avec un mètre de couturière.

Faire observer les deux radiographies du manuel page 89. L'observation va permettre d'associer les mesures au repérage du rétrécissement de la cage thoracique, de l'inspiration à l'expiration, dû à **la contraction des muscles du thorax**. Elle va également permettre de découvrir le soulèvement du diaphragme dû à sa contraction musculaire.

Sur le schéma du *Carnet de chercheur* (page 52), faire dessiner des flèches de couleurs différentes pour représenter le trajet de l'air entrant et sortant. Il faut faire comprendre que ces **voies respiratoires sont indépendantes de l'appareil digestif, sauf pour la cavité buccale.**

> Construction d'un modèle

Travail par groupes puis synthèse collective et trace écrite.

La construction d'un modèle de poumon et de cage thoracique (*cf.* schéma du *Carnet de chercheur* page 53) permet de comprendre le rôle du diaphragme. **Le diaphragme est un muscle. En se contractant, il entraîne passivement le gonflement des poumons qui inspirent alors de l'air, et inversement.**

Les élèves lisent les instructions du *Carnet de chercheur* pour effecteur le montage. La bouteille en plastique représente la cage thoracique. Elle est coupée à la base. Avec un élastique placé autour du goulot de la bouteille, on fixe le sac en plastique. Le sac plastique représente le poumon. Le gant représente le diaphragme. Il est inséré dans la partie inférieure de la bouteille.

Chaque groupe fait fonctionner la maquette en tirant et en repoussant le gant : cela provoque le gonflement et le dégonflement du sac représentant les poumons.

Demander aux élèves : « Qu'est-ce qui permet à l'air de rentrer dans les poumons ? ». Ils découvrent ainsi que **le mouvement du diaphragme est fondamental** et provoque passivement les mouvements d'inspiration et d'expiration des poumons.

> « Je lis »

Pour terminer, faire lire aux élèves le texte de la page 88 du manuel.

Ce texte est un déclencheur d'échanges dans la classe et permet de faire de **la prévention des risques** et **une éducation à la santé**.

Les élèves recherchent dans le texte les éléments pour

répondre aux questions du manuel. **Le risque du cancer du poumon augmente avec le nombre de cigarettes fumées et le nombre d'années où l'on a fumé à cause de l'accumulation des particules et des goudrons dans les cellules pulmonaires.** C'est pourquoi il ne suffit pas d'arrêter de fumer pour empêcher le cancer du poumon. Le texte permet aussi d'expliquer **l'irritation des parois des bronches** qui ne peuvent pas éliminer toutes les particules et les sécrétions, ce qui provoque une irritation et une toux. **Le monoxyde de carbone produit par la combustion de la cigarette réduit la capacité de transport de l'oxygène par le sang, donc diminue les capacités d'oxygénation du sang pour tout effort sportif.**

SÉQUENCE PÉDAGOGIQUE : CHAPITRE 26
QUE SE PASSE-T-IL DANS LES POUMONS ?

Objectif

Cette séquence permet de découvrir les échanges respiratoires.

Matériel

- Manuel pages 90 et 91 et *Carnet de chercheur CM2* pages 54 et 55.
- Grandes feuilles de papier, gros feutres pour faire un schéma de l'expérience (affichage au tableau).
- Chronomètre.
- Pour réaliser l'expérience n° 1 : eau de chaux, 2 verres, 2 pailles.
- Pour réaliser un spiromètre : bouteille d'eau en plastique de 2 litres (ou de 5 litres), verre-doseur, grande bassine, de l'eau, un tuyau du type circuit d'aquarium (50 cm).

Séance 1

Durée : 20 à 35 minutes.

> Situation-problème : l'air inspiré est-il différent de l'air expiré ?

Phase de démonstration collective.

Faire souffler sur une vitre (ou une règle en plastique) permet de mettre en évidence **le rejet de vapeur d'eau par la respiration** (repérer les fines gouttelettes d'eau). L'expiration rejette donc de la vapeur d'eau. Mais rejette-t-elle autre chose ?

> Expérience n°1

L'expérience présentée dans le manuel page 90 consiste à souffler avec une paille dans de l'eau de chaux (achetée chez le droguiste). Si l'eau de chaux se trouble, cela indique la présence de dioxyde de carbone. L'expérience permet de constater que l'eau de chaux se trouble immédiatement au contact de l'air expiré par la paille. Le témoin à l'air libre ne se trouble que très lentement en surface (à cause du dioxyde de carbone présent dans l'air). L'expérience prouve donc que **nous rejetons du dioxyde de carbone dans l'air que nous expirons**. Les élèves peuvent arriver à cette conclusion après observation de l'expérience réalisée par le maître ou des schémas du manuel.

> « Je lis »

Pour une bonne lecture du tableau de chiffres du manuel page 90, il faut calculer les différences. Les élèves découvrent que **l'air inspiré est plus riche en dioxygène que l'air expiré** (+ 5 litres pour 100 litres d'air) et que **l'air expiré est plus riche en dioxyde de carbone que l'air inspiré** (+ 4 à 5 litres pour 100 litres d'air).

On peut émettre l'hypothèse suivante : au niveau des poumons, du dioxygène entre dans le sang et du dioxyde de carbone passe du sang à l'air. C'est dans les alvéoles, très vascularisées, que se font les échanges avec le sang.

L'oxygène présent dans l'air expiré (16 litres pour 100 litres) permet de comprendre pourquoi on peut sauver quelqu'un en faisant du bouche-à-bouche.

Séance 2

Durée : 30 à 50 minutes (selon l'option choisie).

Réflexion par groupes, puis expérimentation et mise en commun collectives.

> Situation problème : comment mesurer la quantité d'air expiré ?

La construction d'un spiromètre permet de mesurer les quantités d'air inspiré, puis de calculer (lien avec les mathématiques) les quantités pour une heure, un jour, une année.

On peut également mesurer avec un chronomètre le nombre d'inspirations par minute. Cela permet de prendre conscience de la quantité d'air inspiré et des variations entre une respiration normale (ce qui est d'ailleurs difficile à mesurer, étant donné que, lorsqu'on y fait attention, on modifie son rythme respiratoire en effectuant plus ou moins involontairement une inspiration) et une inspiration suivie d'une expiration forcée.

Il est intéressant d'associer cette étude au vécu des élèves en couplant ces séances à une séance d'éducation physique.

Deux options sont possibles :

– faire concevoir puis réaliser des expériences aux élèves (par groupe) ;

– faire réaliser par un groupe un spiromètre en suivant les indications du *Carnet de chercheur CM2* page 54.

> Option 1

Phase 1 : travail par groupes. Demander aux élèves d'élaborer un dispositif pour répondre à la question : « Comment mesurer la quantité d'air expiré ? ».

Phase 2 : chaque groupe présente son dispositif. L'enseignant lance un débat sur les dispositifs présentés. Il aide les élèves à analyser les qualités et les défauts de chaque dispositif.

Phase 3 : chaque groupe réalise son expérience, puis note ses résultats. On met en commun les résultats au niveau de la classe.

> Option 2 : expérience n° 2

Faire construire un spiromètre pour mesurer la capacité respiratoire. Suivre les indications du *Carnet de chercheur* page 54.
À chaque expiration, un élève rejette 1/2 litre d'air. Mais, s'il a fait une expiration forcée, il peut rejeter 1 litre de plus. Il rejette encore 1 litre de plus en cas d'inspiration puis d'expiration forcées.

> Synthèse

À la fin de la séance, les élèves écrivent le résultat obtenu dans leur *Carnet de chercheur* et le comparent ensuite aux indications du manuel.
Il est aussi possible de travailler le compte rendu en élaborant de manière collective une trace écrite des expériences. Les élèves recopieront ce compte rendu sur leur cahier. Faire dessiner la représentation de l'expérience.

Prolongements

Les résultats de cette expérience, associés aux mesures effectuées précédemment, peuvent permettre des exercices de calcul mathématique :
– quantité d'air inspiré ou expiré chaque jour à partir du nombre d'expirations à la minute et du volume par expiration ;
– à partir de la quantité de dioxyde de carbone indiquée dans le tableau, la quantité rejetée par jour, comparée au volume d'une pièce ou de la classe.

SÉQUENCE PÉDAGOGIQUE : CHAPITRE 27
QUE SE PASSE-T-IL QUAND JE FAIS UN EFFORT ?

Objectif

Cette séquence permet de prendre conscience de la régulation de l'organisme par la comparaison entre rythmes cardiaque et respiratoire.

Matériel

- Manuel pages 92 et 93 et *Carnet de chercheur CM2* pages 56 et 57.
- Grandes feuilles de papier, gros feutres pour prise en notes des mesures des élèves (affichage au tableau).
- Chronomètre ou montre avec trotteuse.

Séance 1

Durée : 20 à 35 minutes.
Phase collective avec mesures individuelles.

> J'observe

Quand on fait un effort sportif, que se passe-t-il pendant l'effort ? et après l'effort ? Pour répondre, on fait observer aux élèves les réactions de leur corps au cours d'une séance de sport. Ils remarquent l'augmentation du rythme respiratoire pendant l'effort et l'essoufflement après un effort prolongé.

> Situation-problème : notre rythme cardiaque s'adapte-t-il à l'effort ?

Faire mesurer par chaque élève son rythme cardiaque au repos. Le moyen le plus simple de repérer le rythme cardiaque est de **placer l'index au niveau de la carotide**. L'enseignant donne le signal du départ et un second signal 30 secondes plus tard. Durant ces 30 secondes, les élèves comptent le nombre de pulsations qu'ils ressentent. Pour obtenir le rythme cardiaque par minute, il faut multiplier les résultats par deux. Il ne faut pas oublier que **les enfants ont un rythme cardiaque au repos plus rapide que celui de l'adulte** : 85 à 95 pulsations par minute, contre 70 en moyenne pour l'adulte.
Faire mesurer par chaque élève son rythme respiratoire au repos. Pour cela, les élèves mettent la main sur la poitrine ou sous le nez. Faire noter les résultats dans le carnet.
Dans le préau ou la cour, faire faire 10 flexions rapides. Cette activité physique entraîne une augmentation du rythme cardiaque. On peut aussi profiter d'une séance d'EPS avec une course, ou faire monter un escalier, soulever une table...
Immédiatement après l'effort, faire mesurer le rythme cardiaque, puis le rythme respiratoire. Noter les résultats dans le carnet.
Comparer ces mesures aux rythmes au repos.
On peut noter au tableau les résultats de tous les élèves. Cela permet de se rendre compte que, au-delà des variations individuelles, **l'augmentation du rythme lors de l'effort est mesurable pour tous**.
Comparer les résultats avec le compte rendu du manuel page 93. On constate une **augmentation importante des rythmes cardiaque et respiratoire lors de l'effort**, ce qui répond à un **besoin d'oxygénation des muscles** pour fonctionner (le débit sanguin au niveau des muscles est multiplié par 10).

> Prolongement

Recommencer la mesure 1, 3 et 5 minutes après l'effort. Noter les résultats sur le tableau. On découvre **la vitesse de récupération après l'effort**.

Séance 2 (optionnelle)

Durée : 15 à 30 minutes.
Phase collective.

> Influence de la mise en condition

Il est aussi possible de faire découvrir **la préadaptation de notre organisme à l'effort**. Les élèves font un effort physique, comme soulever une table pendant 15 secondes. Ils mesurent leurs rythmes après effort. Puis, 15 minutes plus tard, lorsque leurs rythmes sont redevenus normaux, ils se préparent à réaliser la même action. Juste avant de soulever la table, ils mesurent leurs rythmes. Ils seront surpris de constater que leurs rythmes ont augmenté, et souvent davantage que lors de l'effort précédent. L'organisme s'est préadapté à l'effort avant l'action.

Il est aussi possible de faire découvrir les variations du rythme en fonction de la musique que l'on écoute (rythmée ou non), du type d'activité que l'on fait, etc.

SÉQUENCE PÉDAGOGIQUE : CHAPITRE 28 OÙ PASSE LE SANG ?

Objectif

Cette séquence permet de découvrir la circulation sanguine et le rôle du cœur.

Matériel

- Manuel pages 94 et 95 et *Carnet de chercheur CM2* pages 58 et 59.

Séance 1

Durée : 15 à 20 minutes.
Phase collective.

> Situation-problème : par où passe le sang ?

Afin de faire découvrir que **le sang circule partout dans le corps par un réseau de canaux (les vaisseaux sanguins)**, faire observer aux élèves leurs veines gonflées lorsqu'ils mettent les mains vers le bas. Comparer cette observation avec l'artériographie des vaisseaux sanguins dans la main (manuel page 94).

Demander aux élèves de comparer les Doc. 1 et 2 page 94 : l'artériographie de la main (type de radiographie permettant de rendre tous les vaisseaux sanguins visibles) et la photo d'une main dont les veines sont visibles en surface. Ils découvrent qu'il y a beaucoup plus de vaisseaux sanguins visibles sur l'artériographie que sur la photo. Il y a donc une partie des vaisseaux sanguins qui sont à l'intérieur de la main : il s'agit des **artères. Les veines sont plus superficielles et visibles à la surface des mains**. Elles gonflent lorsqu'on place les mains vers le bas à cause de la pression sanguine qui augmente à leur niveau. Au contraire, elles disparaissent presque quand on lève les mains, car la pression est alors moins forte à leur niveau.

> Situation-problème : quel est le rôle de la circulation du sang pour notre organisme ?

Faire rechercher différents points du corps où l'on sent le sang passer. Les points les plus faciles à trouver sont au niveau du cœur (5e espace intercostal à gauche), au niveau du poignet (base du pouce, pouls), au niveau du cou (artères carotides), mais aussi au niveau de la cheville.

Compter ensuite le nombre de pulsations pendant 30 secondes (le maître donne le top de début et de fin) à chaque endroit afin de repérer que les nombres trouvés sont très voisins pour un même élève (discuter la précision des relevés pour comprendre que tous les nombres sont peu différents aux incertitudes près).

Cette analyse permet de faire proposer aux élèves un schéma de circulation qui met en liaison le cœur avec tout l'organisme par les vaisseaux sanguins.

Pour découvrir que le cœur est une pompe qui fait circuler le sang, les élèves recherchent des renseignements dans le manuel. Afin de comprendre le principe de la circulation sanguine et la structure de l'appareil circulatoire, ils peuvent suivre avec le doigt le trajet d'une goutte de sang dans le cœur (en suivant les flèches sur le schéma du cœur du manuel) et prolonger cette découverte sur le schéma de la circulation générale (planche corps humain) en citant les lieux par lesquels elle passe.

Séance 2

Phase individuelle puis mise en commun.

> « Je lis »

La lecture du texte du manuel « Je lis » page 94 permet de répondre aux questions.

« Que se passe-t-il si le sang ne circule plus ? » **Si une artère du cœur (coronaire) se bouche, le sang n'arrive plus au muscle cardiaque et ne l'irrigue plus**. Cela entraîne **l'arrêt cardiaque** si on n'agit pas très rapidement et **la mort d'une partie du cœur** : **c'est l'infarctus du myocarde**. Si le sang ne circule plus, les organes, et en particulier le cerveau, ne reçoivent plus d'oxygène. Les cellules meurent.

« Pourquoi ne faut-il pas manger des aliments trop gras ou trop sucrés ? » Ces aliments provoquent une **accumulation de cholestérol** et d'autres substances dans les artères, au risque de les boucher, ce qui empêcherait alors le sang de circuler.

« Quelle hygiène de vie faut-il avoir tous les jours pour éviter l'infarctus ? » Il faut faire de **l'exercice physique, ne pas fumer, ne pas manger trop de sucres ni de graisses**.

> « Je comprends »

Les élèves analysent le schéma du manuel page 95 pour découvrir le sens de circulation du sang dans le cœur. Ils le commentent en décrivant les étapes. Puis ils complètent le schéma du *Carnet de chercheur*.

Le cœur est une pompe qui fait circuler le sang. C'est un **muscle** qui fonctionne comme une **pompe**. En se contractant, il pousse le sang dans les artères qui vont vers les organes. Le sang revient au cœur par des veines.

SÉQUENCE PÉDAGOGIQUE : CHAPITRE 29
COMMENT NETTOYER L'ORGANISME ?

Objectif

Cette séquence permet de comprendre le rôle des appareils excréteur et circulatoire.

Matériel

- Manuel pages 96 et 97 et *Carnet de chercheur CM2* pages 60 et 61.

Séance 1

Durée : 40 à 50 minutes.
Phase individuelle.

> Représentations initiales

Demander aux élèves de dessiner le trajet de l'eau dans le corps : « Où va l'eau que tu bois ? », « Par où sort-elle ? »...
Sélectionner deux ou trois dessins qui montrent des erreurs typiques. Les élèves vont se rendre compte des divergences d'opinion qui existent entre eux. Vous trouverez, par exemple, des dessins montrant un tuyau conduisant l'eau directement de l'estomac, ou de l'intestin, à la vessie ou aux reins.

> Situation-problème

Poser la question : « Comment savoir qui a raison ? ». Prendre en compte les réponses des élèves. Les écrire. Les élèves recherchent dans le manuel d'où vient le sang qui arrive dans les reins et les poumons. Dans les deux cas, ils découvrent la **présence de vaisseaux sanguins**.
À ce stade, le sang a-t-il recueilli les productions des muscles et des organes ? Pour répondre, les élèves peuvent observer le schéma de la circulation sanguine de la double page précédente.

> Analyse du tableau de composition du sang entrant et sortant des poumons

Chaque élève analyse le tableau et répond aux questions : « Quelles sont les différences entre le sang entrant et sortant des poumons ? », « Qu'est-ce que le sang rejette au niveau des poumons ? »
Les élèves se rendent compte que 8 litres de dioxyde de carbone (pour 100 litres de sang) sont rejetés par le sang au niveau des poumons. Ce dioxyde de carbone provient du fonctionnement des organes.
L'analyse de ce tableau permet de prendre conscience que le sang sert d'intermédiaire entre les organes, les poumons, le tube digestif et les reins. Cela permet une approche globale des fonctions de nutrition et d'excrétion des déchets de l'organisme (CO_2 et urée).

La composition du sang et de l'urine

Composition du sang	Composition de l'urine
sucres (glucose) : 1 g/l	sucres : 0 g/l
sels : 3 g/l	sels : 6 g/l
urée : 0,3 g/l	urée : 15 g/l
lipides : 3 g	lipides : 0 g

L'analyse de ce tableau de composition de l'urine permet de prendre conscience du rôle des reins dans le rejet sélectif de certaines substances de déchets comme l'urée (0,3 g par litre de sang contre 15 g par litre d'urine).

> « Je lis »

Le texte permet de découvrir que, pendant l'effort, le muscle utilise du dioxygène et des nutriments. Il rejette du dioxyde de carbone et des déchets qui circulent dans le sang jusqu'aux poumons et aux reins pour y être rejetés.

> Schéma à compléter

Les élèves font évoluer leurs conceptions initiales en complétant un schéma. Ils peuvent faire une recherche dans les documents du manuel pour faire le lien entre les appareils respiratoire, circulatoire et excréteur. Ils complètent le schéma du *Carnet de chercheur* avec des flèches pour décrire le trajet du dioxyde de carbone des muscles jusqu'à l'extérieur du corps.

SÉQUENCE PÉDAGOGIQUE : ZOOM SUR... L'INTÉRIEUR DU CORPS HUMAIN

Objectif

Cette séquence permet de faire la synthèse sur le fonctionnement de l'organisme.

Matériel

- Manuel pages 98 et 99 et *Carnet de chercheur CM2* pages 62 et 63.

Séance de synthèse et d'évaluation

Durée : 15 à 30 minutes.
Phase individuelle.

> Situation-problème

Cette séance est une séance de synthèse et d'évaluation de la compréhension par les élèves des principes

de fonctionnement de l'organisme et particulièrement du rôle central de l'appareil circulatoire.
Un travail individuel permet de vérifier la compréhension de chaque élève. Une phase collective permet ensuite de corriger les erreurs.
Quel est le trajet d'un aliment de la bouche aux muscles ?
Aliment → bouche → œsophage → estomac → intestin → veines → cœur → artères pulmonaires → poumons → veines pulmonaires → cœur → artères → muscles.
Proposer ce trajet en enlevant quelques organes. Demander aux élèves de compléter par les organes adéquats.
Quel est le trajet des déchets depuis les muscles jusqu'à la vessie ? Faire le même exercice.
Muscles → veines → cœur → artères pulmonaires → poumons → veines pulmonaires → cœur → artères → reins → uretères → vessie → urètre → urine.

> Synthèse

La trace écrite sera rédigée collectivement. Les élèves recopieront sur leur cahier.

Reproduction des humains et éducation à la sexualité

PAGES 100-109
DU MANUEL

RÉFÉRENCES AUX PROGRAMMES

Savoirs

« Ces connaissances sont indispensables avant la puberté, comme éducation préventive parfois non assurée par la famille. [...] On évoque avec les élèves le fait que, chez les êtres humains, la sexualité ne se réduit pas à la reproduction de l'espèce ; on veille à ne pas dissocier la dimension affective de la dimension de procréation » (*Documents d'application des programmes*, CNDP, 2002).

Savoirs

- La reproduction des humains.
- Les changements physiques à la puberté.
- L'appareil génital féminin.
- L'appareil génital masculin.
- La fécondation.
- Le développement de l'œuf en embryon puis en fœtus jusqu'à la naissance.
- L'accouchement.
- Les stades de développement et les changements d'un être humain au cours de sa vie : enfance, croissance, adolescence, puberté, âge adulte, vieillissement, mort.

Compétences en sciences et technologie

> Être capable de

- Poser des questions précises et cohérentes à propos d'une situation d'observation.
- Exploiter en autonomie des documents scientifiques adaptés.
- Mettre en relation des données, en faire une représentation schématique et l'interpréter.
- Mettre en relation des observations et des savoirs que l'on trouve dans une documentation.
- Participer à la préparation d'une enquête en élaborant un questionnaire.
- Tenir un carnet d'expériences et d'observations.

> Avoir compris et retenu

- Le développement et la reproduction des humains.
- Les changements physiques du corps à la puberté.
- Le processus de reproduction, de la fécondation à la naissance.
- Le développement du fœtus.
- La naissance.
- Le vieillissement du corps.

Compétences « maîtrise de la langue »

> Parler en sciences

- Utiliser le lexique spécifique des sciences.
- Formuler des questions pertinentes.
- Participer activement à un débat argumenté.
- Utiliser à bon escient les connecteurs logiques dans le cadre d'un raisonnement rigoureux.

> Lire en sciences

- Lire et comprendre un ouvrage documentaire.
- Trouver sur Internet des informations scientifiques simples, les apprécier de manière critique et les comprendre.
- Traiter une information complexe comprenant du texte, des images, des schémas, des tableaux...
- Se documenter au moyen d'un produit multimédia (CD-Rom, DVD-Rom, site Internet, base de données).

> Écrire en sciences

- Prendre des notes lors d'une observation, d'une enquête, d'une visite.
- Noter les informations dégagées pendant l'examen d'un document.
- Rédiger une courte synthèse à partir des informations notées.
- Rédiger, avec l'aide du maître, un compte rendu d'observation (texte à statut scientifique).
- Rédiger la légende d'un document iconographique ou donner un titre à un écrit scientifique.
- Tenir un carnet d'expériences et d'observations.
- Rédiger un texte pour communiquer des connaissances (texte à statut documentaire).
- Produire, créer, modifier et exploiter un document à l'aide d'un logiciel de traitement de texte.
- Communiquer à l'aide d'une messagerie électronique.

Liens avec d'autres disciplines ou parties du programme

> Sciences et technologie

- Unité et diversité du monde vivant : découvrir des comportements de procréation chez les animaux (chapitres 9 et 10 et « Zoom sur... Que se passe-t-il dans l'œuf ? »).

> Littérature

- Rechercher en BCD ou en médiathèque une sélection d'ouvrages documentaires et/ou de littérature de jeunesse sur les thèmes abordés (sentiments amoureux, naissance...).
- Lire et comprendre un ouvrage documentaire.
- Débattre sur l'interprétation des ouvrages.

> Histoire

- Le concept de temps.
- L'arbre généalogique d'une famille.

Mathématiques

- Organisation et représentation de données numériques : lire, interpréter et construire quelques représentations (graphiques).

> Arts visuels

- Reproduction de tableaux.
- Sculptures (*ex.* : statues grecques de Kouros ; *L'Adolescent de Marathon* de Praxitèle).

INFORMATIONS POUR L'ENSEIGNANT

Informations scientifiques et techniques

> La puberté

Du latin *pubertas*, de *pubescere*, « se couvrir de poils », « devenir pubère ». La puberté est la période la plus importante de la vie, pendant laquelle se produisent de nombreux changements.

> Des changements psychologiques

La puberté se caractérise par l'apparition de pulsions et de sentiments nouveaux chez les adolescents.

Les adolescents recherchent de nouvelles relations en dehors de la famille.

> Des changements physiques

Des **changements physiques** apparaissent à la puberté :

- le **rythme de croissance** ;
- le **développement des caractères sexuels secondaires** ;
- la **maturation des gonades**, glandes sexuelles femelles (**ovaires**) et mâles (**testicules**).

À partir de la puberté, l'homme, sous l'influence d'hormones sécrétées par les testicules, produit des spermatozoïdes. La femme, sous l'influence d'hormones sécrétées par les ovaires, développe des ovules.

La puberté transforme le corps de l'enfant en un corps adulte capable de se reproduire. Elle fait partie de la période de la vie qui s'appelle **l'adolescence**.

Les **premières menstruations chez la fille** et la **capacité d'éjaculation chez le garçon** sont considérées comme les premiers signes de la puberté. En fait, les changements physiques commencent au moins un ou deux ans avant.

Quelque temps avant les premiers signes visibles de la puberté, l'**hypophyse**, une petite glande située à la base du cerveau, commande la sécrétion de produits chimiques, les **hormones**. Ces hormones sont transportées par le sang pour exercer leur action sur les cellules et mettre en marche la chaîne des changements dans le corps.

L'ensemble de ces changements occupe généralement une période de trois à cinq ans : de 9 à 13 ans chez les filles et de 11 à 14 ans chez les garçons en moyenne. Mais il y a beaucoup de variations parmi les adolescents. Il n'y a pas de programme fixe, pas d'âge précis, pas de modèle pour la forme et la taille des seins, du pénis, l'abondance de la pilosité... Chaque fille est unique, chaque garçon est unique.

Il est important que les enfants comprennent ce que signifie cette « moyenne ». Ils se posent en effet de nombreuses questions : sont-ils « normaux » ? sont-ils les seuls à changer ? les autres ont-ils les mêmes préoccupations ? C'est pourquoi il est particulièrement intéressant d'aborder le sujet tôt et de donner des réponses exactes à leurs nombreuses questions pour éviter toute inquiétude ou anxiété.

> La puberté féminine

Chez la jeune fille, la puberté commence par une **poussée de croissance** : elle grandit de 7 à 12 cm par an. Cette croissance s'accompagne du **développement mammaire** (bourgeonnement des seins). Puis apparaît la **pilosité pubienne**. Les hanches s'élargissent. D'autres caractères peuvent apparaître : transpiration accrue, acné, peau et cheveux plus gras, odeur corporelle. Les **premières règles** surviennent en moyenne vers 12-13 ans dans les populations d'Europe. La croissance ralentit et stoppe quand les règles sont régulières.

La puberté se termine lorsque la fonction de reproduction (cycles ovulatoires) est atteinte.

> La puberté masculine

La **croissance du scrotum et des testicules** constitue le début de la puberté. Ensuite le **pénis** croît en longueur. La **pilosité pubienne** apparaît. **La voix mue**, **la pomme d'Adam** se développe. Le garçon connaît une **poussée de croissance** de 10 à 15 cm par an. Les épaules s'élargissent, la musculature augmente. On peut observer d'autres caractères : transpiration accrue, acné, peau et cheveux plus gras, odeur corporelle. Des érections involontaires, le plus souvent nocturnes, sont suivies d'éjaculation. La pilosité faciale apparaît. L'arrêt de la croissance se fait plus progressivement que chez les filles.

La puberté se termine lorsque la fonction de reproduction (spermatogenèse) est atteinte.

> La fécondation

Les élèves se posent de nombreuses questions sur la reproduction.

« Comment le bébé est-il arrivé dans le ventre de la maman ? »

À la suite d'un **rapport sexuel**, il faut qu'un **spermatozoïde** du futur père **rencontre un ovule** de la future mère pour qu'il y ait **fécondation** dans les trompes de

Fallope. Cette union d'un ovule et d'un spermatozoïde (fécondation) doit avoir lieu dans les 24 heures qui suivent l'ovulation.

La fusion du spermatozoïde et de l'ovule forme un œuf. L'œuf se divise de nombreuses fois pour former l'**embryon**. L'embryon se fixe dans la paroi de l'utérus comme dans un nid : c'est la **nidation**, 9 à 10 jours après la fécondation. Ensuite, l'embryon grossit et s'éloigne de la paroi utérine, mais en y restant relié par le **cordon ombilical**. Lors de la huitième semaine de la grossesse, l'embryon prend le nom de **fœtus** : **tous ses organes sont formés**. Il garde ce nom de fœtus jusqu'à la **naissance**, qui intervient **après 40 semaines environ de gestation**.

> La vie intra-utérine

« Comment fait le bébé pour respirer ? » ; « Comment fait le bébé pour se nourrir ? » ; « Comment le bébé fait-il ses besoins ? »... Toutes ces questions des enfants proviennent d'une méconnaissance du rôle de sang. C'est pourquoi il est impératif d'aborder ces leçons après avoir préalablement étudié la digestion, la respiration et la circulation.

Le cordon ombilical fait le lien entre le placenta et le fœtus. Dans le cordon ombilical, trois vaisseaux sanguins permettent au sang du fœtus d'aller jusqu'au placenta et d'en revenir : le sang du fœtus arrive au placenta par deux artères ombilicales et il revient du placenta vers le fœtus par une veine ombilicale. À la fin de la grossesse, le cordon mesure environ 50 cm de long. **Le placenta est un organe d'échanges**, gorgé de sang et couvert de villosités qui pénètrent dans la paroi utérine.

Au niveau du placenta, le sang de la mère et celui du fœtus ne se mélangent pas. Les deux circulations sanguines sont indépendantes. **Le sang du fœtus reçoit les nutriments et le dioxygène qui circulent dans le sang de sa mère. À l'inverse, les déchets du fœtus, y compris le dioxyde de carbone, sont évacués en passant dans le sang de sa mère.**

Le placenta est un **filtre sélectif** mais il est **perméable** à certaines toxines, certains virus, certaines substances chimiques. C'est pourquoi **l'hygiène de vie de la mère** est très importante pendant la grossesse : le tabac, l'alcool et certains médicaments sont fortement déconseillés.

Dans l'utérus de sa mère, l'embryon est protégé contre les chocs dans une poche remplie du **liquide amniotique (poche amniotique)**. Ce liquide permet aussi au fœtus de bouger facilement à l'intérieur de l'utérus. Il maintient une température constante de 37 °C. Ce liquide permet de procéder à des examens médicaux durant la grossesse : **l'amniocentèse**, par exemple, permet de détecter certaines maladies génétiques. La quantité de liquide amniotique augmente avec les mois de grossesse (1 litre en moyenne à terme). Il se renouvelle constamment, toutes les 3 heures à la fin de la grossesse. Le fœtus absorbe le liquide par la peau et en avale une grande quantité, surtout en fin de grossesse. Une partie du liquide retourne à l'organisme de la mère par le placenta.

Un autre type d'examen médical se pratique durant la grossesse : **l'échographie**. Le mot désigne à la fois l'examen médical et l'image qui en découle. Cet examen consiste à projeter des ondes sonores de fréquence élevée sur l'utérus. Les « échos » qui en résultent produisent des images visionnées sur un écran. L'échographie permet de suivre et de surveiller le développement du fœtus dans l'utérus de la mère.

> Le développement du fœtus

Les phases de développement de l'embryon et du fœtus dans l'utérus de la mère pendant 9 mois se succèdent dans un ordre rigoureusement défini :

- **1 mois.** L'embryon mesure 5 mm. Son cœur a commencé à battre dès la fin de la troisième semaine. Le sang circule dans les premiers vaisseaux sanguins.
- **2 mois.** La tête est bien reconnaissable ainsi que les membres. L'embryon est gros comme une noix.
- **3 mois.** L'embryon s'appelle fœtus et garde ce nom jusqu'à la naissance. Tous ses organes internes sont ébauchés. Il mesure 7 cm et pèse 50 g. Ses pieds et ses mains sont formés.
- **4 mois.** Le fœtus bouge. Il dort beaucoup le jour. Ses yeux sont fermés.
- **5 mois.** Ses cheveux poussent. Il suce son pouce et il lui arrive d'avoir le hoquet. Ses mouvements respiratoires sont visibles à l'échographie, ainsi que son sexe. Il pèse 500 g et mesure 25 cm.
- **6 mois.** Ses ongles poussent, sa peau s'épaissit. Il pèse 1 kg et mesure 36 cm. Il bouge beaucoup et se déplace.
- **7 mois.** Le fœtus ouvre les yeux. Il entend des bruits. C'est le mois de l'élaboration de tous les nerfs. Il mesure 40 cm et pèse 1,7 kg. Il bouge beaucoup, « joue » avec le cordon ombilical et remue ses pieds.
- **8 mois.** Le fœtus grossit de 250 g par semaine. S'il naissait à la fin du huitième mois, il ne serait plus appelé « prématuré ». Il peut sentir les goûts avec la langue.
- **9 mois.** Le fœtus pèse environ 3 kg et mesure 50 cm. Il peut naître : on dit qu'il est **à terme**.
- **La naissance est l'aboutissement de ces différentes étapes.** C'est le moment de **l'accouchement**.

> L'accouchement et la naissance

Pendant le dernier mois, le fœtus est plus calme : il a beaucoup grossi et n'a plus autant de place pour bouger. Il prend la position qu'il aura en général pour la naissance : **la tête la première, les bras et les jambes repliés sur la poitrine.** Il appuie sa tête sur le col de l'utérus pour que celui-ci commence à s'ouvrir. Les muscles de l'utérus se contractent de plus en plus fort et de plus en plus souvent. Il est l'heure de conduire la mère à la maternité pour qu'elle accouche.

La mère ressent des **contractions** très douloureuses, de plus en plus rapprochées, qui poussent le fœtus vers la sortie de l'utérus. Le liquide amniotique s'accumule dans la région inférieure de l'utérus et va aider le col à se dilater. C'est la **première phase de l'accouchement, la dilatation, avant la deuxième phase, l'expulsion**.

Le **gynécologue** ou la **sage-femme** sont présents pendant l'accouchement pour aider à la sortie du bébé et veiller à ce que tout se passe bien jusqu'à la naissance. Dans les quelques secondes qui suivent l'expulsion du nouveau-né, **le premier cri est le signe du déclenchement de la respiration pulmonaire**. La circulation sanguine se met en place dans les poumons et le sang cesse de circuler dans le cordon ombilical. On coupe le cordon ombilical. Il en restera une cicatrice : le **nombril**. **La naissance est le moment de la séparation entre le fœtus et sa mère.**

Environ 10 minutes après la naissance du bébé, la mère ressent encore quelques contractions, c'est la **troisième phase de l'accouchement : la délivrance.** Le placenta se décolle de l'utérus et il est expulsé.

> La croissance et le vieillissement

La petite enfance (de la naissance à 6 ans) est une période de croissance rapide. **La croissance** est un processus complexe qui entraîne une **augmentation de la taille des os et des organes**. La période des transformations les plus rapides se situe au cours des 18 premiers mois. Ainsi, la croissance en taille est de 20 à 25 cm la première année ! Puis, la vitesse de croissance diminue progressivement pendant **l'enfance** (de 6 ans à la puberté).

Les courbes de croissance (taille et poids) sont renseignées dans le carnet de santé par les médecins généralistes ou les pédiatres. Ces courbes permettent de surveiller le **développement staturo-pondéral** de l'enfant en les comparant avec les courbes de référence. Grâce à cet outil statistique, les médecins peuvent repérer des dysfonctionnements : une petite taille ou au contraire une grande taille, une surcharge pondérale qui peut mener à l'obésité infantile...

La croissance ne peut pas se faire harmonieusement sans un apport suffisant en calories et en nutriments, d'où l'importance d'une alimentation saine et équilibrée (*cf.* chapitre 24 « Comment manger équilibré ? »).

Une nouvelle poussée de croissance se produit au moment de **la puberté**. L'hormone de croissance sécrétée par l'hypophyse agit sur :

- le cartilage ;
- les cellules osseuses ;
- les testicules et les ovaires...

La croissance subit l'influence de divers facteurs :

- génétiques ;
- nutritionnels ;
- hormonaux ;
- maladies...

L'arrêt de la croissance se produit lorsque les cartilages de conjugaison sont ossifiés, en général 2 à 3 ans après la puberté vers 18-20 ans. C'est le début de **l'âge adulte**.

Le vieillissement est un processus normal qui commence dès la naissance. Selon certains généticiens, il serait même inscrit dans nos gènes. Il est lié à **l'usure des cellules** qui ne peuvent se reproduire qu'un nombre limité de fois, après quoi elles meurent. Le vieillissement des cellules d'un organe engendre le vieillissement de l'organe lui-même. Les cellules de certains organes ne se renouvellent pas. C'est le cas du cerveau dont le vieillissement est en partie dû à une diminution du nombre de ses cellules. Les maladies contribuent aussi au vieillissement des organes.

Il n'y a pas de classification stricte, mais on distingue dans le langage courant trois âges de la vieillesse :

- les personnes âgées ou troisième âge : de 65 à 75 ans ;
- les vieillards ou quatrième âge : plus de 75 ans ;
- le grand âge : plus de 90 ans.

Il est important de distinguer l'âge légal (en fonction de la date de naissance) de l'âge biologique (en fonction de l'état physiologique). L'espèce humaine semble « programmée » pour vivre jusqu'à 120 ans selon les généticiens. Mais elle présente de grandes différences entre les individus.

Outre les causes génétiques et biologiques, l'alimentation, le mode de vie et les conditions socio-économiques ont une incidence sur la **durée de vie** (longévité) de chaque individu. Grâce aux progrès de la médecine, aux recherches, à l'éducation, à l'hygiène et à l'amélioration des conditions de vie, **l'espérance de vie augmente régulièrement** dans les pays développés. En France, en 2005, l'espérance de vie est de 83 ans pour la femme et de 74 ans pour l'homme. Elle n'était que de 65 et 60 ans dans les années 1950. Cette espérance de vie augmente avec l'âge. En effet, une femme de 80 ans a une espérance de vie non plus de 83 ans, mais de 88 ans. Mais, dans les pays en voie de développement, l'espérance de vie dépasse rarement 50 ans.

Certaines régions du monde sont connues pour la longévité exceptionnelle de leurs habitants et comptent un grand nombre de centenaires. C'est le cas du Pakistan et du Pérou. Mais aucun registre officiel de naissances ne permet d'attester ces durées de vie. C'est pourquoi c'est toujours la Française Jeanne Calment, décédée en 1997 à l'âge de 122 ans, qui détient le record de longévité humaine attestée. Elle est toujours la « doyenne de l'humanité ».

La mort est l'aboutissement naturel de la vie.

Représentations des élèves et obstacles à prendre en compte

Avant de démarrer toute séquence pédagogique, se référer à la Circulaire n° 2003-027 du 17 février 2003, parue dans le BO n° 9 du 27 février 2003 : « L'éducation à la sexualité dans les écoles, les collèges et les lycées ».

Parler de la reproduction et de la puberté à l'école élémentaire est délicat. Il faut veiller à :

- faire régner une atmosphère de respect et de tolérance entre les élèves ;
- ne pas heurter la sensibilité de certains élèves peu informés ;
- ne pas choquer les croyances religieuses, culturelles et familiales de certains élèves ;
- informer les parents des activités prévues dès qu'elles abordent la sexualité.

Le médecin scolaire et/ou l'infirmière scolaire peuvent être associés avec profit pour donner des informations et répondre aux questions que les élèves auront préparées.

> L'œuf

Dans le langage courant, le mot *œuf* désigne l'œuf d'oiseau, notamment l'œuf de poule. Il faut donc faire attention à l'utilisation de ce mot dans le contexte de la reproduction humaine. Dans le langage scientifique, le mot *œuf* désigne en effet la première cellule d'un organisme.

> La « petite graine »

Il est courant de dire aux enfants que « le papa dépose sa petite graine dans le ventre de la maman ». Les enfants ont alors une vision totalement erronée du phénomène de la reproduction. De plus, cela peut entraîner des confusions dans leur approche du vivant. En effet, si la « petite graine » correspond pour eux au spermatozoïde du père, chez les végétaux la graine résulte de la fécondation.

Les élèves sont nombreux à penser que la « petite graine » donnée par le père contient déjà un bébé qui va être déposé dans le ventre de la mère et y grandir.

> Le vieillissement

Il ne faut pas utiliser l'expression « cycle de vie » dans le contexte de la vie et de la mort de l'être humain. En effet, la notion de « cycle » implique un éternel recommencement. Or, l'être humain vit et meurt, et la mort est une fin. Pour les enfants, la mort est souvent cachée et présentée comme un « accident de parcours ». Il ne faut pas éluder le caractère inéluctable de la mort de tout individu.

SÉQUENCE PÉDAGOGIQUE : CHAPITRE 30
POURQUOI MON CORPS CHANGE ?

Dans ce chapitre, il s'agit de comprendre ce qui se passe lors de la puberté et ce qui fait la différence entre garçons et filles :

- les changements physiques et l'apparition des caractères sexuels secondaires ;
- l'appareil génital masculin ;
- l'appareil génital féminin ;
- le développement sexuel : premières règles, premières érections et éjaculations.

Ce sont des sujets sensibles, mais qui sont au centre des préoccupations des élèves. Les activités proposées doivent les conduire à adopter une attitude objective, en particulier lors des moments de débat qui ont l'intérêt de confronter les paroles des filles et les paroles des garçons.

Matériel

- Manuel pages 100 et 101 et *Carnet de chercheur CM2* pages 64 et 65.
- Grandes feuilles de papier, gros feutres pour la prise en notes des réponses des élèves (affichage au tableau).

Séance 1

Phase orale collective.
Durée : 45 minutes.

> Problématisation

Faire émerger les représentations initiales des élèves à partir du titre du chapitre écrit au tableau : « Pourquoi mon corps change ? ». Prendre en compte ces conceptions en en conservant la trace sur un panneau à l'affichage : cela permettra de mesurer leur évolution en fin d'apprentissage.

> Débat et questionnement

Le sujet peut être abordé à la suite d'une lecture, d'un film, d'une émission de télévision… Les élèves posent toutes les questions sur cette période de la vie qu'est la puberté : « Pourquoi je n'arrête pas de grandir ? » ; « Vais-je encore grandir? » ; « Pourquoi je n'ai pas encore de seins comme mes copines ? » ; « Quand commencer à porter un soutien-gorge ? » ; « Est-ce que c'est normal ? » ; « Est-ce que ça se passe pareil chez les garçons et chez les filles ? » ; « Est-ce que ça se passe pareil chez tous les garçons ? » ; « Est-ce que ça se passe pareil chez toutes les filles ? » ; etc.

N'écarter aucune question. Laisser émerger ces questions avant de faire ouvrir le manuel. Prendre en compte les réponses des élèves. Les écrire.

S'assurer de l'emploi du lexique correct à la place du langage populaire : pénis ; testicule ; sein ; pubis ; vagin…

> « J'observe et je lis»

À partir des scènes illustrées et des dialogues de la page 100 du manuel, apporter des éléments de réponses ou compléter celles qui viennent d'être données (*cf.* traces écrites au tableau ou sur grande feuille à l'affichage).

Poser la question : « Quelles sont les différences physiques entre les filles et les garçons ? » Les élèves utilisent leurs connaissances ou les termes employés dans les dialogues :

- apparition de poils sur le pubis ou sous les bras. Introduire le terme « aisselles ».
- la voix change. Introduire l'expression « la voix mue ».
- apparition de boutons sur le visage. Introduire le terme « acné ».

Pourquoi ces modifications du corps ? Aider les élèves à formuler une réponse scientifique. La puberté est le passage progressif du corps de l'enfant au corps de l'adulte : il devient capable de se reproduire. Définir les termes « puberté » et « adolescence » (*cf.* « Informations pour l'enseignant »).

Faire commenter et justifier les réponses données

quand c'est possible. Lister les questions sans réponses ou pour lesquelles les élèves ne sont pas d'accord. Ce sont ces questions qui pourront être posées au médecin scolaire ou à l'infirmière.

Séance 2

Travail collectif oral, puis individuel écrit.
Durée : 1 heure.
Cette séance est une séance d'apport d'informations par l'enseignant (ou par le médecin scolaire ou l'infirmière).
S'appuyer sur les schémas de l'appareil génital féminin et de l'appareil génital masculin de la page 101 du manuel pour expliquer leur évolution biologique au cours de la puberté.

L'appareil génital féminin
Les ovaires contiennent les ovules. Chaque ovaire, à tour de rôle, à un moment précis de chaque mois, produit un ovule qui demeure quelques jours dans les trompes de Fallope pour attendre un spermatozoïde et être fécondé. Si ce « rendez-vous » n'a pas lieu, les règles s'écoulent 14 jours plus tard.

Les règles (ou menstruations)
L'utérus est l'endroit où le fœtus va se développer dans le corps de la femme. Chaque mois, la muqueuse de l'utérus s'épaissit et se prépare à recevoir un ovule fécondé. Si l'ovule n'est pas fécondé, il n'y a pas de grossesse. La paroi épaissie de la muqueuse ainsi que l'ovule sont expulsés par le vagin en entraînant du sang : ce sont les règles. En principe, elles surviennent tous les 28 à 31 jours (cycle menstruel), mais au début elles sont souvent irrégulières : de 45 jours à plusieurs mois.

L'appareil génital masculin
Les testicules contiennent les spermatozoïdes.

L'éjaculation
L'éjaculation est un phénomène réflexe : le pénis en érection expulse le sperme (liquide blanchâtre visqueux contenant les spermatozoïdes) par l'urètre.

> Élaboration de la synthèse

Elle se fait d'abord oralement, collectivement, en prenant en compte ce que les élèves ont compris et doivent retenir. Poser la question : « Que venez-vous d'apprendre pendant ces deux séances ? » Ensuite, la trace écrite, pour le cahier individuel, peut se présenter comme dans l'encadré jaune page 101. Ce n'est qu'un exemple, pas un modèle. L'important est que les élèves sachent ce qu'est la puberté, ses caractères et ses manifestations chez la femme et chez l'homme.

Séance 3

> Évaluation

L'évaluation se fait individuellement avec des schémas à légender. Fournir à chaque élève les schémas muets des Doc. 1 et 2 de la page 101 du manuel. Demander aux élèves de compléter ces schémas avec des légendes. Pendant la correction, reprendre le tableau avec les représentations initiales des élèves. Ils vont commenter, rectifier et compléter avec les connaissances qu'ils viennent d'acquérir lors de cette séquence pédagogique.

SÉQUENCE PÉDAGOGIQUE : CHAPITRE 31
QUE SE PASSE-T-IL AVANT LA NAISSANCE ?

Matériel

- Manuel pages 102 et 103 et *Carnet de chercheur CM2* pages 66 et 67.
- Grandes feuilles de papier, gros feutres pour la prise en notes des réponses des élèves (affichage au tableau).

Séance 1

Phase orale collective.
Durée : 45 minutes.

> Problématisation

Le sujet peut être abordé en commençant par la lecture du texte « Je lis » page 102 du manuel.
Laisser les élèves s'approprier le texte par une lecture individuelle silencieuse. Les laisser s'exprimer s'ils en ont envie : ils peuvent poser des questions, faire des commentaires… Il faut écouter les élèves et prendre toutes leurs questions en considération, même s'il n'y a pas de réponse immédiate.
Poser les questions sur le texte.
« Que signifie l'expression "faire l'amour" ? » : s'aimer, avoir envie de se caresser, de s'embrasser, se dire des mots d'amour.
« À quelles conditions la fécondation peut-elle avoir lieu ? » Le texte parle de « rencontre où leurs sexes se sont trouvés ». C'est le rapport sexuel. Le pénis, en érection, pénètre dans le vagin de la femme et expulse le sperme contenant des millions de spermatozoïdes. Un seul de ces spermatozoïdes va pénétrer dans l'ovule pour former un œuf.

> « Étonnant ! »

Un bébé-éprouvette est un bébé né à la suite d'une fécondation *in vitro*. L'ovule de la mère et le spermatozoïde du père sont prélevés pour fusionner en dehors du corps de la mère, dans une éprouvette, et donner un œuf fécondé. L'embryon est ensuite replacé dans l'utérus de la mère pour se développer normalement jusqu'à l'accouchement. Amandine, née le 24 février 1982, est le premier « bébé-éprouvette » français.

> Vocabulaire

Dès cette première séance, les élèves doivent utiliser dans le contexte et avec précision le vocabulaire scientifique spécifique : « fécondation », « embryon » et « fœtus ». Il est indispensable que les élèves soient capables d'exprimer avec clarté leurs connaissances, au besoin par écrit, avant d'aborder la deuxième séance.

Séance 2

Phase orale collective ou dessin individuel suivi d'un débat.
Durée : 30 à 45 minutes (selon que la phase d'émergence des conceptions est orale ou dessinée), puis 20 minutes de phase écrite individuelle.

> Émergence des représentations initiales

Les élèves eux-mêmes posent une série de questions sur le thème : « Comment fait le bébé pour respirer ? » ; « Comment fait le bébé pour se nourrir ? » ; « Comment le bébé fait-il ses besoins ? » ; etc. Les élèves vont tenter d'apporter des réponses à ces questions, soit au cours d'un débat, soit par le dessin individuel. Donner la consigne : « Explique comment le fœtus se nourrit dans l'utérus de la mère. » Les élèves dessinent ce qu'ils pensent.
Prendre en compte les conceptions initiales des élèves. En conserver la trace pour mesurer leur évolution en fin d'apprentissage. Analyser ces conceptions, les mettre en relation et confronter les points de vue. Lister les questions que se posent les élèves. En général, voici ce que l'on peut observer dans les dessins ou entendre lors des échanges entre élèves :

- la connaissance du cordon existe chez la plupart des élèves mais pas celle du placenta ;
- un cordon relie le fœtus à l'estomac et/ou à l'intestin de la mère ;
- plusieurs cordons vont jusqu'à différents organes de la mère ;
- le fœtus mange par la bouche.

> Apport d'informations

Cette deuxième partie de la séance est une partie d'apport d'informations par l'enseignant (ou par le médecin scolaire ou l'infirmière). Il s'agit de faire prendre conscience aux élèves du rôle du sang pour transporter les nutriments, du dioxygène et des déchets (*cf.* « Informations pour l'enseignant »).
À partir du schéma de la page 103 du manuel, il faut expliquer l'importance et le rôle :

- du placenta ;
- du cordon ombilical.

> Élaboration de la synthèse

La synthèse se fait d'abord oralement, collectivement, en prenant en compte ce que les élèves ont compris et doivent retenir. Poser la question : « Que venez-vous d'apprendre pendant ces deux séances ? » Ensuite, la trace écrite, pour le cahier individuel, peut se présenter comme dans l'encadré jaune de la page 103. Ce n'est qu'un exemple, pas un modèle.
Le schéma de cette même page peut être reproduit pour accompagner la trace écrite. On peut aussi fournir le schéma muet qui sera à légender.

Séance 3

> Évaluation

Évaluer les élèves individuellement par écrit en leur demandant de définir :

- la fécondation ;
- la grossesse ;
- l'embryon ;
- le fœtus.

Faire légender le schéma muet de la page 103 du manuel, comme dans le *Carnet de chercheur* page 68. Reprendre les représentations initiales des élèves et leur faire commenter, rectifier et compléter avec les connaissances acquises lors de cette séquence.

SÉQUENCE PÉDAGOGIQUE : ZOOM SUR… DE L'EMBRYON AU FŒTUS

Matériel

- Manuel pages 104 et 105 et *Carnet de chercheur CM2* pages 68 et 69.
- Grandes feuilles de papier, gros feutres pour la prise en notes des réponses des élèves (affichage au tableau).
- Feuilles de papier calque.
- Échographies pouvant compléter les documents du manuel.

Séance 1

Phase orale collective, puis phase écrite individuelle.
Durée : 45 minutes.
Faire observer et commenter chacun des documents des pages 104 et 105 du manuel. S'arrêter plus longuement sur le Doc. 4 : l'embryon devient fœtus.
Faire décalquer la photo du Doc. 4 et faire légender le calque le plus complètement possible à partir de toutes les connaissances acquises précédemment par les élèves.

Séance 2

Travail écrit individuel
Durée : 30 minutes.
À l'aide des documents du manuel (ou des échographies apportées en classe), demander à chaque élève de construire une frise chronologique représentant le développement de l'embryon et du fœtus. Sur cette frise, chaque élève doit indiquer les étapes essentielles du développement et les commenter avec quelques mots.

COMMENT BÉBÉ VIENT-IL AU MONDE ?

Il est possible d'inviter une maman (mère d'élève, enseignante...) dans la classe et de l'interroger. La situation de départ peut être déclenchée par une naissance (un petit frère ou une petite sœur d'un élève) ou la lecture d'un roman...

Matériel

- Manuel pages 102 et 103 et *Carnet de chercheur CM2* pages 70 et 71.
- Grandes feuilles de papier, gros feutres pour prise en notes des réponses des élèves (affichage au tableau).

Séance 1

Phase orale collective.
Durée : 45 minutes.

> « J'observe »

À partir de l'observation du Doc. 1 page 106 du manuel, les élèves répondent aux questions.
« Quel est le rôle du médecin accoucheur ? » Après le premier cri du bébé et l'assurance que les poumons fonctionnent, il coupe le cordon ombilical. Il vérifie les réflexes du bébé. Par exemple, si on touche les paumes avec un doigt, on entraîne une préhension si forte qu'on peut soulever le bébé.
En observant le père et la mère, les élèves doivent faire apparaître les notions de famille et d'amour.

> « Étonnant ! »

Le texte « Étonnant ! » est l'occasion de parler des naissances multiples. Si un œuf se divise en deux parties qui se développent chacune de leur côté, on obtient de vrais jumeaux. Si deux ovules pondus en même temps sont fécondés, ce sont des faux jumeaux.

> « Je lis »

Le nom d'artiste de Gustav Vigeland est Gustav Thomsen. C'est un sculpteur norvégien. Faire situer la Norvège et Oslo sur une carte. Cette sculpture intitulée *Enfant à naître* fait partie d'une série de 192 sculptures réalisées entre 1925 et 1933. Elles sont exposées dans le parc d'Oslo qui porte son nom.
L'œuvre représentée dans le Doc. 2 est à comparer avec le Doc. 3 page 107 pour expliquer pourquoi l'artiste a choisi ce titre.

Séance 2

Phase collective orale, puis individuelle écrite.
Durée : 30 à 45 minutes.

> « Je comprends »

Les schémas de la page 107 présentent deux phases de l'accouchement :

- la dilatation ;
- l'expulsion.

Les élèves décrivent la position du fœtus : sa tête, ses membres. On peut faire référence ici à la sculpture du « Je lis ».
Il ne faut pas réduire l'accouchement à ces schémas. Ne pas oublier de compléter en parlant de la part d'émotion et de bonheur que procure la naissance du bébé. Le bébé posé sur le ventre de la maman, la présence du père (Doc. 1 page 106), la première tétée, le premier bain...

> Prolongements possibles

- Faire rechercher le poids et la taille du bébé à la naissance. Les élèves pourront trouver ces informations sur des faire-part de naissance ou dans leur carnet de santé.
- Faire rechercher pourquoi, à la naissance, certains bébés doivent être placés en couveuse. Cela peut introduire une discussion sur les prématurés.
- Faire rechercher ce qu'est une césarienne. À partir des schémas du manuel, les élèves comprendront pourquoi cette intervention est parfois indispensable.

Séance 3

> Évaluation

L'évaluation est individuelle et écrite. Elle peut se faire à partir d'un texte à compléter avec des mots donnés.
Exemple :
Vocabulaire à utiliser : utérus – ovule – spermatozoïde – relation sexuelle – vagin – contractions – embryon - cordon ombilical – fœtus – accouchement – nombril – placenta – naître – fécondation – grossesse.
« Pour qu'un enfant soit conçu, il faut qu'il y ait une .... (*relation sexuelle*) entre un homme et une femme et la rencontre entre un .... (*ovule*) provenant de la femme et un .... (*spermatozoïde*) provenant de l'homme. C'est ce qu'on appelle la .... (*fécondation*). Dans l'........... (*utérus*) de la mère, l'œuf se divise pour former un .... (*embryon*) dans lequel tous les organes vont apparaître. L'embryon prend le nom de .... (*fœtus*) à partir du troisième mois. Le .... (*cordon ombilical*) qui va du .... (*nombril*) du fœtus au .... (*placenta*) relie le fœtus à sa mère pour lui apporter dioxygène et nutriments et évacuer ses déchets par l'intermédiaire du sang. Lorsque la .... (*gros-sesse*) arrive à son terme, la maman ressent des .... (*contractions*). L'........... (*accouchement*) va commencer. Le bébé sort de l'........... (*utérus*) par le .... (*vagin*). Il vient de .... (*naître*) et pousse son premier cri. »

SÉQUENCE PÉDAGOGIQUE : CHAPITRE 33
COMMENT LE CORPS VIEILLIT ?

Il s'agit, dans ce chapitre :
- de comprendre ce qui se passe à chacune des étapes de la vie de l'être humain ;
- de comparer et de décrire (verbalement et graphiquement) les changements au cours du temps : naissance, croissance, âge adulte, vieillissement, mort.

Matériel

- Manuel pages 108 et 109 et *Carnet de chercheur CM1* pages 52 et 53.
- Grandes feuilles de papier, gros feutres pour la prise en notes des réponses des élèves (affichage au tableau).
- Photographies.
- Feuilles de papier calque.
- Feuilles de papier millimétré.

Séance 1

Phase orale collective.
Durée : 45 minutes.

> Problématisation

Faire émerger les représentations initiales des élèves à partir du titre du chapitre écrit au tableau : « Comment le corps vieillit ? » Prendre en compte les réponses des élèves et en conserver la trace pour mesurer l'évolution de ces représentations en fin d'apprentissage.
Le sujet peut être abordé à la suite d'une lecture, de l'observation d'un tableau, d'un film, d'une émission de télévision…

> « J'observe »

L'observation attentive des photos du « J'observe » (Doc. 1 à 4 page 108 du manuel) va permettre aux élèves d'apporter des éléments de réponses aux questions posées en introduction ou de compléter les réponses qui viennent d'être données (*cf.* traces écrites des représentations initiales à l'affichage ou au tableau).
À partir des photographies, les élèves définissent « enfance » et « vieillesse ». Demander aux élèves de désigner la photo qu'ils associent à l'enfance (Doc. 1), à l'âge adulte (Doc. 2 et 3), à la vieillesse (Doc. 4).
Pour chacune des photos, les élèves doivent justifier leur réponse en nommant les caractères physiques visibles et/ou par la lecture de la légende :
- la forme du visage ;
- la peau (rides) ;
- les cheveux, leur couleur ;
- l'âge…

Il est possible d'utiliser d'autres documents, en particulier des photos dans les magazines (publicités), pour mieux observer les signes physiques visibles (mains, dents…) du vieillissement.

> « Je lis »

Les élèves observent et lisent attentivement ce document. C'est un exercice de lecture d'images. Poser les questions : « De quel type de document s'agit-il ? » ; « Quel est le nom de l'artiste ? » ; etc.
Demander aux élèves de justifier le titre de l'œuvre, *Les Trois Âges*.
- Il y a trois personnages.
- Il y a trois générations de femmes : la grand-mère, la mère et l'enfant.

Demander aux élèves, si possible, de se référer à leur propre famille et de donner l'exemple de deux ou trois générations.
Les élèves décrivent chacun des personnages et la manière dont le peintre a représenté la scène. Il est possible de guider les élèves dans cette description, en posant des questions : « Où se passe la scène ? » ; « Que font les personnages ? » ; etc.
En décrivant chaque personnage, les élèves doivent mettre l'accent sur les signes de l'âge.
- La grand-mère : les mains, le visage, le cou, la couleur des cheveux.
- La mère : les mains, le visage, le cou, la couleur des cheveux, la taille et la stature.
- L'enfant. Quel est son âge ? Les élèves pourront le justifier par le fait que le petit enfant est soutenu par sa mère pour ses premiers pas. L'enfant va-t-il encore grandir ?

Faire décrire les vêtements et l'attitude des personnages. « Que fait la grand-mère ? » ; « Que regarde-t-elle ? » ; « De quelle façon ? » ; « Que fait la mère ? » ; « Que regarde-t-elle ? » ; « De quelle façon ? » ; etc.

Séance 2

Travail collectif oral, puis individuel écrit.
Durée : 1 heure.

> « Je comprends »

C'est à une nouvelle lecture de documents que vont être confrontés les élèves : des graphiques. La lecture de chaque courbe va leur permettre de donner les chiffres de taille et de poids à la naissance, à 1 an, à 2 ans, etc.
Les élèves doivent commenter les évolutions de la taille et du poids de la naissance à 18 ans. Ils commentent les phases de la croissance :
- évolution de la taille et du poids de la naissance à 2 ans (introduire « la petite enfance ») ;
- évolution de la taille et du poids entre 2 et 13 ans ;
- évolution de la taille et du poids après 15 ans.

Il est intéressant de décalquer l'une des deux courbes pour la superposer sur l'autre courbe. Les élèves peuvent aussi reproduire les deux courbes sur du papier millimétré pour mieux les comparer. Cela permet de mieux visualiser le lien entre l'augmentation de la taille et l'augmentation du poids. Les élèves vont ainsi visualiser la croissance.

> Observation de photographies

Demander aux élèves d'apporter en classe des photographies de leur petite enfance. À défaut, il est possible de trouver des photographies dans des magazines. Faire commenter ces photographies, les situer dans le temps, les reclasser dans l'ordre chronologique si elles sont dans le désordre et les légender : l'enfant se tient assis ; l'enfant se tient debout ; l'enfant marche seul ; l'enfant entre à l'école maternelle ; etc.

> « Étonnant ! »

L'encadré « Étonnant ! » permet d'aborder la notion d'espérance de vie. Les Japonaises sont les femmes qui ont l'espérance de vie la plus longue dans le monde. Selon les chercheurs, la longévité exceptionnelle des Japonaises serait due à leur alimentation traditionnelle : beaucoup de poissons et peu de matières grasses.

> Élaboration de la synthèse

La synthèse se fait d'abord oralement, collectivement, en prenant en compte ce que les élèves ont compris et doivent retenir. Poser la question : « Que venez-vous d'apprendre pendant ces deux séances ? » La trace écrite, pour le cahier individuel, peut se présenter comme dans l'encadré de la page 109 du manuel. Ce n'est qu'un exemple, pas un modèle. L'important est que les élèves sachent quelles sont les phases du développement de l'homme et qu'ils aient compris les changements physiques de la naissance à la mort.

Séance 3

> Évaluation

Pour évaluer les connaissances des élèves à la fin de cette séquence, il faut reprendre les représentations initiales : les élèves eux-mêmes vont commenter, rectifier et compléter ces conceptions avec leurs nouvelles connaissances acquises.

Une évaluation individuelle écrite peut être mise en place. Demander aux élèves d'indiquer sur une frise chronologique les étapes de la vie d'un être humain. Chaque étape devra être illustrée et commentée.

La sécurité domestique

PAGES 110-113
DU MANUEL

RÉFÉRENCES AUX PROGRAMMES

Compétences en sciences et technologie

> Savoir

Des principes simples de secourisme : savoir porter secours après avoir identifié un danger, en effectuant une alerte complète et en installant la victime en position d'attente.

> Être capable de

- Évaluer pour soi et pour les autres les risques de la vie quotidienne.
- Connaître les mesures de prévention à prendre.
- Analyser une situation complexe pour alerter et s'impliquer dans la sécurité collective.
- Mettre en œuvre une protection adaptée à la situation.
- Donner l'alerte de manière plus ou moins structurée au service adapté.
- Décrire plus précisément une situation et l'état d'une victime.
- Effectuer une alerte complète.
- Installer une victime en position de sécurité.

> Avoir compris et retenu

- Les numéros d'urgence à composer en cas de danger : 15 pour le SAMU, 17 pour la Police ou la Gendarmerie, 18 pour les Sapeurs-pompiers.
- Quelques gestes de premiers secours.

Compétences « maîtrise de la langue »

> Parler en sciences

- Utiliser le lexique spécifique des sciences.
- Formuler des questions pertinentes.
- Participer activement à un débat argumenté.
- Communiquer à l'oral des informations de manière pertinente.

> Lire en sciences

- Traiter une information complexe comprenant du texte et des schémas.
- Lire correctement des consignes.

> Écrire en sciences

- Prendre des notes lors d'une observation, d'une enquête, d'une visite.
- Rédiger un texte pour communiquer ses connaissances.

Liens avec d'autres disciplines ou parties du programme

L'éducation à la sécurité doit être prise en compte de manière transversale et interdisciplinaire.

> Éducation civique

Le lien est bien sûr à privilégier.

> Arts dramatiques

Ils seront utilisés pour la mise en mots et en gestes de situations d'accidents simulés.

INFORMATIONS POUR L'ENSEIGNANT

Informations scientifiques et techniques

> Les Instructions officielles

Depuis la circulaire du 25 septembre 1987, les enseignants des écoles maternelles et primaires ont l'obligation d'aborder avec leurs élèves, à partir de cas concrets, les données fondamentales des règles de sécurité. La circulaire n° 2003-210 du 1er décembre 2003 fixe à l'école un programme quinquennal de prévention et d'éducation à la santé des élèves. « L'objectif est de permettre aux élèves d'acquérir des connaissances, de développer leur esprit critique et d'adopter par là-même des comportements favorables à leur santé en développant leur accès à l'autonomie et à la responsabilité. »

Le volet IV de cette circulaire est consacré au développement chez les élèves des comportements civiques et solidaires et à la généralisation de l'apprentissage des gestes qui sauvent. « Cet apprentissage a un double objectif : d'une part, permettre à tout élève d'effectuer une alerte et de pratiquer des gestes simples face à une situation d'urgence médicale avant la prise en charge par les secours spécialisés, d'autre part, faire acquérir aux élèves des savoirs et des savoir-faire dans la gestion de situations d'incidents ou d'accidents de la santé, en prenant appui sur les programmes d'enseignement. »

> Les accidents

Chaque année **8 millions** de personnes sont victimes d'un accident de la vie courante. Ces accidents font **18 000 morts** dont **500 enfants** de moins de 15 ans et donnent lieu à **845 000 hospitalisations**.

- **Avant 1 an.** Les chutes sont de loin l'accident le plus observé, avant les intoxications, les noyades, les brûlures et les morsures.
- **Entre 1 et 5 ans.** Aux chutes s'ajoutent les brûlures, les intoxications, les noyades, les morsures. C'est essentiellement au domicile que surviennent ces accidents.

- **À partir de 5 ans.** Les accidents domestiques sont plus rares. Ils se produisent davantage dans les écoles et sur les aires de sport. 58 271 accidents ont été enregistrés en milieu scolaire en 2003-2004 pour un total de 12 millions d'élèves. Les accidents graves sont en baisse depuis deux ans. Par contre, les petits accidents progressent légèrement.

Un autre point de vigilance reste les piscines et la prévention des noyades. En 2004, 1 163 personnes ont été victimes de noyades, dont 368 ont été mortelles. Les principales victimes étaient des adultes de plus de 45 ans (4 %) et des enfants de moins de 6 ans (15,2 %).

Le tableau suivant indique les principaux lieux où se produisent les accidents domestiques.

Lieu	Fréquence (en pourcentage)
Chambre	10,9
Salle de bains	4,8
Cuisine	15,4
Escalier	8,7
Séjour	14
Garage, cellier ou jardin	25,4

Représentations des élèves et obstacles à prendre en compte

Les élèves restent souvent inconscients des dangers encourus et il est souvent difficile de leur faire identifier certaines situations critiques. Certaines pratiques familiales ne leur permettent parfois pas d'identifier les risques de leur environnement familier.

SÉQUENCE PÉDAGOGIQUE : CHAPITRE 34
QUE FAIRE EN CAS D'ACCIDENT ?

Objectifs

- Sensibiliser l'élève à l'importance des risques domestiques.
- Présenter les endroits de la maison nécessitant une attention toute particulière.

Matériel

- Manuel pages 110 et 111 et *Carnet de chercheur CM1* pages 54 et 55.
- Des extraits de faits divers (articles de presse écrite) relatant des accidents de la vie courante.

Séance 1

Phase individuelle, puis collective.
Durée : 45 minutes (15 minutes pour la phase individuelle et 30 minutes pour la phase collective).

> Problématisation

Demander aux élèves d'observer l'illustration et de noter les dangers qu'ils identifient. Chaque élève travaille individuellement. Il note dans son carnet ses remarques et ses observations.

> Phase collective

Mise en commun des notes et des observations de chaque élève sur l'illustration de la page 110 du manuel.

- Commenter les dangers identifiés.
- Compléter en explicitant les dangers et en interrogeant les élèves sur la prévention à mettre en œuvre dans cette cuisine pour éviter tous les dangers.

> Synthèse collective

Faire un tableau à trois colonnes des dangers rencontrés dans cette cuisine, en relation avec la prévention à mettre en œuvre et les gestes à mettre en place en cas d'accident.

> *Carnet de chercheur*

Demander à chaque élève d'apporter un article de presse relatant un accident ou un incident qui a nécessité l'intervention des pompiers ou du SAMU. Cette recherche personnelle à la maison est un travail préparatoire à la séance suivante.

Séance 2

Phase collective.
Durée : 45 minutes.

> « Je lis et je comprends »

Ce diagramme présente la répartition des interventions des sapeurs-pompiers en France. S'interroger sur le pourcentage de sorties pour accidents domestiques.

> Travail par groupes

En lien avec l'observation du diagramme, les élèves classent les articles de presse trouvés par chacun selon les différentes catégories d'interventions des sapeurs-pompiers.

Dans chaque catégorie d'interventions, les élèves proposent la ou les préventions qui auraient pu permettre d'éviter les accidents.

> Phase collective et synthèse

À partir des classements des élèves, élaborer un tableau permettant d'alerter les élèves sur les numéros d'urgence à connaître et les préventions à mettre en œuvre pour limiter les accidents domestiques. Cette synthèse peut s'effectuer sous la forme d'une affiche qui pourra être présentée aux autres classes.

> Prolongements

Il est possible de proposer aux élèves de travailler par groupes sur une pièce de la maison :

- la chambre ;
- la salle de bains ;
- les escaliers ;
- le séjour ;
- le garage ;
- la cave ou le cellier ;
- le jardin.

Chaque groupe est chargé de mettre en relief les dangers de chaque pièce et de proposer la prévention à mettre en œuvre dans chaque cas. Le travail sera réalisé sous la forme d'un panneau illustré pour chaque pièce de la maison. Ce peut être l'occasion d'une exposition d'école ou de la réalisation d'un document multimédia pour le site Internet de l'école. Dans les deux cas, le travail a pour objectif de sensibiliser les autres élèves de l'école, ainsi que les parents, à l'importance de la prévention des accidents domestiques.

SÉQUENCE PÉDAGOGIQUE : ZOOM SUR... LES GESTES QUI SAUVENT

Cette séquence sera construite d'une manière différente des autres séquences de sciences proposées dans ce manuel. Si l'objectif de la séquence précédente était essentiellement de prévenir, les objectifs de cette séquence seront d'apprendre à alerter les secours et à savoir intervenir auprès d'une victime.

Compétences à acquérir

- Les élèves doivent être capables de donner l'alerte de manière structurée au service adapté :
  - en répondant aux questions du médecin régulateur ;
  - en décrivant précisément un fait ou une situation ;
  - en indiquant précisément l'état d'une personne (consciente, inconsciente, respiration) ;
  - en indiquant la localisation de la lésion et en décrivant son aspect.
- Les élèves doivent être capables de rassurer la victime.
- Les élèves doivent être capables d'appliquer les consignes données.
- Les élèves doivent être capables de faire face à une situation complexe :
  - éviter toute mobilisation de la partie du corps traumatisée ;
  - refroidir une zone brûlée ;
  - appuyer sur une plaie qui saigne ;
  - apprécier l'état de conscience d'une victime ;
  - libérer les voies aériennes d'une victime inconsciente en basculant sa tête en arrière ;
  - vérifier la présence de la respiration ;
  - mettre « sur le côté » une victime inconsciente qui respire ;
  - surveiller l'évolution de la situation et de l'état de la victime.

Pour travailler toutes ces compétences, on peut faire appel à des spécialistes (pompiers, médecins, infirmiers, Croix Rouge...). Certaines antennes locales de la Croix Rouge ou de la MAIF interviennent dans les classes en réponse à des projets d'école. Des formations sont aussi proposées pour les enseignants dans le cadre des plans de formation départementaux ou académiques.

Cette séquence peut être conduite à partir d'enquêtes réalisées localement dans la classe, à la maison, à l'école. Ce peut être aussi l'occasion de rencontres avec des spécialistes. De nombreux supports vidéo existent (voir en bibliographie) et permettent d'échanger avec les élèves sur des situations précises.

Le travail peut être aussi mené dans le cadre d'une séance d'expression d'art dramatique. La classe s'entraîne sur des situations d'accidents simulés. Ces jeux de rôle sont l'occasion d'apprendre comment donner l'alerte et d'élaborer un protocole d'alerte.

Le plan horizontal et le plan vertical

PAGES 114-115 DU MANUEL

RÉFÉRENCES AUX PROGRAMMES

Savoirs

Le repérage du plan horizontal et du plan vertical est essentiel pour l'élève pour se situer dans l'espace et le comprendre.

- La surface d'un liquide au repos est un plan horizontal.
- Le plan vertical est repéré par la direction d'un fil à plomb.
- Le plan horizontal et le plan vertical sont perpendiculaires.

Compétences en sciences et technologie

> Être capable de

- Poser des questions précises et cohérentes à propos d'une situation d'observation ou d'expérience.
- Imaginer et réaliser un dispositif expérimental susceptible de répondre aux questions que l'on se pose, en s'appuyant sur des observations, des mesures appropriées ou un schéma.
- Mettre en relation des données, en faire une représentation schématique et l'interpréter.

> Avoir compris et retenu

- La surface libre d'un liquide au repos définit le plan horizontal.
- La direction du fil à plomb indique le plan vertical, quel que soit l'endroit à la surface du globe.
- Un objet tombe à la vertical : il est attiré par la pesanteur vers le centre de la Terre.
- En un point donné de la surface du globe, le plan horizontal et le plan vertical forment un angle droit : ils sont perpendiculaires.

Compétences « maîtrise de la langue »

> Parler en sciences

- Utiliser le lexique spécifique des sciences dans les différentes situations didactiques mises en jeu.
- Formuler des questions pertinentes.
- Participer activement à un débat argumenté pour élaborer des connaissances scientifiques en en respectant les contraintes (raisonnement rigoureux, examen critique des faits constatés, précision des formulations, etc.).
- Savoir rechercher et énoncer des critères.

> Lire en sciences

- Traiter une information complexe comprenant du texte, des images, des schémas.
- Rechercher des informations pertinentes dans des documents.

> Écrire en sciences

- Prendre des notes lors d'une expérience, d'une enquête.
- Rédiger, avec l'aide du maître, un compte rendu d'expérience (texte à statut scientifique).
- Rédiger un texte pour communiquer des connaissances (texte à statut documentaire).

Liens avec d'autres disciplines ou parties du programme

- **Histoire :** architecture des monuments des périodes historiques étudiées, équilibres nécessaires à la solidité des constructions.
- **Mathématiques :** géométrie et tracés, conventions de représentation de plans.
- **Technologie :** fabrication d'objets techniques.
- **Éducation physique :** travail sur les postures du corps et les articulations.

INFORMATIONS POUR L'ENSEIGNANT

Informations scientifiques et techniques

> Le plan horizontal

La surface libre d'un liquide au repos est horizontale. Sans mouvement, l'eau subit sur tous les points de sa surface la **pression atmosphérique** : elle est horizontale. Cette propriété n'est pas du niveau des élèves de cycle 3. Il ne convient pas d'entrer dans les détails de ce phénomène physique au cours de cette leçon. Par contre, c'est par la manipulation et l'observation de la surface de l'eau que les élèves vont constater cette propriété de l'eau. Quelles que soient la position et la forme d'un récipient, la surface de l'eau qu'il contient définit toujours le plan horizontal.

À la surface du globe terrestre, la position horizontale change avec le lieu.

> Le plan vertical

Le fil à plomb indique la verticale de l'endroit où l'on se trouve. Le plomb lesté au bout d'une ficelle est **attiré vers le centre de la Terre par la pesanteur (force de l'attraction terrestre)**. De même que le plan horizontal, le plan vertical varie suivant l'endroit où l'on se trouve à la surface du globe. **Toutes les verticales se croisent au centre de la Terre. En un point donné, les lignes horizontales et verticales sont perpendiculaires :** elles forment un angle droit.

> Les dispositifs

La simple observation de la surface libre de l'eau ou d'un fil à plomb ne suffit pas. Les notions de verticale et d'horizontale prennent de l'intérêt pour les élèves parce qu'elles sont à la base de dispositifs construits par l'homme pour résoudre des problèmes pratiques quotidiens (constructions, visées topographiques...). La transposition de ces dispositifs à l'école est souhaitable : fil à plomb, niveau à bulle, niveau de maçon...

Représentations des élèves et obstacles à prendre en compte

L'obstacle majeur de compréhension pour les élèves est l'utilisation dans le langage courant de l'adjectif « droit ». On dit qu'un mur est droit, qu'un plancher n'est pas droit, on dit de se tenir droit, que la tour de Pise n'est pas droite... L'adjectif « droit » désigne aussi bien le plan vertical que le plan horizontal. Les élèves vont l'employer spontanément en début de séquence. Il ne faut pas les en empêcher. Il faut les aider à distinguer progressivement les deux plans. Ils vont ainsi prendre conscience que l'adjectif « droit » n'est pas conforme à la réalité physique. Ce travail sur le langage et le vocabulaire va les faire entrer dans les sciences, par la verbalisation. On aura donc soin de les amener à ne plus utiliser cet adjectif dans le contexte scientifique. Si son usage est acceptable dans l'usage courant, il ne peut plus l'être en sciences.

SÉQUENCE PÉDAGOGIQUE : CHAPITRE 35 VERTICAL OU HORIZONTAL ?

Matériel

- Manuel pages 114 et 115 et *Carnet de chercheur CM1* pages 58 et 59.
- Récipient transparent.
- Bouteille d'eau.
- Ficelle fine.
- Écrou de 20.
- Équerre.

Séance 1

Durée : de 20 à 30 minutes.

> « J'observe »

Faire observer les quatre photographies du manuel page 114, puis répondre aux questions. Ce questionnement conduit l'élève à percevoir ce qui n'est pas « droit ». Il peut être intéressant de demander aux élèves ce qu'ils entendent par « droit ». Essayer de leur faire préciser ce vocabulaire en faisant référence aux mathématiques et au lexique de la géométrie. La photo de la tour de Pise est très parlante pour les élèves pour construire le concept de verticalité. La comparaison de la tour de Pise avec le fil à plomb va permettre de confirmer la compréhension. Les élèves percevaient intuitivement la différence entre les deux : la formulation scientifique va leur permettre d'étayer leur compréhension. Il faut tout de même faire attention de ne pas verbaliser trop rapidement la compréhension intuitive et immédiate.

La même démarche sera suivie dans l'observation de l'eau dormante et de l'eau vive.

Dans les deux cas, la répétition des mots « penchée » pour la tour et « en pente » pour la rivière est nécessaire et utile.

Si certains élèves sont moins à l'aise dans la verbalisation, il ne faut pas hésiter à faire mimer les situations. La compréhension sera alors facilitée.

> « Je lis »

Le texte proposé est assez court, mais il comporte du vocabulaire qu'il est nécessaire d'expliciter pour atteindre une bonne compréhension des élèves : « ébranlement », « redressement ». Par la réflexion et la discussion, les élèves vont comprendre que le texte vient confirmer ce qu'ils ont observé sur la photographie de la tour de Pise : « Elle n'est pas droite et elle risque de tomber. »

Séance 2

Durée : de 20 à 30 minutes.

> Manipulation d'objets techniques

Il peut être utile de manipuler l'équerre à ce moment afin de faire constater que le plan horizontal de l'eau immobile contenue dans un récipient forme un angle droit avec le fil à plomb. On pourra mettre en œuvre le matériel pour une manipulation destinée à renforcer la compréhension. Les moyens mis en œuvre en classe pour la compréhension de l'horizontalité et de la verticalité restent approximatifs. Les élèves doivent en être conscients. Pour cela, il suffit d'attirer leur attention sur le soin que prennent les géomètres pour effectuer des mesures.

Les élèves ou le maître peuvent apporter en classe des outils utilisés par les maçons ou les menuisiers : niveau à bulle, fil à plomb, niveau de maçon... Ces instruments ne seront pas étudiés en eux-mêmes. Ce n'est pas tant leur mode de fonctionnement que les informations qu'ils donnent qui sont ici importants. Il n'est donc pas utile de prévoir une manipulation par petits groupes : une démonstration devrait suffire.

> Synthèse

On aura soin de ne pas limiter l'explicitation des deux notions aux exemples évoqués jusqu'alors. Il faut pousser l'élève à imaginer, à aller vers l'abstraction. On peut, par exemple, dire qu'un avion qui survole Paris est en train de « passer à la verticale ». Dans cet exemple, les élèves ne peuvent plus matérialiser la ligne verticale comme ils ont pu le faire jusqu'alors avec le fil à plomb. Mais l'image subsiste et le concept avance dans leurs esprits.

Le dernier élément du « Je comprends » peut faire l'objet d'un schéma. Chaque élève doit dessiner l'idée dans son cahier, pour vérifier qu'il a compris : la ligne d'horizon suit la rotondité de la Terre.
Consigne : « Dessiner la Terre. Imaginer un fil à plomb en différents points du globe. »
Questions : « Quelle direction indiquent les différents fils à plomb ? » ; « Vers quel point sont-ils tous dirigés ? »

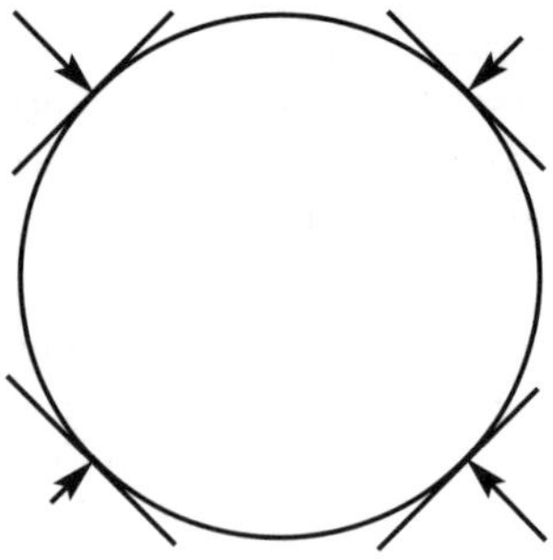

L'air, son caractère pesant

PAGES 116-121 DU MANUEL

RÉFÉRENCES AUX PROGRAMMES

Savoirs

- Faire reconnaître l'air comme une matière à part entière.
- Mettre en évidence une des propriétés de l'air : son caractère pesant.
- Être capable de mettre en évidence expérimentalement que l'air est pesant.

Compétences en sciences et technologie

> Être capable de

- Passer du tâtonnement expérimental à la mise en place d'une démarche expérimentale.
- Formuler des questions et pratiquer un raisonnement logique.
- Imaginer et réaliser un dispositif expérimental susceptible de répondre aux questions que l'on se pose, en s'appuyant sur des observations et des mesures appropriées.
- Savoir rechercher et énoncer des critères.
- Comparer et interpréter des mesures.
- Être capable d'élaborer des traces écrites permettant le suivi dans le temps des phénomènes observés, notamment pour la mise en évidence de la germination et de la croissance des végétaux.
- Mettre en relation des observations réalisées en classe et des savoirs que l'on trouve dans le manuel.
- Mettre en relation des données, en faire une représentation schématique et l'interpréter.
- Rédiger un compte rendu intégrant un ou plusieurs schémas d'expérience.

> Avoir compris et retenu

- L'air est une matière.
- L'air a une masse, comme toutes les matières.

Compétences « maîtrise de la langue »

> Parler en sciences

- Utiliser le lexique spécifique des sciences dans les différentes situations didactiques mises en jeu.
- Formuler des questions pertinentes.
- Participer activement à un débat argumenté pour élaborer des connaissances scientifiques en en respectant les contraintes (raisonnement rigoureux, examen critique des faits constatés, précision des formulations, etc.).
- Savoir rechercher et énoncer des critères.

> Lire en sciences

- Traiter une information complexe comprenant du texte, des images, des schémas.
- Rechercher des informations pertinentes dans des documents.
- Trouver sur Internet des informations scientifiques simples et les comprendre.

> Écrire en sciences

- Prendre des notes lors d'une expérience suivie dans le temps.
- Rédiger, avec l'aide du maître, un compte rendu d'expérience (texte à statut scientifique).

Liens avec d'autres disciplines ou parties du programme

- **Géographie :** météorologie, voyages aériens.
- **Histoire :** la conquête de l'air, les découvertes scientifiques.
- **Technologie :** construction d'une montgolfière.
- **Arts plastiques :** décoration de montgolfière (peinture, collage...).

INFORMATIONS POUR L'ENSEIGNANT

Informations scientifiques et techniques

> L'air est une matière

L'air est de la matière comme le sont les solides et les liquides. Il est pesant, il a une masse : 1 litre d'air dans les conditions ambiantes pèse 1,2 g par litre.

Le contenant le plus adéquat à utiliser pour peser de l'air est un ballon de volley dont le volume ne varie pas gonflé ou dégonflé, au contraire d'un ballon de baudruche. La différence de masse peut atteindre plusieurs grammes et être détectée par une balance peu sensible. La matérialité de l'air est attestée par d'autres propriétés.

- Il peut **être transvasé comme les liquides**.
- Il peut **transmettre un mouvement comme les solides.**
- Il peut **résister à un liquide, à un solide ou au mouvement** (comme la toile du prarachute ralentit la chute du parachutiste).
- Le vent est de l'air en mouvement.
- L'air est un excellent **isolant thermique** (dans un duvet, dans du double vitrage, c'est la couche d'air prisonnière qui isole.)

L'air est composé à 75 % de diazote et à 25 % de dioxygène et d'une faible proportion de divers gaz.

L'air atmosphérique n'est pas réparti uniformément sur la surface de la Terre et peut se déplacer par écoulement d'un lieu à un autre (le vent). Il se raréfie en altitude.

On peut réinvestir les connaissances acquises en CE2 sur les changements d'état de l'air. L'air est gazeux dans les conditions usuelles et passe à l'état liquide lorsqu'il est refroidi à – 200 °C.

> L'air chaud monte

L'air qui s'échauffe voit sa densité diminuer. Les couches d'air chaud moins pesantes gagnent l'espace supérieur. C'est un phénomène naturel observable à proximité des sols surchauffés en été. Des tremblements et un flou des images sont provoqués par les ascendances de l'air chaud qui monte. C'est ce qui permet aux planeurs de « tenir l'air », portés par ces masses d'air chaud ascendantes. C'est grâce à cette propriété de l'air que la montgolfière s'envole.

> Histoire de la conquête de l'air

Depuis Icare, un rêve de l'homme est d'imiter les oiseaux et de voler, de s'élever dans le ciel. Les **frères Montgolfier** font un pas dans ce sens en découvrant que l'air chaud s'élève. Ils créent la **montgolfière**. Celles-ci ont d'abord pris la forme de grandes enveloppes sphériques remplies d'air chaud et plus tard de gaz plus légers que l'air. Les montgolfières sont les premiers engins de ce type, suivis par les **ballons captifs**, puis les **ballons libres**, gonflés d'hydrogène puis de gaz d'éclairage. Ces machines sont malheureusement soumises à tous les vents.

Pouvant se déplacer horizontalement de façon autonome, les **dirigeables** gonflés d'hydrogène et plus récemment d'hélium ont pris le relais en prenant des formes aérodynamiques. L'Allemand **von Zeppelin** a développé ces machines et leur a permis de voyager autour du monde. Il leur a donné son nom : les **zeppelins**.

Du XVIIIe au XIXe siècle, les « plus légers que l'air » se sont imposés face aux « plus lourds que l'air ». C'est maintenant le contraire, même si des exploits sont encore réalisés en « ballon ».

Représentations des élèves et obstacles à prendre en compte

Comme souvent dans la langue française, des expressions courantes introduisent des ambiguïtés dans la compréhension que les élèves ont des phénomènes. « Aller prendre l'air » laisse supposer que l'air est à l'extérieur. De même une bouteille ou un verre sont dits « vides » comme tout récipient qui ne contient ni solide ni liquide. Il faut noter que, dans le langage scientifique, le mot « vide » désigne l'absence de toute matière. On voit donc que le langage courant accrédite l'idée de la non-matérialité de l'air.

Les enfants de l'école élémentaire ne conçoivent généralement que ce qu'ils perçoivent avec leurs organes des sens. Cependant, arrivés au cycle 3, ils sont assez familiarisés avec l'air pour ne pas douter de son existence. L'expérience sensible de « manquer d'air » lors d'un effort peut être rappelée. Cependant, si, pour eux l'air existe, il n'a pas acquis le statut de matière. En effet, ils conçoivent implicitement la matière comme étant visible, résistante, palpable. Soit le contraire de la conception qu'ils se font de l'air.

Il n'est pas nécessaire de faire la distinction entre la masse et le poids. Ces deux concepts ne sont pas à construire à l'école primaire. Il vaut mieux en rester à l'expression « est pesant ». Les élèves devront s'habituer à dire d'un objet : « Il a une masse de *x* grammes. »

SÉQUENCE PÉDAGOGIQUE : CHAPITRE 36
PEUT-ON PESER L'AIR ?

Matériel

- Manuel pages 116 et 117 et *Carnet de chercheur CM2* pages 72 et 73.
- Une balance (type balance de cuisine avec des graduations fines).
- Des ballons (football, volley-ball, handball, etc.).

Séance 1

Phase collective.
Durée : 45 minutes.

> Observer des expériences

L'expérience représentée schématiquement dans le « J'observe » de la page 116 du manuel peut être réalisée facilement en classe, par l'enseignant ou par les élèves.

La pesée est une mesure qui doit devenir aisément réalisée par les élèves de cycle 3, quel que soit le type de balance (Roberval, électronique...). Il est donc particulièrement intéressant de mettre en place cette expérience au cours de cette séance.

Il peut être intéressant de réaliser la même expérience avec différents types de ballons : ballon de volley, ballon de football, ballon de plage en plastique... La diversité des manipulations enrichit l'expérience des élèves et les amène plus rapidement à la compréhension du phénomène.

Ils vont très vite remarquer que le ballon gonflé pèse plus lourd que le ballon vide. Poser les questions : « Gonflé de quoi ? » Ils répondent que le ballon est gonflé d'air. C'est le premier pas vers la compréhension que l'air est pesant, qu'il a une masse.

> « Je lis »

Le compte rendu d'expérience de la page 116 du manuel est un excellent exercice de lecture d'un texte fonctionnel : il permet de traiter une information scientifique complexe comprenant à la fois du texte et des schémas. Les élèves doivent confronter ces deux sources d'informations pour comprendre l'expérience. Faire répondre aux questions. La lecture du compte rendu d'expérience permet aux élèves d'affiner leur compréhension du phénomène. On aura soin de solliciter plusieurs élèves sur la conclusion à tirer de l'expérience.

> « Je comprends »

Les quatre vignettes sont destinées à fixer dans les mémoires ce qu'il faut retenir des caractéristiques de l'air. Prendre quelques minutes pour laisser des élèves commenter chacune des images proposées avant de faire lire le texte encadré. Après lecture, il sera bon de faire chercher des exemples dans chaque cas.

- L'air transmet un mouvement : moulin à vent…
- L'air peut résister à un solide : pompe à vélo, un cycliste face au vent…
- L'air peut résister à un liquide : une bouteille « vide » renversée sur un récipient plein d'eau…

> « Étonnant ! »

L'expression « sous vide » présente dans l'encadré « Étonnant ! » est illustrative. Elle peut cependant être prétexte à commentaire, dans la mesure où les élèves ont l'expérience de ces emballages. Le vide devient perceptible par une manifestation sensible et s'oppose donc à la présence d'air.

SÉQUENCE PÉDAGOGIQUE : CHAPITRE 37 POURQUOI LE BALLON MONTE ?

Matériel

- Manuel pages 118 et 119 et *Carnet de chercheur CM2* pages 74 et 75.

Séance 1

Phase collective.
Durée : 45 minutes

> « J'observe »

Les élèves observent attentivement les deux documents (Doc. 1 et 2) de la page 118 du manuel. Le Doc. 1 est une gravure du XVIIIe siècle, le Doc. 2 est une photographie contemporaine. Cette observation fine peut être l'occasion d'une discussion dans la classe, chaque élève prenant la parole pour décrire ses propres observations et ses réponses aux questions posées.
Les élèves vont découvrir que le principe de fonctionnement de ces deux montgolfières est resté le même : l'air chaud s'élève dans l'enveloppe et fait monter l'engin. Ils remarquent également que la technologie a évolué et facilite la mise en œuvre du procédé.
L'idée de la constance d'un phénomène est ici importante. On peut montrer que les hommes ont compris très lentement (dans l'Histoire) le parti qu'ils pouvaient tirer de manifestations naturelles du monde physique.

> « Je lis »

Le texte a été choisi pour confirmer les observations du « J'observe ». Sa lecture en sera donc facilitée. On prendra soin de le faire commenter et relire de telle sorte que chaque élève puisse faire la correspondance entre le texte et les documents.
Il ne faut pas hésiter à faire rechercher la signification de certains mots dans le dictionnaire.

> « Je comprends »

Observer les deux photographies de la page 119 du manuel.
Pour le Doc. 3, si les élèves ne l'ont pas remarqué seuls, attirer leur attention sur la flamme de la bougie. Alors que la bougie elle même et la mèche sont inclinées, la flamme reste parfaitement verticale. Les élèves pourront tout d'abord dire qu'elle est « droite », avant de réinvestir le vocabulaire vu dans la leçon 35 « Vertical ou horizontal ? ».
Sur le Doc. 4, aucune flamme n'est visible. Pourtant, on voit que la fumée s'élève à la verticale.
Ces deux photographies et le questionnement conduisent les élèves à comprendre le phénomène. Ils observent que l'air chaud monte. La flamme et la fumée permettent de le visualiser. Même sans flamme, l'air s'échauffe à proximité de la source de chaleur et tend à s'élever.
Ces observations vont leur permettre de réaliser le dispositif proposé dans le *Carnet de chercheur* plus aisément.

> « Étonnant ! »

L'encadré illustre le phénomène des courants ascendants avec l'exemple du vélivole et du planeur. Les ascendances sont les courants d'air chauds verticaux issus du réchauffement des surfaces claires du sol par le rayonnement solaire.

SÉQUENCE PÉDAGOGIQUE : ZOOM SUR… LES PLUS LÉGERS QUE L'AIR

Cette double page est à traiter de manière différente des autres séquences pédagogiques. Son thème est connexe au thème de sciences : l'air. Ce « Zoom sur… » propose à la fois des illustrations et des textes de légende qui donnent à savoir et à réfléchir. Il se veut une passerelle vers d'autres disciplines du programme, une ouverture des sciences vers les autres matières.
Le domaine de l'aérostation et des dirigeables peut être lié avec profit avec l'histoire : la révolution industrielle du XIXe siècle est ainsi au programme de CM2. On peut également le lier avec l'histoire des sciences et des techniques. Le questionnement, tant du manuel que du *Carnet de chercheur*, est volontairement très ouvert pour que cette étude ne se restreigne pas à un seul aspect du domaine. Il est donc possible et souhaitable de lancer une recherche documentaire

sur ces différents engins « plus légers que l'air », sur leurs inventeurs et sur les exploits réalisés à bord de ces machines. Il peut être également intéressant de monter une exposition sur le thème, avec des panneaux illustrant les étapes de la « conquête du ciel ».

Au cours de ces recherches, les noms de certains gaz pourront apparaître. Il sera alors intéressant de préciser aux élèves que certains gaz sont inflammables, comme l'hydrogène, alors que d'autres gaz ne le sont pas, comme l'hélium. C'est pourquoi on utilise de nos jours l'hélium, qui ne présente pas de danger.

L'électricité

PAGES 122-129
DU MANUEL

RÉFÉRENCES AUX PROGRAMMES

Savoirs

- Notions de conducteurs et d'isolants.
- Montages électriques.
- Réalisations de circuits électriques alimentés uniquement avec des piles.
- Quelques montages en série et en dérivation.
- Évaluer pour soi, pour les autres, les risques de la vie quotidienne
- Connaître les mesures de prévention à prendre.
- Analyser une situation complexe pour alerter et s'impliquer dans la sécurité collective.
- Mettre en œuvre une protection adaptée à la situation.
- Donner l'alerte de manière plus ou moins structurée au service adapté.
- Décrire plus précisément une situation et l'état d'une personne.
- Effectuer une alerte complète.
- Installer une personne en position de sécurité.
- Principes élémentaires de sécurité des personnes et des biens dans l'utilisation de l'électricité.

Compétences en sciences et technologie

> Être capable de

- Allumer deux ampoules ou davantage à l'aide d'une pile.
- Faire briller une ampoule dans un circuit en série, en reliant une pile à une chaîne continue de conducteurs.
- Faire briller deux ampoules dans un circuit en dérivation.
- Réaliser un montage électrique.
- Distinguer un circuit en série d'un circuit en dérivation.
- Se comporter efficacement devant un problème d'ordre technique.

> Avoir compris et retenu

- Les propriétés des matériaux : conducteurs ou isolants du courant électrique.
- Les propriétés d'un circuit en série : plus il y a d'ampoules, moins elles brillent. Chaque ampoule brille moins que si elle était alimentée seule. Si le circuit est ouvert, aucune ampoule ne brille.
- Les propriétés d'un circuit en dérivation : chaque ampoule brille comme si elle était alimentée seule. Si le circuit est ouvert, les autres branches du circuit sont encore alimentées.
- Les numéros d'urgence à composer en cas de danger.
- Quelques gestes de prévention face aux dangers de l'électricité.

Compétences « maîtrise de la langue »

> Parler en sciences

- Utiliser le lexique spécifique des sciences.
- Formuler des questions pertinentes.
- Participer activement à un débat argumenté.
- Utiliser les connecteurs logiques dans le cadre d'un raisonnement rigoureux.
- Communiquer à l'oral des informations de manière pertinente.

> Lire en sciences

- Traiter une information comprenant du texte, des images, des schémas.
- Rechercher des informations pertinentes dans des documents.

> Écrire en sciences

- Rédiger un compte rendu d'expérience.
- Prendre des notes lors d'une observation, d'une enquête, d'une visite.
- Rédiger un texte pour communiquer ses connaissances.
- Réaliser un tableau de classement de données.

Liens avec d'autres disciplines ou parties du programme

> Éducation civique

- Apprentissage pratique d'un comportement.
- Respect de règles de sécurité.

INFORMATIONS POUR L'ENSEIGNANT

Informations scientifiques et techniques

> Le courant électrique

La notion de courant électrique (définition, mesure et sens), la schématisation codée selon les conventions en usage en électricité et les unités électriques ne sont pas au programme de l'école élémentaire.

Le courant électrique est un **déplacement d'électrons.** Les électrons sont de petites **particules chargées négativement qui tournent autour du noyau des atomes. Sous l'effet d'un champ électrique, les électrons se déplacent, en un mouvement d'ensemble, de la borne négative du générateur vers sa borne positive : c'est le courant électrique.**

Les métaux sont les corps les plus conducteurs car, au repos, c'est-à-dire en dehors d'un champ électrique, leurs atomes comportent des électrons libres en mouvements désordonnés.
Le courant électrique est caractérisé par sa **tension (U), mesurée en Volts**. Les piles courantes ont une tension de 1,5 V, 4,5 V ou 9 V. Le courant du secteur est de 220 V. **La tension est la tendance plus ou moins grande du courant à faire circuler de l'électricité entre les bornes du circuit.**
Les piles fournissent un courant électrique continu : les électrons se déplacent toujours dans le même sens. Le courant du secteur est alternatif ; il change de sens 50 fois par seconde.
Le courant électrique est aussi caractérisé par son **intensité (I), mesurée en Ampères. L'intensité correspond au débit d'électrons. Plus le nombre d'électrons est grand, plus l'intensité est grande. Plus la résistance du circuit est grande, plus l'intensité est faible.**
La résistance d'un circuit est sa plus ou moins grande facilité à laisser passer le courant. L'intensité et la tension sont liées par la loi d'Ohm : U = RI. R est la résistance du circuit en Ohms.
Dans le cas d'un matériau très bon conducteur, la résistance est quasi nulle. Si les deux bornes d'un générateur sont reliées par un fil métallique, l'intensité du courant est alors très élevée, le fil chauffe et peut même être porté à incandescence.

> Conducteurs et isolants

Certains matériaux sont très **conducteurs** (les métaux), d'autres très **isolants** (verre, plastiques). D'autres ont des caractéristiques variables en fonction de conditions particulières. Par exemple, des matériaux sont plus ou moins isolants selon la température. On les appelle les semi-conducteurs : ils sont à la base du développement de l'informatique.

> Circuit en série et circuit en dérivation

L'appareil qui met en évidence le passage de l'électricité est une ampoule.
Dans un circuit en série, tous les éléments du circuit sont branchés les uns après les autres. Si un élément ne fonctionne pas, il empêche le courant électrique de passer dans les autres éléments du circuit.
Dans un circuit en dérivation, les éléments du circuit sont indépendants les uns des autres et ne sont donc pas sujets à des défauts de fonctionnement du fait des autres composants.
À travers quelques circuits en série ou en dérivation, les élèves étendent la notion de circuit fermé et de chaîne continue de conducteurs électriques.

> Les dangers de l'électricité

Il est important d'alerter les enfants sur les dangers de l'électricité et particulièrement les **dangers du courant électrique de secteur**. Même si le phénomène reste difficile à comprendre, il faut leur signaler que les appareils **sont branchés à la terre par un fil conducteur de protection**. En cas de mauvais fonctionnement d'un appareil, cela permet au courant électrique de passer par la terre au lieu de passer dans le corps de l'utilisateur. L'électrocution est alors évitée.
Chaque année, en France, un millier d'enfants sont victimes d'une électrisation et environ dix d'entre eux, âgés de moins de 4 ans, meurent électrocutés. Les électrisations entraînent des brûlures. 60 % des victimes de brûlures par électrisation sont des enfants de moins de 16 ans, les deux tiers ayant entre 1 et 4 ans.
Selon la Commission de la sécurité des consommateurs, les principales causes des accidents sont souvent un manque de surveillance des parents, mais aussi l'ignorance et le désir de découverte des enfants. Les services hospitaliers observent un pic d'admission des enfants accidentés le week-end. Ces chiffres démontrent le rôle protecteur, voire préventif, du milieu scolaire.
Les autres causes d'accidents dus à l'électricité sont la vétusté des installations et la non conformité aux normes de certains matériels électriques. Il est donc indispensable d'apprendre aux enfants les dangers et les règles de sécurité électrique. **Comprendre le mécanisme de survenue des accidents permet de mieux s'en protéger.** L'un des rôles de l'école est donc d'apprendre aux enfants à adopter des conduites qui ne mettent pas leur vie en danger. Ils vont apprendre à identifier les dangers de l'électricité et à l'utiliser de façon consciente et raisonnée, en respectant les règles de sécurité.
Dans le cadre des objectifs de prévention contre les risques de l'électricité, les élèves doivent apprendre les dangers de la présence d'eau, voire de simples traces d'humidité, autour de tout dispositif électrique.
En classe, pour montrer la conductivité de l'eau, mieux vaut utiliser une DEL qu'une ampoule classique. **La DEL est une diode électroluminescente.** Elle est plus **sensible que l'ampoule au courant électrique**. La diode est **polarisée**, c'est-à-dire qu'elle ne brillera que si elle est branchée dans le « bon » sens (il faudra essayer les deux possibilités). Les DEL sont présentes partout dans notre environnement quotidien. Témoins rouges, verts, jaunes de l'allumage des appareils électroménagers, des ordinateurs, feux tricolores des rues, indicateurs de tableau de bord des voitures, lampes frontales...
Elles remplacent les ampoules ; elles consomment moins d'énergie et sont moins fragiles.
Le rôle des matériaux isolants, en particulier des matières plastiques, sera mis en évidence. On attire l'attention des élèves sur les parties dénudées des fils qui, faute d'être isolées, présentent des risques (électrocution, court-circuit, échauffement, incendie...)

BON OU MAUVAIS CONDUCTEUR ?

Objectif

- Identifier les matériaux conducteurs et les matériaux isolants.

Matériel

- Manuel pages 122 et 123 et *Carnet de chercheur CM1* pages 62 et 63.
- Pile.
- Fils électriques.
- Ampoule.
- Douille.
- Laine.
- Papier aluminium.
- Clou.
- Crayon de papier en bois.

Séance 1

Phase collective ou individuelle, selon la mise en place ou non de groupes.
Durée : 40 minutes.

> « J'observe »

Il est particulièrement intéressant de faire réaliser et manipuler aux élèves les circuits électriques représentés sur les Doc. 1 à 4 de la page 122 du manuel. Ces réalisations sont simples, d'autant que les élèves ont déjà réalisé des circuits électriques au cycle 2.
On peut faire interpréter les schémas individuellement ou par groupes de deux. Les élèves vont observer le fait que ces quatre circuits sont semblables et que toutes les connexions sont correctement effectuées. Ils vont remarquer que l'ampoule ne s'allume pas dans tous les cas : l'ampoule s'allume dans les circuits où figurent le papier d'aluminum et le clou. L'ampoule ne s'allume pas dans les circuits où figurent le brin de laine et la règle en plastique. Poser la question : « Si les contacts sont bons, qu'est-ce qui empêche le courant électrique de passer ? » Par déduction, les élèves comprendront que l'élément coupe-circuit est le brin de laine (Doc. 2) et la règle en plastique (Doc. 4). Dans les deux autres cas, le papier aluminium (Doc. 1) et le clou (Doc. 3) laissent passer l'électricité puisque les ampoules s'allument.

> « Je lis »

La lecture du texte « Je lis » est complexe. Le maître va insister sur ce qui se passe pour les métaux dans un circuit électrique. Les métaux sont traversés par l'électricité et doivent être isolés de toute part si l'on veut s'opposer à ce passage. Cette pratique du XVIIIe siècle montre l'évolution qu'ont connue la compréhension et la technique du contrôle du courant.

> « Étonnant ! »

L'encadré « Étonnant ! » doit inciter les élèves à expérimenter après la lecture. C'est d'ailleurs en réalisant ce montage électrique qu'ils pourront véritablement comprendre le phénomène. Les élèves sont sensibles à cette petite manipulation « spectaculaire » qui reproduit les effets d'un variateur de lumière, d'un rhéostat ou d'un potentiomètre. Ces dispositifs permettent d'obtenir des variations de lumière, de son...
Plus la longueur de mine est importante, plus l'ampoule brille faiblement, et inversement. Un crayon de papier fendu en deux sur sa longueur convient bien. Cela permet de faire glisser le fil de contact sur la mine et de voir les variations de luminosité de l'ampoule de manière immédiate.

Séance 2

Phase collective en petits groupes.
Durée : 40 minutes.

> « Je comprends »

L'expérience proposée comporte une difficulté. L'élément du circuit qui empêche le courant électrique de passer est la paire de ciseaux, dont les poignées sont en plastique. Un côté de l'objet est conducteur (lames métalliques), l'autre ne l'est pas (poignées en plastique). Par ailleurs, il est possible que la puissance de la pile soit insuffisante pour parvenir à allumer l'ampoule témoin avec tous ces éléments disparates à la fois. La longueur de la mine du crayon de papier peut aussi constituer une résistance importante (voir « Étonnant ! » ; réduire la mine si nécessaire).
Il est bon de réaliser l'expérience en classe en insérant les éléments un par un dans le circuit. Le tâtonnement expérimental prend ici toute sa valeur.

> Évaluation

L'activité prévue dans le *Carnet de chercheur* pages 62 et 63 permet aux élèves de faire des essais de manière très libre. Dans le même esprit que les schémas du manuel, l'élève doit tester les propriétés de différents objets et matériaux dans un circuit électrique. Par tâtonnement expérimental, l'élève va observer si certains matériaux sont conducteurs du courant électrique ou pas. Il doit consigner ses résultats dans un tableau. Cette lecture objective de faits constatés est très formatrice. Elle constitue une excellente évaluation pratique des savoirs acquis lors de cette séquence.

•••• SÉQUENCE PÉDAGOGIQUE : CHAPITRES 39, 40 ET 41 ••••
FABRIQUER UN CIRCUIT EN SÉRIE
FABRIQUER UN CIRCUIT EN DÉRIVATION
CIRCUIT EN SÉRIE OU CIRCUIT EN DÉRIVATION ?

Objectif

- Mettre en évidence les propriétés d'un circuit en série et celles d'un circuit en dérivation.

Matériel

- Manuel pages 124 à 127 et *Carnet de chercheur CM1* pages 64 et 65.
- Pile.
- Ampoules.
- Fils électriques.
- Interrupteur (par petits groupes).

Séance 1

Phase collective par petits groupes (de deux élèves par exemple).
Durée : 30 minutes.
Les élèves observent et lisent attentivement les deux fiches techniques des pages 124 et 125 du manuel. Avec le matériel dont ils disposent, ils mettent en place un circuit en série, puis un circuit en dérivation.
Il est très important de leur faire vérifier systématiquement la qualité de leurs branchements.
Les élèves vont remarquer que les ampoules du circuit en dérivation brillent plus intensément que les am-poules du circuit en série. Sans entrer dans les détails, il faut que les élèves comprennent que les éléments du circuit en dérivation reçoivent la totalité de l'intensité du courant, alors que celles du circuit en série se partagent l'intensité du courant électrique.
Faire ensuite observer les schémas des pages 126 et 127 du manuel. Les compétences déjà acquises s'agissant de circuit électrique vont permettre aux élèves de comprendre les différences entre un circuit en série et un circuit en dérivation. Dans un circuit en série, toute interruption du circuit se répercute sur l'ensemble du circuit. En revanche, dans le circuit en dérivation, le courant peut passer dans l'une ou l'autre ampoule, même si l'une d'elles est défectueuse.
La réalisation de ces circuits ne pose aucun problème. Il est important de laisser le temps nécessaire pour que les élèves s'approprient vraiment le fonctionnement des dispositifs. On peut encourager les plus incertains à redessiner leurs propres montages.

Séance 2

Phase collective par petits groupes (de deux élèves par exemple).
Durée : 30 minutes.
Faire verbaliser le fonctionnement des circuits en série et en dérivation. La verbalisation va permettre de fixer la compréhension des élèves. Il est important que chaque élève soit apte à dire « à sa manière » ce qu'il a compris. Si l'expression est difficile, il est important de passer par le dessin et le schéma.
Les élèves doivent être capables de reconnaître les différents types de circuits. L'activité du *Carnet de chercheur* est idéale dans cette perspective.
Un renforcement pratique ne peut pas nuire et un nouveau passage par l'expérience sera mis en œuvre, sur le modèle des Doc. 3, 4 et 5 de la page 127 du manuel. Il est possible de ne faire manipuler que quelques élèves, qui devront parallèlement expliquer leur manipulation et leur démarche à leurs camarades.
Pour renforcer la compréhension, la lecture de l'encadré « Étonnant ! » est importante. Elle permet d'ancrer la manipulation des circuits électriques dans la vie courante. Une guirlande lumineuse peut être apportée en classe et permettre de démontrer le contenu du texte. La présence de plusieurs ampoules permet de ne pas « figer » la représentation des élèves à un nombre restreint d'ampoules.

•••••••• SÉQUENCE PÉDAGOGIQUE : ZOOM SUR... ••••••••
LES DANGERS DE L'ÉLECTRICITÉ

Matériel

- Manuel pages 128 et 129 et *Carnet de chercheur CM1* pages 66 à 69.

Séance 1

Phase collective, puis par groupes.
Durée : 35 minutes (15 minutes pour la phase collective, puis 20 minutes par petits groupes).

> Phase collective

En s'aidant des illustrations et des légendes, les élèves s'interrogent sur les situations représentées et les conséquences qu'elles peuvent avoir.
S'interroger sur la mise en page : « Pourquoi avoir représenté les situations dans des triangles bordés de rouge orangé ? »
Pour le Doc. 2 : insister sur les dangers que les enfants peuvent courir en utilisant un appareil électrique les mains mouillées ou les pieds dans l'eau. Insister sur le fait qu'ils ne doivent pas utiliser des appareils électriques (même le téléphone) dans leur bain ou sous la douche.

> Phase de recherche par petits groupes

Rechercher, dans la vie courante, d'autres situations où l'électricité peut être dangereuse. Cette phase est à mettre en relation avec le chapitre 34 « Que faire en cas d'accident ? » et le « Zoom sur... Les gestes qui sauvent » (pages 110 à 113 du manuel). Faire établir une liste des règles de sécurité à mettre en place pour éviter ces dangers. Les élèves peuvent aussi utiliser le *Carnet de chercheur* pages 66 et 67 pour mener ce travail.

> Élaboration de la synthèse

Faire la mise en commun des règles de sécurité proposées par les différents groupes. Les élèves rédigent collectivement un document sur les dangers de l'électricité et les conduites à tenir pour les éviter. La diffusion de ce document peut se faire ensuite auprès des autres classes ou des familles sous forme d'affiches ou d'un document multimédia.

Séance 2 et *Carnet de chercheur*

Phase collective (précédée par une enquête individuelle menée à la maison).
Durée : 45 minutes (sans compter la phase d'enquête individuelle).

> Phase individuelle (à conduire à la maison)

Demander aux élèves d'observer à leur domicile le trajet de l'électricité. À partir du poteau électrique (s'il est visible, les lignes EDF étant de plus en plus enterrées), ils suivent le trajet de l'électricité par les fils, de l'extérieur à l'intérieur de leur domicile. Demander à chaque élève de schématiser ce trajet.

Les enfants observent ensuite le compteur de leur domicile. Ils le dessinent après avoir conduit l'enquête proposée dans le *Carnet de chercheur* pages 68 et 69.

> Phase collective

Mise en commun des observations conduites par les élèves chez eux. On constate que le courant arrive d'abord au compteur. S'interroger sur les fonctions de chaque élément du compteur.

- Le **compteur** indique la consommation d'énergie électrique. Le disque tourne d'autant plus vite que la consommation est élevée. La consommation électrique est indiquée en kWh (kilowatt/heure). Il est intéressant de faire prendre conscience aux élèves, dans le cadre de l'éducation au développement durable, qu'ils sont eux-mêmes responsables, à leur niveau, de la consommation d'énergie. Ce peut être l'occasion de réfléchir aux conduites qui permettent d'économiser l'énergie. Ce thème sera repris par la suite dans le chapitre 48 « Comment économiser l'énergie ? ».
- Le **disjoncteur** permet, grâce à une commande manuelle, de couper le courant dans toute la maison. Il faut donc absolument le couper avant d'effectuer une quelconque intervention sur l'installation électrique. Le disjoncteur coupe aussi automatiquement le compteur s'il se produit un incident comme un court-circuit. Enfin, il interrompt la fourniture d'électricité en cas de dépassement de la puissance limite.
- Les **fils conducteurs** conduisent le courant. C'est seulement vers 1820 qu'un instituteur américain, Joseph Henry, inventa le premier fil électrique isolé. Il faisait ses expériences d'électricité avec des fils nus, or le contact entre les fils nuisait à ses résultats. Il eut alors l'idée de prendre les rubans de soie de la jupe de sa femme et de les enrouler autour des fils électriques.
- La **boîte à fusibles**. Elle regroupe tous les fusibles. Lorsque le courant est trop intense, le fusible fond et coupe le circuit. Il a donc une fonction de protection comme le compteur, mais il ne protège qu'une partie du circuit. Il permet d'ouvrir ou de fermer une partie du circuit. L'activité pourra se conclure en recherchant le compteur électrique et les boîtes à fusibles de l'école et en indiquant leur position sur un plan.

Leviers et balances

PAGES 134-139
DU MANUEL

RÉFÉRENCES AUX PROGRAMMES

Savoirs

- Leviers et balances : réalisation d'un équilibre.
- Utiliser des objets techniques simples.

Compétences en sciences et technologie

> Être capable de

- Prévoir et interpréter quelques situations d'équilibre.
- Identifier le levier et l'axe autour duquel s'effectue la rotation (le pivot).
- Fabriquer un ou deux objets mettant en œuvre des mécanismes simples.
- Monter ou démonter un objet technique simple.
- Se comporter efficacement devant un problème technique.
- Poser des questions précises et cohérentes à propos d'une situation d'observation ou d'expérience.
- Représenter par un modèle simple le fonctionnement d'un système mécanique.
- Imaginer et réaliser un dispositif expérimental susceptible de répondre aux questions que l'on se pose en s'appuyant sur des observations, des mesures appropriées ou un schéma.
- Mettre en relation des données, en faire une représentation schématique et l'interpréter.
- Mettre en relation des observations réalisées en classe et des savoirs que l'on trouve dans une documentation.

> Avoir compris et retenu

- Une même force a plus d'effet sur la rotation si elle est appliquée à une plus grande distance de l'axe.
- Une grande force a plus d'effet qu'une petite force si elle est appliquée à la même distance de l'axe.
- Notion d'équilibre.
- Distinction entre le poids et la masse.

Compétences « maîtrise de la langue »

> Parler en sciences

- Utiliser le lexique spécifique des sciences.
- Formuler des questions pertinentes.
- Participer à un débat argumenté.

> Lire en sciences

- Lire et comprendre un ouvrage documentaire.
- Traiter une information complexe comprenant du texte, des images, des schémas, des tableaux…

> Écrire en sciences

- Prendre des notes lors d'une observation, d'une expérience, d'une enquête ou d'une visite.
- Rédiger, avec l'aide du maître, un compte rendu d'expérience ou d'observation (texte à statut scientifique).
- Tenir un carnet d'expériences et d'observations.
- Rédiger un texte pour communiquer des connaissances (texte à statut documentaire).
- Produire, créer, modifier et exploiter un document à l'aide d'un logiciel de traitement de texte.
- Communiquer à l'aide d'une messagerie électronique.

Liens avec d'autres disciplines ou parties du programme

> Espace et géométrie

- Relations et propriétés : alignement, perpendicularité, parallélisme, égalité des longueurs, symétrie axiale.
- Figures planes.

> Histoire

- L'Antiquité : l'Égypte et la civilisation romaine.
- La Révolution française : les cahiers de doléances, l'unification des poids et mesures par l'Assemblée nationale en 1793 et 1795.

> Éducation artistique

- Assembler, juxtaposer et associer des matériaux divers lors de la construction de mobiles.
- Réaliser une production en deux ou trois dimensions à partir de consignes précises.
- Identifier et nommer quelques références (œuvres, personnalités).

INFORMATIONS POUR L'ENSEIGNANT

Informations scientifiques et techniques

> Étude de mécanismes

Un objet qui peut tourner autour d'un axe fixe peut rester en équilibre s'il est soumis à des forces dont les effets se compensent.

Pour faire tourner l'objet, une grande force a plus d'effet qu'une petite force appliquée à la même distance de l'axe.

Pour faire tourner l'objet, une même force a davantage d'effet si elle est appliquée à une plus grande distance de l'axe.

Ces formulations conviennent pour étudier les situations abordées à l'école primaire. Toutefois, elles ne sont exactes que sous les conditions suivantes :

- la force est dans un plan perpendiculaire à l'axe de rotation ;
- dans ce plan, la droite d'action de la force et la droite qui joint le point représentant l'axe de rotation au point d'application de la force sont perpendiculaires.

Le mot « effet » (destiné aux élèves) recouvre la notion physique de « moment d'une force ». Le moment d'une force est égal au produit du bras de levier par l'intensité de la force. Le bras de levier est la distance du point d'application de la force à l'axe de rotation.

> Les dispositifs pratiques

Les équilibres interviennent dans de nombreux dispositifs pratiques. Lors de la séquence, il est nécessaire de permettre aux élèves de manipuler plusieurs de ces objets techniques qui utilisent les leviers : un arrache-clou, un casse-noix, un coupe-ongles, une perforatrice de bureau, des paires de ciseaux, des pinces diverses comme une pince à escargot, à sucre, à glace..., un couteau de boulanger, des tenailles, un décapsuleur...

> Le poids, la masse

Dans la vie courante, il est fréquent de confondre le poids et la masse. Ce sont pourtant **deux notions différentes.**

La masse correspond à la quantité de matière. Le poids correspond à la force d'attraction qu'exerce la Terre sur la masse.

On mesure la masse sur une balance. **La masse ne varie pas selon les lieux.** Elle s'exprime en **kilogrammes (kg).**

Le poids est une force qui se mesure avec un **dynamomètre** et qui **varie selon le lieu.** Ainsi, sur la Terre, l'attraction est cinq fois plus forte que sur la Lune. L'unité de poids est le **Newton** (N). Le rapport entre le poids et la masse dans un même lieu s'appelle « constante de gravitation ».

Représentations des élèves et obstacles à prendre en compte

Pour les élèves, les efforts sont exercés par les muscles ; ils produisent de la fatigue. Le fait qu'un objet inerte puisse exercer un effort sur un autre objet nécessite une transposition difficile. Il est donc nécessaire d'employer le terme physique « force », sans chercher à le définir, plutôt que « effort » ou « action » qui évoquent davantage l'intervention d'un être vivant. Dans le langage courant, de fréquentes confusions de vocabulaire sont faites entre « force » et « effort », entre « poids » et « masse ». La confusion entre le poids et la masse reste très fréquente chez les élèves. Ce sont des notions qui restent difficiles à comprendre et qui ne sont pas inscrites en tant que telles dans les programmes de l'école primaire. Les manipulations proposées ne pourront que permettre de faire prendre conscience aux enfants que le langage scientifique n'est pas toujours le même que le langage courant. Mais il n'est pas nécessaire à l'école élémentaire d'insister sur ces points : les notions physiques ne sont pas au programme de cycle 3.

La séquence pédagogique sur la balance ne peut être conduite avant l'étude des conditions de l'équilibre autour d'un axe.

SÉQUENCE PÉDAGOGIQUE : CHAPITRE 45
COMMENT SOULEVER UN OBJET LOURD ?

Matériel

- Manuel pages 134 et 135 et *Carnet de chercheur CM1* pages 70 et 71.
- Ficelles.
- Poids.
- Tiges de bois.
- Clous.
- Pitons.
- Bouteilles en plastique.
- Du matériel de jeu de construction.
- Le matériel EPS.

Séance 1

Phase collective.
Durée : 35 à 40 minutes.

> « J'observe »

Décompter deux minutes pour permettre aux élèves d'observer attentivement les Doc. 1 et 2 de la page 134 du manuel. Donner la parole à plusieurs élèves pour qu'ils expriment leur point de vue sur ces deux situations. Il ne faut ni infirmer ni confirmer ces remarques et ces réponses. Les interrogations que posent les documents photographiques doivent être mises en commun.

À partir de l'observation du Doc. 1, l'idée que la petite fille aura plus de chances de soulever son père en étant loin du pivot va émerger, d'autant que ce document est proche d'une réalité connue des élèves : la balançoire.

L'observation du Doc. 2 va faire apparaître l'idée que le système de poulies (le palan) devrait faciliter l'action de soulever la charge.

Les élèves peuvent réaliser une maquette simplifiée du dispositif du Doc. 1 avec une bouteille en plastique en guise de socle (avec le goulot fendu) et une tige de bois en guise de fléau. La tige doit être percée d'un clou qui figure l'axe. 5 pitons sont fixés sur la tige, auxquels on suspend des masses qui figureront la petite fille et son père.

De la même manière, à partir de l'observation du Doc. 2, les élèves peuvent tenter de réaliser un système équivalent avec des éléments de jeu de construction et des ficelles. La réalisation en maquette de dispositifs techniques ne pose aucun problème à des élèves de cycle 3.

> « Je lis »

La lecture de cette image de bande dessinée est propice au débat et à l'échange verbal puisque les personnages sont familiers aux élèves. Il faut laisser se développer oralement la description de la scène, en veillant à noter le vocabulaire utilisé : « tirer », « appuyer », « forcer », etc.

Poser la question : « Quel Dalton est le mieux placé pour soulever seul la pierre ? » Même si la pierre bouge, les Dalton sont mal placés ; ils sont en effet placés sous le levier. C'est néanmoins le plus grand, Averell, placé le plus loin du pivot, qui est dans les meilleures conditions pour déplacer le rocher.

Ce dessin est le pendant du Doc. 1 du « J'observe ». Solliciter les élèves pour qu'il fassent le rapprochement entre les deux documents et notent l'analogie entre les deux situations. Cette situation peut être mimée par les élèves lors d'une séance de plein air. Recréer les situations en extérieur avec les élèves permet de les rendre acteurs et observateurs des expériences.

Au terme de l'activité, demander aux élèves de rédiger quelques lignes pour décrire la situation observée. Ils vont ainsi pouvoir réinvestir le vocabulaire et la syntaxe utilisés lors de l'échange.

Séance 2

Phase collective, puis individuelle pour l'évaluation.
Durée : 40 minutes.

> « Je comprends »

Les élèves observent attentivement les dispositifs présentés (Doc. 3, 4 et 5 de la page 135 du manuel). C'est un récapitulatif des dispositifs techniques vus à la page précédente.

Le questionnement amène les élèves à réaliser une recherche documentaire pour trouver des métiers qui utilisent de tels dispositifs. C'est une pratique de lecture supplémentaire ancrée dans l'activité scientifique et technologique.

> Évaluation

Les deux activités du *Carnet de chercheur* conduisent l'élève à réinvestir ce qu'il a acquis au cours de la séance et l'obligent à rédiger.

Cette séance permet de développer une démarche logique, le sens de l'observation et la capacité à transférer une compréhension à différents systèmes. Des situations réelles de la vie de classe seront mises à profit pour faire éprouver physiquement les phénomènes en jeu.

SÉQUENCE PÉDAGOGIQUE : CHAPITRE 46
COMMENT UTILISER UNE BALANCE ?

Objectifs

- Percevoir les conditions d'équilibre.
- Réaliser des pesées en utilisant une balance Roberval.
- Utiliser des mesures de pesée arbitraires.
- Comprendre le mécanisme d'une balance.

Matériel

- Manuel pages 136 et 137 et *Carnet de chercheur CM1* pages 72 et 73.
- Des balances Roberval (une par groupe).
- Des pèse-personnes.
- Divers types de balances (pèse-lettres de l'école…).
- Une boîte de masses marquées par groupe.
- Les objets de la trousse ou d'autres objets de la classe.
- Des billes.
- Des bouchons plastiques.
- Des règles plates.
- Des rouleaux de colle.
- Des élastiques.
- De la pâte à modeler.

Séance 1

Phase collective par petits groupes.
Durée : 45 minutes.

> Problématisation

Avant de distribuer les balances aux élèves, poser des questions pour évaluer leurs représentations initiales et leurs connaissances avant le début de la séance. Noter ces représentations initiales. Cela permettra, en fin de séance, de mesurer l'apprentissage des élèves. « À quoi sert cet instrument ? » ; « Connaissez-vous d'autres types d'instruments similaires ? » ; « Ont-ils tous la même utilisation ? » ; etc.

Ce premier échange va permettre de mettre en place un vocabulaire scientifique adapté. Il faut notamment inciter les élèves à faire la distinction entre le poids et la masse. Il ne faut pas entrer dans le détail d'explications compliquées qui n'ont pas lieu d'être à l'école primaire.

La manipulation est un enjeu essentiel de cette séance, il est important que les élèves comprennent comment s'effectue l'équilibre. Il doivent également comprendre que la masse est toujours la même, quelle que soit la balance utilisée.

> Phase 1

Répartir les élèves en groupe. Dans chaque groupe, distribuer une balance Roberval, des billes, des bouchons. Demander aux élèves de peser à l'aide de la balance différents objets (contenus dans leur trousse par exemple). Chaque groupe devra classer les objets pesés du plus léger au plus lourd. Certains groupes se dotent d'un étalon de mesure pour définir quel objet est plus léger. D'autres travaillent par encadrements successifs.

Prendre un temps pour faire comparer les résultats de chaque groupe. Rechercher quel étalon de mesure permet la pesée la plus précise.

> Phase 2

Distribuer des boîtes de masses marquées et demander aux élèves d'effectuer des pesées comme dans la

phase précédente (ne choisir que les objets de la trousse). On peut proposer aux élèves d'échanger certains objets et de les faire peser par un autre groupe. Les élèves vont alors remarquer que les mêmes objets ont la même masse quelle que soit la balance utilisée.
Après la phase d'appropriation des différentes masses marquées, demander de réaliser des pesées avec le minimum de masses marquées possible. Puis, réaliser les mêmes pesées avec le maximum de masses marquées possible.
L'objectif de cette phase est de familiariser les élèves avec les masses marquées. Ils les utiliseront ensuite en mathématiques. Cette séance les aidera également à construire la notion de masse.

> Phase de synthèse

Chaque groupe fait part de ses remarques concernant les pesées effectuées.

> « J'observe »

La balance Roberval reste encore aujourd'hui la balance la plus accessible sur le plan didactique : le fléau est bien visible, les deux poids agissent de façon égale et il n'y a pas de contrepoids ou de ressort caché. De plus, la balance Roberval permet de faire des comparaisons sans passer par l'intermédiaire de masses marquées. Cela permet aux élèves de choisir un étalon de mesure lors de leurs manipulations.

> « Je lis »

Le lien entre les disciplines, et notamment entre les sciences et l'histoire, est vivement recommandé dans les programmes officiels et les documents d'application des programmes. Avec ce texte, il est aisé de mettre en œuvre le lien avec le programme d'histoire et la Révolution française étudiée en CM1 : les cahiers de doléance, l'Assemblée nationale.
Il peut être particulièrement intéressant d'étudier des gravures ou des représentations de cette décision de l'Assemblée nationale en 1793 d'unifier les systèmes de poids et mesures.
La recherche d'anciens noms de mesure de poids peut être faite sur Internet ou dans une encyclopédie. Les élèves pourront rechercher à quoi chaque ancienne unité de mesure correspond aujourd'hui.

Séance 2

Phase 1 à mener par groupes de deux.
Phase 2 à mener en petits groupes.
Durée : 45 minutes.

> Phase 1

Avant de travailler avec les schémas du manuel, proposer aux élèves par groupe de deux de fabriquer une balance avec leur règle plate et leur tube de colle. Leur distribuer de la ficelle ou un élastique pour l'assemblage, de la pâte à modeler pour les manipulations.
Les élèves schématisent ensuite leur dispositif dans leur cahier de sciences.
Les élèves observent les schémas du manuel page 137 (« Je comprends »).

Dessin 1. Si les masses sont différentes et les longueurs des bras du levier identiques, la balance penche du côté de la masse la plus lourde. Pour obtenir l'équilibre, il faut compenser la différence de masse par l'inégalité des distances par rapport au centre (pivot).
Dessin 2. Si les masses sont identiques, les longueurs des bras du levier sont elles aussi identiques par rapport au pivot à l'équilibre.

> Phase 2

Observer les balances Roberval dans la classe pour en rechercher les caractéristiques : fléau, couteau central assurant l'appui et la rotation, plateaux et couteaux latéraux, distance et équilibre à vide. S'interroger sur le mécanisme en découvrant le parallélogramme déformable et le guide de ce parallélogramme qui permettent l'horizontalité des plateaux lors des pesées. Schématiser le dispositif de la balance et le recopier dans le cahier de sciences.

> Par groupes

Distribuer une balance différente à chaque groupe. Demander aux élèves de les observer attentivement et de comprendre leur fonctionnement. Chaque groupe procède librement à des pesées et peut s'échanger des objets. Un rapporteur est désigné dans chaque groupe. Il doit présenter sa balance, son fonctionnement et son utilisation devant la classe. Chaque groupe présente ses observations sous la forme de tableau présentant les différents types de balances avec leur description, leur utilisation, leur fonctionnement et leur portée.
La mise en commun permettra de comparer et de réfléchir au meilleur choix d'une balance pour un certain type de pesée. Cette activité correspond à l'exercice du *Carnet de chercheur* page 75.

> Élaboration de la synthèse

La synthèse doit se faire à partir du tableau réalisé dans la phase précédente et lors de la schématisation des dispositifs construits ou observés. Cette schématisation sera accompagnée de légendes rédigées collectivement.

Séance 3 et *Carnet de chercheur*

Phase collective par groupes de deux.
Durée : 30 minutes.

> Fabriquer une balance

La fabrication d'une maquette de balance n'est proposée qu'à la fin de la séquence. En effet, ce travail suppose des contraintes techniques à respecter. Il faut donc que les élèves aient acquis les principes d'équilibre et qu'ils aient compris les principes de fonctionnement de la balance avant de se lancer dans ce travail.
Demander aux élèves d'apporter le matériel nécessaire à la construction de la maquette. Suivre les consignes du *Carnet de chercheur* pour construire la maquette, puis la tester en pesant différents objets.
L'activité proposée avec la balance à ressort demande aux élèves plus d'initiative pour la construction.

L'observation de l'étirement du ressort ou de l'élastique est quelquefois difficile à observer du fait du manque de stabilité du dispositif.

> « Étonnant ! »

Lors des pesées réalisées en classe, les élèves ont pu s'interroger sur la plus petite masse qui provoque un déplacement de l'aiguille. Cela permet de définir les qualités que l'on peut attendre d'un instrument de mesure tel que la balance :

- la fidélité : le même objet mesuré plusieurs fois donne toujours le même résultat.
- la sensibilité : la balance la plus sensible enregistre un déplacement plus visible pour la masse la plus faible.
- la justesse : lorsqu'on répète plusieurs fois la même mesure, la valeur moyenne est proche de la valeur vraie.

SÉQUENCE PÉDAGOGIQUE : ZOOM SUR... HISTOIRE DE LA PESÉE ET DES BALANCES

Matériel

- Manuel pages 138 et 139 et *Carnet de chercheur CM1* pages 74 et 75.

Séance 1

Phase collective.
Durée : 20 minutes.
Cette séance permet d'aborder avec les élèves l'histoire des techniques.
Elle permet aussi aux élèves de réfléchir, à partir d'activités de pesée, sur le choix d'une balance en fonction des objectifs de pesée. Ils mettent en relation la portée de la balance avec l'objet à peser.
Cette séquence pédagogique peut s'intégrer comme une séance supplémentaire à la fin de la séquence précédente sur le chapitre 46 « Comment utiliser une balance ? »

> Problématisation

Demander aux élèves ce qui est commun aux objets présentés sur cette double page. Ils vont énoncer un certain nombre d'éléments rencontrés lors des séances précédentes : fléau, levier, plateaux... S'assurer du bon usage du vocabulaire scientifique.
Puis, document par document, faire débattre les élèves sur le fonctionnement de chaque balance en se référant au tableau réalisé lors de la Séance 2. Ce sera l'occasion de compléter ce tableau.

> Observation et description

Doc 1. Depuis très longtemps, les hommes utilisent les balances pour mesurer la masse d'un objet. On estime que la balance a été inventée au cours du troisième millénaire avant J.-C. Les égyptologues ont découvert des dessins et des gravures de balances à fléaux égaux sur les murs des tombeaux de pharaons ou sur des papyrus. Ces balances étaient fabriquées en bois. Sur ce type de balance, on dépose l'objet sur un plateau et les masses marquées sur l'autre plateau, jusqu'à l'équilibre horizontal de la barre.
Doc. 2. La balance romaine possède des bras de levier inégaux. Le bras de levier le plus court se situe du côté de la masse à mesurer. L'équilibre est réalisé grâce à un curseur qui sert de contrepoids. Ce curseur se déplace devant des graduations qui indiquent la masse de l'objet pesé.
Doc. 3. Durant le Moyen Âge, aucune invention n'a vu le jour. On a plutôt essayé d'améliorer les qualités des balances existantes : leur fidélité, leur justesse et leur sensibilité. On utilisait plus les balances à fléaux égaux que les balances romaines. Les pesons ont été inventés à la Renaissance. Les balances à peson ne sont pas à proprement parler des balances. En effet, elles ne comparent pas deux masses entre elles comme les autres balances. Elles utilisent la déformation d'un ressort pour mesurer une masse.
Doc. 4. En 1669, Gilles Personne de Roberval présente à l'Académie des sciences le principe de la balance à fléau à bras égaux. Il invente un fléau en forme de rectangle déformable. Cela lui permet d'utiliser les propriétés géométriques liées au parallélogramme. La balance Roberval fonctionne comme un levier. Son étude met en jeu de nombreuses connaissances scientifiques sur l'équilibre d'un corps autour d'un axe et les conditions technologiques. Gilles de Roberval, issu d'une famille modeste du village de Roberval dans l'Oise, est ensuite parvenu au plus haut degré scientifique puisqu'il a été admis à l'Académie des Sciences.
Doc. 5. Le pèse-personne est un peson, il comporte des ressorts. On monte sur le plateau et on repère la position de l'aiguille sur un cadran gradué.
Doc. 6. De nos jours, les balances numériques ont remplacé les balances mécaniques. La lecture de la pesée se fait directement sur un écran à cristaux liquides.
Doc.7. Jusqu'en 1839, le prix d'une lettre dépendait de la distance qu'elle avait à parcourir. L'Anglais Rowland Hill est l'instigateur d'un nouveau système de facturation du transport du courrier. Il propose d'établir le prix d'une lettre en fonction de son poids (sa masse). Depuis, les pèse-lettres ont évolué. Une visite au musée de la Poste ou sur le site du musée de la Poste est l'occasion de mesurer l'importance des évolutions technologiques dans ce domaine.
Interroger les élèves sur les masses marquées présentes sur cette photographie (Doc. 7 page 139 du manuel) : « Quelles valeurs peuvent-elles avoir ? » Faire des recherches pour connaître le poids d'une lettre normale (au bureau de Poste par exemple).

> « Étonnant ! »

Jusqu'à l'adoption universelle au XXe siècle du système

métrique, le carat représentait le poids d'une graine de caroubier. Il est surprenant de constater de nos jours avec des balances très performantes qu'il n'y a qu'une infinitésimale différence entre deux graines de caroubier. Une graine pèse exactement 0,20 grammes. Le carat (ou carat métrique) reste une unité de mesure (2 dg) employée dans le commerce des diamants et des pierres précieuses.

Le deben, d'environ 90 g, est aussi une unité de mesure longtemps utilisée pour les pesées des balances à fléau.

> Évaluation

Utiliser l'évaluation proposée dans le livret d'accompagnement des programmes : « Enseigner les sciences au cycle 3 » à la page 65.

Demander aux élèves de réaliser un schéma de la balance romaine. Ils dessinent leur schéma dans leur cahier de sciences. Préciser de ne pas oublier les légendes. Ils expliquent ensuite par un petit texte comment fonctionne cette balance.

> Prolongements

Demander aux élèves s'il existe d'autres balances que celles présentées dans le manuel. Proposer une recherche documentaire sur le sujet.

S'interroger pour savoir comment on pèse les charges très lourdes.

Faire une recherche documentaire pour comprendre pourquoi la balance est le symbole de la Justice.

Les sources d'énergie

RÉFÉRENCES AUX PROGRAMMES

Il s'agit d'une partie optionnelle des programmes pouvant servir de support à des activités d'investigation supplémentaires. Il ne lui correspond pas de connaissances et de compétences exigibles en fin de cycle 3.

Compétences en sciences et technologie

> Être capable de

- Poser des questions précises et cohérentes à propos d'une situation d'observation ou d'expérience.
- Recommencer une expérience en ne modifiant qu'un seul facteur par rapport à l'expérience précédente.
- Imaginer et réaliser un dispositif expérimental susceptible de répondre aux questions que l'on se pose, en s'appuyant sur des observations, des mesures appropriées ou un schéma.
- Interpréter quelques situations simples se produisant dans la nature.
- Exploiter en autonomie des documents scientifiques adaptés.
- Mettre en relation des données, en faire une représentation schématique et l'interpréter.
- Mettre en relation des observations réalisées en classe et des savoirs que l'on trouve dans une documentation.
- Participer à la préparation d'une enquête ou d'une visite en élaborant un protocole d'observation ou un questionnaire.
- Rédiger un compte rendu intégrant schéma d'expérience ou dessin d'observation et le communiquer.

> Avoir compris et retenu

- La nécessité d'utiliser des sources d'énergie pour chauffer, éclairer et créer un mouvement.
- Des exemples de sources d'énergie utilisables.
- Les sources d'énergie fossiles.
- Les sources d'énergie renouvelables.
- Les risques de pollution et les problèmes environnementaux liés à l'utilisation des énergies fossiles.
- L'intérêt économique et environnemental de l'utilisation des énergies renouvelables.
- Le rôle de l'isolation dans les économies d'énergie.
- Le fonctionnement de l'énergie solaire et l'influence de quelques paramètres (couleur de l'objet à chauffer, isolation, orientation).

Compétences « maîtrise de la langue »

> Parler en sciences

- Utiliser le lexique spécifique des sciences.
- Formuler des questions pertinentes.
- Participer activement à un débat argumenté.
- Utiliser à bon escient les connecteurs logiques dans le cadre d'un raisonnement rigoureux.

> Lire en sciences

- Lire et comprendre un ouvrage documentaire.
- Trouver sur Internet des informations scientifiques simples, les apprécier de manière critique et les comprendre.
- Traiter une information complexe comprenant du texte, des images, des schémas, des tableaux.
- Faire une recherche documentaire au moyen d'un produit multimédia (CD-Rom, DVD-Rom, site Internet, base de données).

> Écrire en sciences

- Prendre des notes lors d'une observation, d'une expérience, d'une enquête, d'une visite.
- Noter les informations dégagées pendant l'examen d'un document.
- Rédiger une courte synthèse à partir des informations notées.
- Rédiger, avec l'aide du maître, un compte rendu d'expérience ou d'observation (texte à statut scientifique).
- Rédiger la légende d'un document iconographique ou donner un titre à un écrit scientifique.
- Tenir un carnet d'expériences et d'observations.
- Rédiger un texte pour communiquer des connaissances (texte à statut documentaire).
- Produire, créer, modifier et exploiter un document à l'aide d'un logiciel de traitement de texte.
- Communiquer à l'aide d'une messagerie électronique.

Liens avec d'autres disciplines ou parties du programme

> Géographie

- Étudier et comparer des réalités locales et régionales, des paysages, des photographies.

> Histoire

- Comparer l'évolution des différentes activités humaines au fil du temps en ce qui concerne les sources d'énergie. Prendre l'exemple de l'exploitation de la houille à la fin du XVIIIe siècle et surtout au XIXe siècle, en lien avec la Révolution industrielle. Autre exemple : des moulins à vent aux éoliennes modernes.
- Savoir utiliser les connaissances historiques dans le domaine des sciences et de la technologie.

> Éducation civique

- Comprendre les menaces qui pèsent sur l'environnement et la responsabilité de chacun.

• Apprendre à débattre.

> **Littérature**

• Rechercher en BCD ou en médiathèque une sélection d'ouvrages documentaires et de littérature de jeunesse sur les thèmes abordés. Exemple : le mythe d'Éole.

INFORMATIONS POUR L'ENSEIGNANT

Les sources d'énergie non renouvelables

Les sources d'énergie fossiles et le nucléaire sont des sources d'énergie non renouvelables. Elles sont épuisables.

> Le charbon

Le charbon est **un combustible solide formé sur des millions d'années par l'accumulation et la décomposition d'organismes et de végétaux terrestres**. C'est une source d'énergie fossile. Les réserves de charbon s'épuisent. De plus, le charbon n'a pas un bon rendement. Une très grande quantité de charbon est nécessaire pour produire peu d'électricité. En outre, **plus polluant que le pétrole ou le gaz, c'est lui qui émet le plus de gaz à effet de serre**.

> Le pétrole

C'est **une huile minérale naturelle**. Le pétrole tire son nom du latin *petra* qui signifie « pierre » et *oleum* qui signifie « huile ». **Le pétrole est le résultat de l'accumulation et de la décomposition de micro-organismes marins et de plantes microscopiques il y a des millions d'années.** C'est une source d'énergie fossile. Il forme des réserves dans le sous-sol à la fois sous les continents et dans les fonds sous-marins. En pleine mer, il est extrait par de grandes **plates-formes offshore** et par des **derricks** sur terre. Ces installations permettent le forage et le pompage du pétrole provenant de grandes profondeurs. Son transport se fait par **oléoducs** (ou **pipelines**). Appelé « l'or noir », le pétrole devient aujourd'hui plus rare et plus cher dans le monde entier. Les experts ont calculé que les réserves de pétrole sont encore suffisantes pour les quarante prochaines années. Mais après ?

> Le gaz naturel

Le gaz naturel s'est formé de la même manière que le pétrole il y a des millions d'années, à partir de la **décomposition de micro-organismes marins**. C'est une **source d'énergie fossile**. Depuis les années 1970, le gaz naturel est la ressource naturelle qui a connu la plus forte croissance en production. Il fournit **une alternative au charbon ou au pétrole. C'est l'énergie fossile la moins polluante et la moins coûteuse.** Le gaz naturel ne contient pratiquement pas de soufre, responsable des pluies acides. C'est aussi une source d'énergie plus sûre que le pétrole et le charbon en ce qui concerne le transport (par **gazoducs**) et le stockage. Ses réserves peuvent en théorie fournir la consommation mondiale pour les soixante prochaines années.

Remarque : le gaz naturel est inodore. Son odeur provient d'un parfum chimique (le mercaptan) ajouté par mesure de sécurité. C'est ainsi que nous pouvons nous rendre compte d'une fuite.

> La pollution

L'extraction des énergies fossiles libère des gaz polluants brûlés dans des **torchères**. Après l'extraction, c'est par la **combustion** que les sources d'énergie fossiles sont **transformées en énergie utile**. Le résultat de la combustion peut prendre deux formes :

• la vapeur pour les turbines des centrales électriques ;
• la chaleur directe pour les chaudières industrielles ou domestiques.

La combustion est responsable de l'émission de polluants. Elle dégage en particulier des **gaz à effet de serre** (dioxyde de carbone, dioxyde de soufre, plomb, poussières…).

Le transport et la distribution de ces énergies peut occasionner d'autres pollutions : échouage de pétroliers (ou tankers), accidents de camions-citernes, cuves percées…

Exemples : les catastrophes spectaculaires des marées noires : l'Amoco Cadiz en 1978, l'Erika en 1999.

> L'énergie nucléaire

L'énergie nucléaire se dégage lors de la fission du noyau de certains atomes. La matière première utilisée par une centrale nucléaire est **l'uranium, un minerai épuisable**.

L'énergie nucléaire ne produit pas de gaz à effet de serre. Mais elle pose tout de même un problème écologique : elle génère des déchets radioactifs dont le traitement et le stockage soulèvent de nombreuses questions. De plus, les centrales nucléaires constituent en elles-mêmes des risques importants. L'accident nucléaire de la centrale de Tchernobyl en Ukraine en est un exemple. Cette centrale nucléaire mal entretenue a explosé le 26 avril 1986. Nous ne connaissons pas encore la portée réelle du nuage radioactif qui s'en est ensuivi.

Les énergies renouvelables : les « énergies propres »

Les énergies renouvelables sont des énergies qui ne produisent pas ou peu de déchets.

Historiquement, elles sont les premières sources d'énergie découvertes par les hommes et les plus utilisées jusqu'à la fin du XVIIIe siècle : les moulins à vent et à eau étaient principalement utilisés pour moudre le grain ou pomper l'eau par exemple.

> L'énergie solaire

La légende raconte qu'en 214 av. J.-C., lors du siège de la ville de Syracuse par les Romains, **Archimède inventa le « miroir ardent »**. Ce miroir aurait renvoyé les rayons du Soleil sur les voiles des navires ennemis et mis le feu aux galères romaines.

Beaucoup plus tard, un miroir du même type, composé de 168 glaces, a été construit par **Buffon** en **1747** et expérimenté dans l'actuel Jardin des plantes.

C'est en **1970** qu'a eu lieu la mise en service du **four solaire d'Odeillo** (Doc. 5 page 143). Plus grand que l'Arc de Triomphe, ses 9 600 miroirs capturent l'énergie du Soleil et la concentrent pour obtenir des températures pouvant atteindre 3 800 °C. Il a été utilisé par des chercheurs pour étudier le comportement des céramiques sous de très hautes températures.

L'utilisation pratique de l'énergie solaire qui se développe le plus est celle des petites installations. Des **capteurs solaires** servent à réchauffer de l'eau pour le **chauffage de bâtiments** ou pour **obtenir de l'eau** chaude. Le rayonnement solaire pénètre dans le capteur en traversant une vitre, puis est piégé par l'effet de serre, ce qui maintient une chaleur élevée dans le capteur. L'eau circule dans des tuyaux à l'intérieur du capteur : elle se réchauffe rapidement. Les tuyaux sont en contact avec une plaque métallique noire appelée absorbeur. L'eau chaude circule ensuite dans un serpentin à l'intérieur d'un réservoir d'eau qu'elle réchauffe (comme un ballon d'eau chaude) avant de retourner vers le capteur. Selon les régions, 2 à 4 m^2 de capteur suffisent à produire 150 litres d'eau chaude par jour.

L'énergie solaire peut également produire de l'électricité. Les panneaux de cellules photovoltaïques commencent à se développer pour fabriquer directement de l'électricité. Ces panneaux sont encore coûteux et de faible puissance. Ils sont particulièrement recherchés pour les installations isolées (chalets de montagne, bornes téléphoniques sur les routes, balises isolées en mer…).

> L'énergie éolienne

L'énergie solaire et l'énergie éolienne sont les deux sources d'énergie renouvelables qui connaissent la plus forte expansion.

La production d'électricité d'origine éolienne aura triplé en 2010 en Europe. Mais il faut plusieurs centaines de grandes éoliennes pour produire autant d'électricité qu'une tranche de centrale nucléaire. Afin de limiter l'impact visuel sur les paysages et le bruit, on commence à réaliser des implantations de centrales éoliennes en mer à quelques kilomètres du rivage.

> L'énergie hydraulique

Les centrales hydrauliques sont destinées à la production d'électricité. L'utilisation de l'eau nécessite de construire des barrages, ce qui peut poser des problèmes dans le cas des grandes installations. Par exemple, la construction du barrage d'Assouan en Égypte a privé la basse vallée du Nil des lions, qui faisaient la richesse de sa culture. Ce barrage a eu des conséquences écologiques sur l'environnement : l'érosion s'accroît au niveau de l'estuaire du Nil, en particulier à Alexandrie.

Pour la France, l'essentiel du potentiel hydroélectrique est déjà utilisé.

> L'énergie géothermique

Quand on **capte la chaleur de la croûte terrestre** pour produire de la chaleur (pour le chauffage domestique) ou de l'électricité, on produit de l'énergie géothermique. C'est une énergie locale utilisée dans les régions volcaniques.

La géothermie utilise la chaleur de l'écorce terrestre comme source d'énergie. Cette énergie naturelle est présente près de certaines sources chaudes, et tout particulièrement dans les régions volcaniques (Islande, Massif central en France). L'eau chaude peut être directement utilisée près des sources chaudes (bains, thermalisme). Elle peut également alimenter des installations de chauffage ou des centrales qui transforment l'énergie géothermique en énergie électrique.

> La biomasse (énergie verte) et l'énergie des déchets

La biomasse est l'ensemble de la matière vivante. L'énergie des déchets est l'utilisation des déchets de matières végétales pour produire de l'énergie. Les déchets sont transformés dans une chaudière, ou bien amenés à fermentation dans des réservoirs, afin de produire un gaz combustible, le méthane, utilisable pour le chauffage. On utilise les déchets végétaux du blé, de la canne à sucre, de la betterave ou de la pomme de terre, les déchets du bois, ainsi que les déchets des animaux, comme le fumier.

> Les biocarburants

Production de biocarburants à base de plantes cultivées. Un carburant est un combustible utilisé pour faire fonctionner un moteur. Sa combustion fournit l'énergie nécessaire à l'actionnement du moteur. L'essence est un carburant. Pour pallier la pollution par le dioxyde de carbone des moteurs à explosion, des biocarburants ont été inventés. Le Diester contient par exemple de l'huile de colza ou de tournesol. Mélangé au gazole, le Diester rejette moins de gaz polluants que le gazole seul.

Les économies d'énergie

Les ressources énergétiques étant épuisables et coûteuses, il faut **réduire les pertes d'énergie**. Chaque Français consomme en une année une quantité d'énergie équivalente à 3 tonnes de pétrole.

Dans les bâtiments, les plus grosses pertes de chaleur s'effectuent par les surfaces : la toiture, les murs et surtout les vitrages. Les pertes de chaleur par ces surfaces peuvent représenter jusqu'à 60 % des déperditions en chaleur. La chaleur peut aussi fuir par les jonctions entre les parois, constituant des « ponts thermiques » qui peuvent représenter de 5 à 25 % des fuites de chaleur. Il est donc nécessaire de bien **isoler les habitations**, tout en maintenant une bonne ventilation. L'isolation avec de la laine de verre, du polystyrène ou d'autres isolants a l'avantage de conserver la chaleur l'hiver et la fraîcheur l'été dans la maison.

De nombreuses économies sont possibles dans notre consommation d'électricité. On peut réduire de moitié notre consommation quotidienne avec des gestes simples :

- la régulation du chauffage et son adaptation aux moments de la journée et à l'occupation de la maison ;

- penser à éteindre la lumière quand on quitte une pièce, utiliser des ampoules à faible consommation, exploiter au mieux la lumière du jour (l'horaire d'été a été institué pour cette raison) ;
- éteindre les appareils électriques après utilisation (ils dépensent de l'énergie en veille) ;
- utiliser les programmes éco des machines à laver la vaisselle ou le linge…

En effet :

- une lampe allumée consomme de l'énergie, même s'il n'y a personne dans la pièce !
- les chargeurs des ordinateurs portatifs, des téléphones portables et des appareils photo numériques consomment de l'électricité s'ils restent branchés ;
- les appareils comme la télévision, le magnétoscope, l'ordinateur, la chaîne hi-fi… consomment de l'électricité quand ils sont en veille. En les éteignant, on peut économiser jusqu'à 44 euros par an.
- les lampes fluorescentes compactes (fluocompactes) consomment 3 fois moins d'électricité que les ampoules électriques normales (à incandescence). Elles sont plus coûteuses, mais durent jusqu'à dix fois plus longtemps.
- le chauffage électrique représente 40% de la consommation en électricité. Pour faire la chasse au gaspillage, vérifier l'isolation des fenêtres et utiliser des thermostats et une programmation : baisser la température dans la chambre pour mieux dormir la nuit.
- les temps de cuisson sont plus courts si on met un couvercle sur les casseroles ;
- réfrigérateur et congélateur consomment beaucoup moins d'électricité s'ils sont dégivrés régulièrement
- les programmes éco du lave-linge ou du lave-vaisselle permettent d'économiser jusqu'à 40 % d'électricité ;
- une plaque de cuisson électrique continue de chauffer durant 15 mn après avoir été éteinte ;
- si vous avez un jardin et une corde à linge, évitez d'utiliser un sèche-linge électrique en été.

SÉQUENCE PÉDAGOGIQUE : CHAPITRE 47
D'OÙ VIENT L'ÉNERGIE ?
ZOOM SUR… LES SOURCES D'ÉNERGIE

Objectifs

- Identifier les différentes sources d'énergie.
- Différencier les énergies non renouvelables et les énergies renouvelables.

Matériel

- Manuel pages 140 à 143 et *Carnet de chercheur CM1* pages 76 à 79.
- Grandes feuilles de papier et gros feutres pour la prise en notes des réponses des élèves (affichage au tableau).

Séance 1

Phase orale collective.
Durée : 20 à 35 minutes selon que la séance comportera ou non une trace écrite (réponses aux questions du « Je lis »).

> Problématisation

Faire émerger les représentations initiales des élèves à partir du titre du chapitre écrit au tableau : « D'où vient l'énergie ? » Conserver la trace écrite de ces représentations pour mesurer leur évolution en fin d'apprentissage.

Formulation du problème à partir de questions du type : « Quels sont nos besoins en énergie ? » ; « D'où provient l'énergie que nous utilisons ? » ; « Quelles sont les conséquences sur l'environnement ? » ; etc.

Lancer un débat dans la classe pour recenser avec les élèves les besoins en énergie dans la vie quotidienne :

- chauffage ;
- éclairage ;
- fonctionnement des appareils ménagers ;
- transports…

Faire établir une liste d'objets qui ont besoin d'énergie pour fonctionner. Les élèves vont ainsi se rendre compte que leur environnement proche et quotidien est demandeur à tout instant d'énergie et qu'eux-mêmes sont de grands consommateurs d'énergie.

> « J'observe »

À partir des photographies de la page 140, apporter des éléments de réponse ou compléter celles qui viennent d'être données (*cf.* traces écrites au tableau ou sur une grande feuille à l'affichage) en demandant aux élèves « D'où vient l'énergie ? »

Faire commenter et justifier les réponses données à partir de l'observation de chaque photographie.

D'autres photographies peuvent être proposées. Les manuels de géographie et d'histoire et les ouvrages de la BCD peuvent offrir d'autres ressources.

> « Je lis »

Faire lire l'article, puis répondre aux questions.

Pour aider à l'explication des « gueules noires », amener les élèves à se référer au Doc. 2 page 142.

Les élèves situent sur un atlas ou une carte de France la région Lorraine.

Pourquoi parle-t-on dans le texte d'une « épopée humaine, industrielle et sociale » ? À quoi servait le charbon ?

Après un court moment de débat oral, les questions peuvent faire l'objet d'une réponse écrite individuelle faisant suite à une recherche documentaire.

On peut profiter de cet exercice de lecture et de compréhension de texte pour proposer d'autres types de textes sur le même sujet :

- des articles de presse sur le thème de la mine (apportés par l'enseignant ou par les élèves) ;
- des documents dans un manuel d'histoire ou de géographie (la Révolution industrielle et la société du charbon sont au programme du CM2 en histoire) ;
- des extraits du roman *Germinal* d'Émile Zola.

Si la classe se situe dans une ancienne région minière, il peut être opportun d'organiser une visite des anciens puits de mine. On peut aussi faire venir dans la classe un ancien mineur pour raconter ses souvenirs.

Séance 2

Phase collective.

Durée : 30 minutes avec le débat.

> « Je comprends »

« Du moulin à vent d'hier à l'éolienne d'aujourd'hui ». Ce sujet peut être le thème d'une recherche documentaire à mener en BCD ou sur Internet.

> « Zoom sur… Les sources d'énergie »

Ces pages sont à utiliser en complément du chapitre 47. Les documents photographiques peuvent être repris par groupes. Demander à chacun des groupes de réaliser une recherche documentaire sur une des énergies en s'aidant des questions de la page 143.

Le travail réalisé pourra être présenté sous forme :

- d'exposé ;
- de panneaux d'affichage ;
- de dossier documentaire pour la BCD...

> Débat

Engager un débat pour mettre en évidence les risques de pollution liés à l'utilisation de certaines énergies. Demander aux élèves quelles sources d'énergie polluent l'environnement : les carburants des voitures, le pétrole, l'énergie nucléaire (pas dans son fonctionnement, mais par les déchets qui en résultent, etc.).

Poser les questions : « Pourquoi ces énergies polluent-elles ? » ; « Quelles sont les conséquences sur l'environnement ? »... Ce débat peut être mené en lien avec les chapitres de la partie « Éducation à l'environnement ».

> Élaboration de la synthèse

Elle se fait d'abord oralement, collectivement, en prenant en compte ce que les élèves ont compris et doivent retenir.

Poser la question : « Que venez-vous d'apprendre pendant ces deux séances ? »

Ensuite, la trace écrite, pour le cahier individuel, peut se présenter comme dans l'encadré du manuel page 141. Ce n'est qu'un exemple, pas un modèle. L'important est que les élèves sachent définir « énergies fossiles » et « énergies renouvelables » et puissent donner quelques exemples.

SÉQUENCE PÉDAGOGIQUE : CHAPITRE 48
COMMENT ÉCONOMISER L'ÉNERGIE ?

Objectifs

- Définir consommation et économie d'énergie.
- Sensibiliser aux moyens d'économiser de l'énergie.

Matériel

- Manuel pages 144 et 145 et *Carnet de chercheur CM2* pages 76 et 77.
- Grandes feuilles de papier et gros feutres pour la prise en notes des réponses des élèves (affichage au tableau).

Pour l'expérience de la séance 2 (par groupe) :

- 2 bouteilles remplies d'eau chaude du robinet.
- 2 thermomètres.
- Un manchon isolant en polystyrène ou en laine de verre (dans un sachet en plastique) ou un sac glaciaire.

Séance 1

Phase orale collective.

Durée : 20 à 35 minutes selon que la séance comportera ou non une trace écrite.

> Problématisation

Faire émerger les représentations initiales des élèves à partir du titre du chapitre écrit au tableau : « Pourquoi et comment économiser l'énergie ? » Conserver la trace écrite de ces représentations pour mesurer leur évolution en fin d'apprentissage.

Formulation du problème à partir de questions du type : « Pourquoi économiser l'énergie ? » ; « Quels sont les moyens d'économiser l'énergie ? », etc.

Lancer un débat dans la classe pour recenser avec les élèves les moyens qu'ils connaissent pour économiser l'énergie dans la vie quotidienne. Faire établir la liste de ces points. Les élèves vont ainsi se rendre compte qu'ils peuvent eux-mêmes être les acteurs de ces économies d'énergie.

> « J'observe »

Les élèves observent les documents du manuel de façon autonome, avant une mise en commun de leurs remarques.

L'analyse des photographies prises à l'infrarouge permet de lister les points de la maison où se situent les principales pertes d'énergie. Les variations de couleur sur les photographies indiquent le degré des pertes d'énergie. La palette de couleurs va du bleu au jaune : le bleu correspond à des pertes de chaleur nulles, le jaune à de fortes déperditions de chaleur.

Les élèves vont ainsi observer que la maison mal isolée laisse sortir la chaleur par les fenêtres, ainsi que par les murs et le toit. Une bonne isolation réduit les pertes de chaleur dans toutes les zones, en particulier le toit et les murs. Quant aux fenêtres, malgré le double vitrage, elles restent des zones de fuite thermique importante.

> « Je lis »

Après une lecture individuelle, on demande à différents enfants de lire le texte à haute voix, puis de répondre aux questions.
Les élèves découvrent qu'ils peuvent être eux-mêmes acteurs des économies d'énergie, à leur niveau et dans leur vie quotidienne. Que peuvent-ils faire ? Éteindre les appareils électriques au lieu de les laisser en veille, éteindre les lumières en sortant d'une pièce, inciter leurs parents à mettre un couvercle sur les casseroles, inciter leurs parents à utiliser les programmes « éco » des machines à laver...
Les élèves complètent cette réflexion par le travail d'enquête proposé dans le *Carnet de chercheur*.

Séance 2

Phase orale collective, puis travail individuel.
Durée : 30 à 60 minutes (avec la réalisation de l'expérience).

> Mise en commun des résultats de l'enquête

Chaque élève a réalisé une enquête sur les pertes d'énergie chez lui. Il a dressé la liste des endroits non-isolés ou mal isolés : portes, fenêtres, murs, plafonds, tuyaux d'eau chaude ou de chauffage... En interrogeant leurs parents, certains ont pu répondre aux questions : « Le chauffe-eau est-il isolé ? » ; « Les tuyaux d'eau chaude sont-ils isolés ? » ; « Les portes et les fenêtres sont-elles protégées par des bourrelets ? » ; « Y a-t-il des doubles vitrages ? » ; « Les murs comportent-ils un vide pour l'isolation ? » Dans chaque cas, les élèves de la classe proposent des solutions pour économiser l'énergie.

> « Je comprends »

Les élèves interprètent les expériences du manuel, ou mieux, mettent eux-mêmes en place les expériences en classe en travaillant en petits groupes.
Ils testent le rôle des matériaux isolants. Ils peuvent inventer des expériences à faire pour tester le rôle de différents matériaux isolants. Ils peuvent comparer leur effet isolant à épaisseur égale.
Le point de départ des expériences ne doit jamais varier : les élèves doivent avoir dans les bouteilles de l'eau chaude du robinet à une température inférieure à 50 °C.
Faire décrire les expériences du manuel.
La première expérience montre la validité de l'hypothèse 1 : le polystyrène empêche la chaleur de passer. En effet, sans isolant, la température baisse de 25 °C (de 50 à 25 °C), alors qu'avec le polystyrène, elle ne baisse que de 6 °C (de 50 à 44 °C).
La seconde expérience permet de confirmer cette hypothèse. En effet, en partant d'une eau sortant du réfrigérateur à 5 °C, la température n'augmente que de 4 °C avec le polystyrène isolant, alors qu'elle se réchauffe de 15 °C sans isolant.

> Élaboration de la synthèse

Elle se fait d'abord oralement, collectivement, en prenant en compte ce que les élèves ont compris et doivent retenir. Elle peut prendre la forme de l'encadré de la page 145.

SÉQUENCE PÉDAGOGIQUE : CHAPITRE 49
COMMENT SE CHAUFFER AVEC LE SOLEIL ?

Objectif

- Acquérir quelques notions sur les principes du chauffage solaire.

Matériel

- Manuel pages 146 et 147 et *Carnet de chercheur CM2* pages 79 et 80.
- Grandes feuilles de papier et gros feutres pour la prise en notes des réponses des élèves (affichage au tableau).
- 2 boîtes avec de l'eau au fond (type boîte de conserve).
- 2 thermomètres.
- 1 carré de plexiglas pour couvrir les boîtes.
- 2 boîtes à chaussures.
- Du film plastique transparent.
- Du papier noir.

Séance 1

Phase orale collective.
Durée : 10 minutes

> Problématisation

Faire émerger les représentations initiales des élèves à partir du titre du chapitre « Comment se chauffer avec le Soleil ? » écrit au tableau. Conserver la trace écrite de ces représentations pour mesurer leur évolution en fin d'apprentissage.

> « J'observe »

Cette phase permet de vérifier la compréhension d'une expérience proposée dans le manuel. Les élèves recherchent d'abord seuls les réponses aux questions, avant la mise en commun.
« Qu'a-t-on voulu tester ? » Les élèves découvrent que l'on a cherché à tester l'influence de la couleur noire du support sur la capacité du récipient à réchauffer l'eau, donc à capter l'énergie solaire. L'expérience 1 montre que dans une boîte de couleur claire, la température augmente de 5 °C en 20 minutes au Soleil. L'expérience 2 montre une augmentation de 25 °C dans les mêmes conditions avec une boîte peinte en noir.
On peut donc en conclure que la couleur noire augmente considérablement l'efficacité de captation de la chaleur.

Séance 2

Phase de mise en place des expériences.
Durée : 10 minutes.

> Mise en place

Répartir les élèves en 2 groupes (ou plus si on dispose de suffisamment de matériel, plusieurs groupes effectuant la même expérience). L'expérience est plus efficace si elle est menée un jour où le Soleil brille. Il est possible de remplacer le Soleil par une lampe.

> Expérience 1 : le rôle de la vitre

Le *Carnet de chercheur* propose une expérience différente de celle du manuel pour tester le rôle de la vitre qui favorise la rétention de la chaleur par l'effet de serre. C'est ce que les élèves vont découvrir. Cette expérience peut être mise en place par groupe ou collectivement (si on manque de matériel). Les élèves doivent dessiner leur dispositif expérimental, le travail étant favorisé par l'étude préalable du « J'observe » du manuel.

> Expérience 2 : le rôle de l'orientation du capteur

Le *Carnet de chercheur* propose une expérience pour vérifier l'influence de l'orientation du capteur solaire par rapport au Soleil. Pour cela, les élèves construisent deux capteurs solaires identiques avec des boîtes à chaussures dont ils remplacent le couvercle par un film de plastique transparent. Ils recouvrent le fond des deux boîtes d'un papier noir et placent un thermomètre dans chaque boîte de façon à pouvoir lire la température à l'intérieur des boîtes sans avoir à les ouvrir.

La première boîte est orientée dans la direction du Soleil et orientée à 45°. La deuxième boîte est orientée dans la direction opposée.

Séance 3

Phase de résultats de l'expérience.

Durée : 30 à 40 minutes.

> Observation des résultats des expériences

Après 3 heures au Soleil, on trouvera une différence de plusieurs degrés en faveur de la boîte orientée face au Soleil.

Une expérience complémentaire peut être mise en place, pour tester le rôle de la vitre. Les deux boîtes sont placées face au Soleil : l'une est recouverte d'une vitre (carré de plexiglas), l'autre pas. Les élèves vont observer une différence de degrés significative entre les deux boîtes. Cette observation permet de conclure que la présence d'une vitre augmente l'efficacité du capteur solaire.

Les élèves remplissent leur carnet de sciences en schématisant les expériences et en notant les résultats et leur conclusion.

Une phase orale collective permet de dégager les quatre éléments nécessaires à l'efficacité d'un capteur solaire :

- le Soleil ;
- la couleur (noir) ;
- la vitre pour recouvrir le capteur ;
- l'orientation par rapport au Soleil.

> « Je lis »

La lecture des schémas du manuel page 146 permet aux élèves de lister les éléments du capteur solaire.

La réponse à la question « Quel est le rôle de chacun des éléments ? » permet de faire la synthèse des découvertes de cette séquence et une évaluation de la précédente :

- un caisson isolé, pour éviter la perte de chaleur par rayonnement ;
- une plaque noire, pour absorber la chaleur du rayonnement solaire ;
- un tube de circulation de l'eau, pour transporter la chaleur recueillie vers la ballon d'eau chaude ou la maison à chauffer ;
- une plaque de verre pour recouvrir le capteur et l'isoler pour empêcher la chaleur de sortir en créant un effet de serre.

> Synthèse

L'observation des documents 5 à 7 du manuel page 147 permet de comprendre que l'efficacité d'un chauffe-eau solaire dépend de trois facteurs : sa couleur, son isolation, son orientation. Il en est de même pour une maison solaire : elle doit avoir de grandes baies vitrées sur sa façade sud et une bonne isolation.

Utilisation de l'ordinateur

PAGES 148-153
DU MANUEL

RÉFÉRENCES AUX PROGRAMMES

Compétences en sciences et technologie

> Être capable de

- Maîtriser les premières bases de la technologie informatique.
- Approcher les principales fonctions d'un ordinateur.
- Produire, créer, modifier et exploiter un document à l'aide d'un logiciel de traitement de texte.
- Faire une recherche documentaire au moyen d'un outil multimédia.

> Avoir compris et retenu

- L'utilisation autonome et raisonnée des technologies de l'information et de la communication.
- La maîtrise des compétences du B2i de niveau 1.

Compétences « maîtrise de la langue »

> Parler en sciences

- Utiliser à bon escient le vocabulaire informatique spécifique : la désignation des composants matériels et logiciels utilisés pour permettre la saisie, le traitement, la sortie, la mémorisation et la transmission de l'information.
- Faire preuve d'esprit critique face aux documents multimédia en recherchant quelques critères propres à évaluer leur validité : auteur, source, date de création, etc.

> Lire en sciences

- Consulter un document existant en vue de son utilisation.
- Mettre en œuvre une consultation raisonnée du support d'information.
- Conduire une recherche sur Internet.
- Exploiter l'information recueillie.
- Comparer l'intérêt d'une consultation sur supports numériques et sur d'autres supports.

> Écrire en sciences

- Saisir, modifier et mettre en forme un texte en utilisant à bon escient les minuscules et les majuscules, les formats de caractères, les polices, la mise en forme des paragraphes, les fonctions d'édition « copier », « couper », « coller ».
- Mettre en page un document avec du texte et des images issues d'une bibliothèque d'images existantes ou de sa propre composition.
- Réaliser une mise en page claire et attractive.
- Utiliser de façon raisonnée le correcteur orthographique.

Liens avec d'autres disciplines ou parties du programme

L'informatique est avant tout un outil au service des apprentissages des différentes disciplines. C'est donc dans des contextes variés que les élèves vont recourir à l'usage des technologies nouvelles en fonction de besoins des apprentissages et des activités proposées par le maître.

INFORMATIONS POUR L'ENSEIGNANT

Informations scientifiques et techniques

Les technologies de l'information ont changé nos modes de travail et nos loisirs. Tout citoyen est aujourd'hui concerné par l'usage d'outils informatiques. Chaque enseignant doit désormais intégrer les TICE dans l'enseignement des disciplines et dans ses pratiques pédagogiques. Les élèves sont les citoyens de demain. Ils devront œuvrer dans un monde dominé par ces technologies.
L'introduction de l'informatique et d'Internet dans l'enseignement est une des priorités du ministère de l'Éducation nationale. Internet constitue un support nouveau et performant pour la diffusion de l'information.
Un des objectif des enseignants va donc être d'aider les élèves à utiliser cet outil de documentation. Il faut développer chez les enfants l'habilité à utiliser Internet pour identifier et retrouver de façon efficace des informations spécifiques. Ils pourront ainsi s'approprier des connaissances et développer une pensée critique et créative.
De nombreuses formations sont proposées chaque année pour aider les enseignants à mener à bien cette tâche. Des animateurs maîtres ressources en informatique sont à la disposition des enseignants pour les aider à conduire des activités TICE. Il ne faut pas hésiter à les solliciter dans les circonscriptions.

Représentations des élèves et obstacles à prendre en compte

Les élèves ne disposent souvent pas d'informations suffisantes sur Internet, ses services et ses dangers. Ils utilisent rarement les informations trouvées sur Internet pour développer des connaissances, ils se contentent souvent de compiler tous les documents récoltés sur un sujet donné.

COMMENT METTRE EN FORME UN TEXTE ?
COMMENT INSÉRER UNE IMAGE DANS UN TEXTE ?
COMMENT FAIRE UNE RECHERCHE DOCUMENTAIRE ?

L'informatique n'est pas une discipline en soi. Elle est un outil au service des apprentissages dans toutes les disciplines. L'objectif est d'aider les élèves à maîtriser des compétences informatiques et de les travailler à diverses occasions.

Comment mettre en forme un texte ?

> « J'observe »

Le brouillon du discours de Pasteur (Doc. 1 page 148) a un rôle didactique important. Les élèves n'osent souvent pas barrer et raturer leur production écrite. Ils doivent comprendre qu'un écrit ne se construit pas de manière linéaire, mais par des reprises et des phases de réécriture. L'informatique permet d'obtenir un texte propre, corrigé et bien présenté. Il est intéressant, lors d'activités de production d'écrit, de proposer aux élèves de recopier leur texte sur ordinateur en utilisant les possibilités de mise en page et de correction orthographique.

> « Je lis et je manipule »

Le manuel présente la démarche à suivre pour mettre en page un texte. Il n'est pas utile d'y revenir en détail ici.

Le correcteur orthographique et grammatical

Le logiciel de traitement de texte *Word* souligne en rouge les fautes d'orthographe et en vert les erreurs grammaticales. Le dictionnaire interne ne peut (et ne doit) cependant pas se substituer aux dictionnaires de nos bibliothèques, qui doivent rester des références indispensables. *Word* considère comme erroné tout terme qu'il ne reconnaît pas, c'est-à-dire qui ne figure pas dans son dictionnaire.

En cours d'écriture, quand la ligne rouge apparaît sous un mot mal orthographié, cliquer sur le mot avec le bouton droit de la souris. Un tableau apparaît et propose différents choix. Il faut alors sélectionner le bon mot. Pour la grammaire : cliquer sur la phrase soulignée en vert avec le bouton droit de la souris. Un menu propose une explication. Il faut alors mener un travail de réflexion sur le fonctionnement de la langue, car les choix proposés ne sont pas toujours pertinents. L'utilisation du correcteur orthographique et grammatical est à mettre en place en lien avec l'Observation Réfléchie de la Langue.

Si on fait le choix de corriger le texte après l'avoir écrit, cliquer sur « Outils », « Grammaire et Orthographe » ou cliquer sur l'icône correspondant ou appuyer sur F7. *Word* va alors à la recherche des fautes et fait des propositions. Cliquer sur « Modifier » ou « Ignorer ».

Comment insérer une image dans un texte ?

Les pages 150 et 151 du manuel présentent la démarche à suivre pour insérer une image dans un texte. À noter que les images ralentissent le logiciel *Word*. Il vaut donc mieux insérer les images à la fin de la rédaction du texte.

Pour déplacer une image sur la page, cliquer dedans avec le bouton gauche de la souris. Le curseur se transforme en flèche entourée de petites flèches de direction. Maintenir le bouton enfoncé tout en faisant glisser l'image vers sa nouvelle position.

Comment faire une recherche documentaire ?

Internet est une gigantesque bibliothèque dans laquelle l'élève doit être capable de prélever des informations pertinentes. La recherche documentaire sur Internet est le prolongement indispensable de la recherche documentaire en BCD. Il faut travailler certaines compétences.

> Délimiter le sujet

- Structurer le champ de connaissance interrogé.
- Être capable de préparer sa recherche.
- Mener la recherche en la réajustant si besoin.

> Rechercher les sources

- Maîtriser des outils documentaires.
- Utiliser les outils de référence (dictionnaires, encyclopédies, lexiques, CD-Roms, etc.).

> Sélectionner les références

- Trier des informations.
- Reconnaître différents genres de textes (informatifs, explicatifs, incitatifs, etc.).
- Identifier les supports.

> Sélectionner les documents

- Adopter une technique de lecture adaptée : lecture de recherche, lecture survol, lecture exploratoire, lecture en étoile (texte/images).
- Savoir anticiper l'existence d'une information pertinente dans le texte.
- Savoir identifier la problématique du texte.
- Savoir prendre la décision d'arrêter si la recherche n'aboutit pas.

> Traiter l'information

- S'entraîner à rechercher une information dans un ouvrage à l'aide d'un péritexte (maîtriser les tables, les sommaires et les index).
- S'entraîner à la prise de notes et au résumé.
- Être capable de synthétiser et de reformuler des informations trouvées.

> Interroger les textes explicatifs et didactiques

- Connaître la superstructure d'un texte explicatif.
- Comprendre la dimension de communication d'un texte explicatif.
- Savoir utiliser les organisateurs lexico-syntaxiques.
- Comprendre les définitions internes : procédés linguistiques, procédés typographiques.

Ressources bibliographiques et multimédia

LE CIEL ET LA TERRE

Pour l'enseignant et les élèves

> Livres

- *Espace*, coll. « Poche Vu Junior », Gallimard Jeunesse.
- *La Terre et l'Univers*, coll. « Synapses », Hachette Éducation.
- *Objectif Univers*, coll. « Échos », Hachette.
- *L'Univers : réponses aux 7/9 ans*, Larousse.
- COSTA DE BEAUREGARD D. et SAIRIGNÉ C. : *Le Ciel par-dessus nos têtes : apprendre à regarder la nuit pour découvrir les merveilles du ciel*, coll. « Les Racines du savoir », Gallimard Jeunesse, 1993.
- COUPER H. et HENBEST N. : *Encyclopédie du ciel et de l'espace. Explorer et observer l'Univers*, Gallimard Jeunesse.
- GÉNÉVAUX P. et HACQUARD P. : *À l'École de l'univers, ou comment découvrir l'astronomie à l'école et au collège*, CRDP de Lorraine et CDDP de Moselle.
- HERGÉ . *On a marché sur la Lune*, Casterman.
- KERROD R. : *Étoiles et planètes*, coll. « Les Yeux de la découverte », Gallimard.
- ROLANDO J.-M. : *L'Astronomie, la Terre et les astres*, CDDP de Haute-Savoie.
- VERNE J. : *De la Terre à la Lune*.

> Internet

- www.mesetoiles.free.fr : site sur les constellations visibles dans l'hémisphère nord.
- www.lyoba.ch/etoile-des-enfants : site astronomique pour les jeunes avec des questions / réponses sur les étoiles et les planètes.
- www.2.ville.montreal.qc.ca/planetarium/Information/index.htlm : site du planétarium de Montréal.
- www.neufplanetes.org : présentation de l'ensemble des planètes du système solaire.
- www.echodelta.net/reconquete/lune/cartes lune.htlm : cartes interactives de la Lune pour explorer sa face visible et sa face cachée.
- www.bdl.fr/granpub/promenade/pages6/95.htlm : une carte pour situer les principaux observatoires français.

> Visites

- Observatoires : Meudon, Paris.
- Palais de la Découverte à Paris, avenue Franklin Roosevelt, 75008 Paris, 01-56-43-20-20 : salle d'astronomie et planétarium. www.palais.decouverte.fr
- Cité des Sciences et de l'Industrie, 30 avenue Corentin Cariou, 75019 Paris, 01-40-05-80-00. www.cite-sciences.fr

LA PROCRÉATION CHEZ LES ANIMAUX

Pour l'enseignant

- DEUNFF J. et GUICHARD J. : *Comprendre le vivant*, Hachette Éducation, 2001.

Pour les élèves

> Cassettes vidéo et DVD

- *Naissances*, CNDP, 1994, coll. « Images de la nature » : de courtes séquences permettant de retracer les étapes de la vie et de la reproduction de divers animaux.

  Naissance 1. Invertébrés : piéride du chou, processionnaire du pin, bousier, coccinelle, mouche blanche, frelon, cigale, puceron, criquet, courtilière, limnée, grillon...

  Naissance 2. Vertébrés : épinoche, grenouille, vipère, tortue, manchot, sanglier...
- *Les Œufs*, CNDP, 1990 : la naissance et la croissance du petit chez six espèces animales qui pondent des œufs (poule, escargot, mouette, crapaud, poisson et papillon).

GERMINATION ET CROISSANCE DES VÉGÉTAUX

Pour l'enseignant

> Livres

- DEUNFF J. et GUICHARD J. : *Comprendre le vivant*, Hachette Éducation, 2001 : « Les Conditions de vie des végétaux », pages 94 à 102.
- GUICHARD J. : *Observer pour comprendre les sciences de la vie et de la terre*, coll. « Pédagogies pour demain », Hachette Éducation, 2001 : « La croissance des végétaux », pages 111 à 216.

> Internet

– Site lamap : http://www.inrp.fr/lamap/scientifique/vie_vegetale/accueil.html

– La terre est-elle indispensable à la germination ? www.inrp.fr/lamap/activites/plantes/sequence/terre_indispensable.htm

– Description d'une séquence pédagogique sur l'influence de l'eau sur la germination du blé : http://www.perigord.tm.fr/~ecole-scienc/PAGES/MONVIV/GRAINES4/SoMod.htm

Pour les élèves

> Livres

- BABIN N. : *Documents et sciences, découverte du monde vivant, découverte du monde physique*, Hachette, 1981, chapitre « Jardins et cultures ».
- KAYSER R. et VOGEL N. : *Le Jardinage, les légumes*, coll. « Carnets de nature », Milan, 2003.
- KAYSER R. et VOGEL N. : *Copain des jardins, le guide des petits jardiniers*, Milan, 1998.

> Internet

- www.jardinons-alecole.org : des fiches pratiques « Jardinons à l'école » réalisées par des spécialistes et testées avec des classes. Fiches disponibles sur le site Internet ou par courrier à : Jardinons à l'école, B.P. 28, 48 avenue de l'Europe, 95333 Domont Cedex.
- http://nature.jardin.free.fr/ : une encyclopédie du jardin avec un moteur de recherche.
- www.gerbeaud.com/jardin : un calendrier du jardin (avec fiches pratiques et calendrier des travaux).

> CD-Rom

- *Comment ça pousse ?*, La Cinquième, CNDP, 1999 : le haricot, la fraise, le champignon, la salade, la marguerite, le coquelicot, le marronnier, la jacinthe, le petit pois, la tomate.

> Cassettes vidéo et DVD

- *Du Jardin à la table (1), (2) et (3)*, La Cinquième CNDP, 1999 : le cycle de vie de quelques plantes (fraise, tomate, pissenlit, courgette, pomme de terre, maïs, pois).

ESPÈCES ET ÉVOLUTION

Pour l'enseignant

> Livres

- *Graines de sciences : la main à la pâte*, éd. Le Pommier, 1999.
- BLANDIN, P. : *L'Évolution*, Muséum national d'histoire naturelle, Bordas, 1996.
- DEUNFF J. et GUICHARD J. : *Comprendre le vivant*, Hachette Éducation, 2001.
- FACCHINI F. : *L'Homme, ses origines*, coll. « Bibliothèque du Père Castor », Flammarion, 1990.
- GOULD, S. J. : *Le Livre de la vie*, éd. du Seuil, 1993.
- PETTER G. et SENUT B. : *Lucy retrouvée : histoire de nos ancêtres*, coll. « Histoire d'un jour », Flammarion, 1994.
- SAINT-BLANQUAT H. de : *Les Premiers Villages*, coll. « L'Histoire des hommes », Casterman, 1985.

Pour les élèves

> Livres

- FROMENT I. de : *L'Extraordinaire Histoire de la vie : des premières traces de vie aux premiers pas de l'homme*, coll. « Astrapi », Bayard Éditions, 1993.
- GUICHARD F. et ROUDEAU-LECLERCQ V. : *Découvrez l'évolution de la vie*, Grande Galerie de l'évolution, Muséum national d'histoire naturelle, Paris.
- LECLERC A.-S. : *Préhistoire d'Île-de-France*, A.P.R.A.I.F., Musée de préhistoire d'Île-de-France, 1993.
- MARCHAND P. : *L'Aube des civilisations*, coll. « Découverte Junior », Gallimard-Larousse, 1991.
- PANAFIEU J.-B. de, *Drôles de Cousins : la grande histoire de l'évolution*, Milan, 1996.

> Romans sur la préhistoire

- BAUMANN H. : *Le Mystère des grottes oubliées*, coll. « Castor Poche », Flammarion, 1981.
- PEYRAMAURE M. : *La Vallée des mammouths*, coll. « Folio Junior », Gallimard, 1988.

> Périodiques

- *Les Hommes préhistoriques*, Image Doc, Bayard Presse Jeunes, 1998.
- *Tous les Secrets de la Terre*, Image Doc, Bayard Presse Jeunes, 1998.

> Livres cassettes

- *Lucy, les origines de l'homme : rencontre avec Yves Coppens*, Publications de l'École moderne française, 1993.
- *Des Outils racontent la préhistoire : rencontre avec Jacques Tixier*, Coopérative de l'enseignement laïc, 1987.

> CD-Roms

- *Les Âges de la Terre*, CNDP.
- *Après le déluge*, CNDP.
- *Une Sélection bien naturelle*, CNDP.
- *L'Océan des origines*, Hachette multimédia.
- *Aux Origines de l'Homme*, Hachette multimédia.

> Visites

À Paris

- Musée de l'Homme, Palais de Chaillot, 17 place du Trocadéro, 75016 Paris. 01-44-05-72-00
- Muséum national d'histoire naturelle : 57 rue Cuvier, 75005 Paris. 01-40-79-30-00 : la « grande galerie de l'évolution » et la « galerie de paléontologie ».

En Île-de-France

- Musée des antiquités nationales, château de Saint-Germain, 78100 Saint-Germain-en-Laye. 01-39-10-13-00
- Musée archéologique départemental du Val d'Oise, place du Château, 95450 Guiry-en-Vexin. 01-34-67-45-07
- Musée de la Préhistoire d'Île-de-France, 48 avenue Étienne Dailly, 77140 Nemours. 01-64-78-54-80

En Province

- Musée de Tautavel, avenue Léon Jean Grégory, 66720 Tautavel. 04-68-29-07-76
- Musée de paléontologie humaine de Terra Amata, 25 boulevard Carnot, 06300 Nice. 04-93-55-59-93

- Lascaux II (grotte fac-similé), 24290 Montignac. 05-53-51-95-03
- Tous les muséums ainsi que les grottes préhistoriques et beaucoup de musées locaux et CCSTI (centre de culture scientifique technique et industrielle).

ENVIRONNEMENT ET ÉCOLOGIE

Pour l'enseignant

> Livres

- *Déchets ménagers, l'affaire de tous*, TDC (Textes et Documents pour la Classe), n° 789, février 2000.
- *Le Développement durable*, TDC (Textes et Documents pour la Classe), n° 857.
- *L'Éducation au développement durable*, Cahiers pédagogiques, n° 405, juin 2002.
- *Le Développement durable*, JDIdées Hors série cycle 3, Nathan, 2005.
- *L'Éducation à l'environnement dans le projet d'école*, Réseau Éducation Nature Environnement, FRAPNA Isère, CRDP de l'Académie de Grenoble, CDDP Isère, 2001.
- *Guide de projets à l'environnement ; repères méthodologiques, sélection d'outils pédagogiques*, ADEME (Agence de l'environnement et de la maîtrise de l'énergie), 2003.
- DEUNFF J. et GUICHARD J. : *Comprendre le vivant*, Hachette Éducation, 2001.
- DURALL G. et L. : *Le Guide du naturaliste*, Bordas.
- KOBRYNSKI-ROUSSÉ C. : *Découvrir l'environnement à l'école, dans ma commune : éducation à l'éco-citoyenneté aux cycles I, II et III*, CRDP de Franche-Comté, 2001.
- TUYRE P. : *Observer la nature en promenade*, Bordas, 1987.
- BURNIE D. et KINDERSLEY D. : *La Terre, notre avenir ; pour comprendre et préserver la planète.*
- DERAIME S. : *Préserver l'environnement*, coll. « Je sais, je comprends », Magnard.
- DURAND J.-B. : *La Forêt à petits pas*, Actes Sud Junior, Office National des Forêts, 2002.
- GUIBERT F. de et HADID R. : *À nous la Terre ? L'environnement et l'homme*, série « Société », Autrement Junior, 2002.
- GUIDOUX V. et DUBOIS P. (textes), ARTHUS-BERTRAND Y. (photos) : *L'Avenir de la Terre : le développement durable raconté aux enfants*, éd. de la Martinière, 2003.
- KAYSER R. et BALLOUHEY P. : *Copain des bois, Le Guide des petits trappeurs*, Milan, 2000.
- KAYSER R. et VOGEL N. : *Copain des jardins, Le Guide des petits jardiniers*, Milan, 2000.
- LABBÉ B. et PUECH M. : *La Nature et la pollution*, coll. « Les Goûters philo », Milan.
- MATHIS P. : *Les Énergies renouvelables ont-elles un avenir ?*, coll. « Les Petites Pommes du savoir », éd. Le Pommier, 2004.
- MICHEL F. : *L'Écologie à petits pas*, Actes Sud Junior, 2000.
- MICHEL F. : *L'Eau à petits pas*, Actes Sud Junior, 2003.
- POITRENAUD R. : *Ressources et développement durable*, PEMF, 2004.
- ROGEZ L. : *Copain des petites bêtes*, Milan, 2000.
- SIMON S. et D. : *Copain des champs*, Milan, 1994.
- VAISMAN S. : *Déchets, la planète en péril*, Casterman.

> Internet

- www.sceren.cndp.fr
- www.cahiers-pedagogiques.com
- www.ademe.fr

Pour les élèves

> Livres

- *Cahier des enfants Wapiti*, coll. « Comprendre et agir pour l'environnement », Milan.
- *Cahier des enfants : la nature, je suis pour !*, - Wapiti, édition Milan, coll. « Comprendre et agir pour l'environnement », Milan.
- *La Terre n'est pas une poubelle*, BTJ, n° 451, novembre 1999.
- *La Petite Abeille, « Le Développement durable »*, n° 46, Conseil général des Hauts-de-Seine,Nanterre, 2004.
- *Revue La Hulotte*, Société Nationale de Protection de la Nature, Société départementale des Ardennes.
- *Les Déchets domestiques et les polluants industriels*, coll. « Le point sur… », Gamma.
- BOULET G. : *Vivre ensemble l'écologie*, Bayard Jeunesse.
- BOUTTIER-GUÉRIVE G. : *Planète attitude pour protéger la nature et sauver les animaux*, Seuil.

> Albums et romans

- CHÉRER S. : *Mathilde à la déchetterie*, coll. « Mouche », École des Loisirs.
- LABBÉ B. : *La Nature et la pollution*, coll. « Les Goûters philo », Milan.
- GILLOT L. : *Opération ville propre*, coll. « Demi-Lune », Nathan.

> Cassettes vidéo et DVD

- *Qui mange qui ?* (2 volumes), CNDP.
- *À table*, CNDP.
- *Qui vit là ?*, CNDP.
- Émissions « C'est pas sorcier » France 3 : www.cestpassorcier.com
  Attention ! planète fragile
  Ma poubelle vaut de l'or
  Atmosphère, atmosphère
- *Découvrir la planète Terre*, CNDP, Palais de la Découverte (mallette + cassette vidéo).
- *Le Tri sélectif des ordures ménagères*, coll. « la Main à la pâte », Odile Jacob

> CD-Rom

- *Les Énergies renouvelables, comment ça marche ?*, SCEREN et CRDP Grenoble 2003.
- *Que deviennent les déchets ?* coll. « La Main à la pâte », Odile Jacob, 2002.
- *Nature interactive*, Hachette multimédia, 2001.

> Adresses utiles

- Partout en France : découverte des milieux proches (square, cour de l'école, avenues et rues avoisinantes, étang ou mare, ruisseau ou rivière, forêt, jardins) ou lors de classes transplantées (à la mer, à la montagne, à la campagne).
- Paris : visite de la Cité des enfants de la Cité des Sciences et de l'Industrie de La Villette : reconstitution d'une coupe de l'étang. 30 avenue Corentin Cariou, 75019 Paris, 01-40-05-80-00.

> Internet

- Sélection de sites : www.educ-envir.org
- Réseau « École et nature » : www.ecole-et-nature.org
- La Hulotte : http://www.lahulotte.fr
- Pour l'estuaire : www.estuaire.net
- www.expo2005.fr : La première Exposition Universelle du XXIe siècle s'est ouverte en mars 2005 au Japon et s'intitulait « La Sagesse de la nature ». Elle était consacrée aux grands défis mondiaux de l'environnement et à la recherche de technologies propres. Le pavillon de la France traitait des questions concernant le développement durable.
- Ministère de l'Écologie et du Développement durable : www.environnement.gouv ou www.ecologie.gouv.fr
- Agence pour l'eau : www.eaufrance.com
- ADEME (Agence de l'Environnement et de la Maîtrise de l'Énergie) : www.ademe.fr
- Journée mondiale de l'eau : www.unesco.org/water/water_celebrations/

LE CORPS HUMAIN : ALIMENTATION, RESPIRATION ET CIRCULATION

Pour l'enseignant

> Références

- *Programmes 2002, Sciences expérimentales et technologie au cycle des approfondissements*, BO n° 1, Hors série du 14 février 2002.
- *Documents d'application des programmes, Sciences et technologie au Cycle 3*, CNDP, 2002. Fiches connaissances Cycles 2 et 3 : Fiche 12 « Nutrition animale et humaine ; digestion et excrétion » ; Fiche 15 « Education à la santé ».
- *Documents d'accompagnement des programmes*, CNDP, 2002 (avec CD-Rom), « Que deviennent les aliments que nous mangeons ? », page 15 à 28.

> Livres

- *L'Admirable Machine humaine*, National Geographic Society, Chêne, 1987.
- *50 Activités pour apprendre le goût à l'école*, CRDP Midi-Pyrénées, 1997.
- *Les Fonctions de nutrition*, La Documentation par l'image, avril 2002.
- *L'Équilibre alimentaire : savoir raison garder*, TDC (textes et documents pour la classe) n° 790 de février 2000.
- *Le Sucre*, TDC (textes et documents pour la classe) n° 854 d'avril 2003.
- *Le Pain*, TDC (textes et documents pour la classe) n° 862 d'octobre 2003.
- *Les Fromages*, TDC (textes et documents pour la classe) n° 870 de février 2004.
- *Gourmets et gourmands ou l'art de faire bonne chair dans la littérature*, coll. « Les Thématiques », Gallimard, 1996.
- ALEN P. et TAUGOURDEAU P. : *L'Homme transparent ou la découverte du corps humain par l'imagerie biomédicale*, Catalogue d'exposition, coll. « Médicale et universitaire », Magnard, 1981.
- DEUNFF J. et GUICHARD J. : *Comprendre le vivant*, Hachette Éducation, 2001.
- SIMONIN G. : *Le Corps humain*, Cycle 3, coll. « Sciences et technologie à l'école », CNDP et Delagrave, 2000.
- DURACK I. et JOBBÉ-DUVAL B. : *L'Alimentation : tout goûter, c'est jouer !*, mallette de jeux, CRDP de Versailles, 2005.
- PILLET M.-J. : *Atelier des cinq sens*, Dessain et Tolra.
- PILLET M.-J. : *Atelier du toucher*, Dessain et Tolra.

> Adresses utiles

- À Paris : « À l'intérieur du corps », La Cité des enfants, Cité des Sciences et de l'Industrie, La Villette, 30 avenue Corentin Cariou, 75019 Paris, 01-40-05-80-00.

> Internet

- www.sceren.cndp.fr

> Cassettes vidéos et DVD

- Émissions « C'est pas sorcier », France 3, *La Nutrition*, www.cestpassorcier.com
- *Grain de philo : la cuisine*, CNDP.
- *Le Goût et les cinq sens*, Odile Jacob Multimédia, SCEREN, CNDP.
- *Du Jardin à la table (1), (2) et (3)*, CNDP, La Cinquième.

Pour les élèves

> Livres documentaires

- *Un Appétit d'ogre : le mystère des aliments*, coll. « Castor Poche Connaissance », Flammarion, 1995.
- *Comment goûte-t-on, comment sent-on ?*, Hachette Jeunesse 1998.
- *Le Musée des potagers*, Réunion des Musées nationaux, 1998.

BENLAKHEL N. : *Sais-tu vraiment ce que tu manges ?*, Milan, 2000.
- GOLDSCHMIDT A. et MEURISSE C. : *Le P'tit miam, Bien se nourrir mode d'emploi*, Bayard Presse.
- MANIGUET T. et I. : *Les Aliments, d'où viennent-ils ?*, coll. « Octavius », Gallimard Jeunesse, 1999.
- ROWLEY A. : *À Table ! La Fête gastronomique*, coll. « Découvertes Art de vivre », Gallimard Jeunesse, 1994.
- STASSART G. : *C'est bon, c'est beau ! : les arts du goût*, Autrement Junior « Série Arts », SCEREN, CNDP.
- THIS H. : *La Casserole des enfants*, Belin, 1998.
- THIS H. : *Les Ateliers expérimentaux du goût*, Rectorat de Paris, 2001.

> Albums, romans

- BOUCHER M. : *Manger comme un ogre*, Actes Sud, 2000.
- HEURTÉ Y. : *La Noce tomate*, théâtre, Magnard, 2001.
- LAVOCAT C. : *Clara est trop gourmande !*, Magnard Jeunesse, 2001.
- MURAIL L. : *Les Pommes chatouillards du chef*, coll. « Folio Junior Drôle d'aventure », Gallimard Jeunesse, 2000.
- SERRES A. : *Une Cuisine grande comme le monde*, Zau, Rue du Monde, 2001.
- SERRES A. : *Une Cuisine grande comme un jardin*, Zau, Rue du Monde, 2004.
- TAMARO S. : *Cœur de lardon*, coll. « Neuf », École des Loisirs, 1995.
- VAUGELADE A. : *Avale Léonardichon*, coll. « Mouche », École des Loisirs, 1998.

REPRODUCTION DES HUMAINS ET ÉDUCATION À LA SEXUALITÉ

Pour l'enseignant

> Livres

- GUIGNÉ C. et PICOT C. : *Éducation à la sexualité au collège*, coll. « Vie collégienne », CRDP de Grenoble, 2003.
- LARUE R. : *École et santé : le pari de l'éducation*, coll. « Ressources formation », CNDP, Hachette Éducation 2000.
- ROUYER M. : *La Sexualité*, coll. « La Vie de famille », Bayard, 2003.
- MONNIER-GALLONI S. : *Non ! Je ne veux pas ! Ou comment parler des abus sexuels*, CRDP d'Alsace, Desmaret, 2004 (album + livret + CD-Rom).

Pour les élèves

> Livres documentaires

- BREWER S. : *Le Corps humain*, coll. « Poche Vu Junior », Gallimard Jeunesse, 2003.
- DAVIDSON S. : *Corps humain : un monde à explorer*, coll. « Onyx », Gallimard Jeunesse, 2003.
- DOLTO-TOLITCH C. Dr. : *Neuf Mois pour naître, Les Aventures du bébé dans le ventre de sa maman*, Gallimard Jeunesse / Giboulées, 1998.
- DUMONT V. : *Questions d'amour, 5-8 ans*, Nathan, 2004.
- DUMONT V. et MONTAGNAT S. : *Questions d'amour, 8-11 ans*, Nathan, 2004.
- HARRIS R. H. : *Mais d'où viennent-ils les bébés ? Pleins feux sur les ovules, les spermatozoïdes, la naissance, les bébés et les familles !*, Saint-Lambert, Héritage Jeunesse, 2000.
- HARRIS R. H. : *Le Sexe ? Parlons-en ! La Croissance, les transformations physiques…*, Héritage, 2001.
- LESGGY M. : *Mes Drôles de Questions sur le corps humain*, M6 Édition, 2003.
- LONGMAN C. : *Le Corps humain*, coll. « Science junior », Père Castor Flammarion, 2001.
- LONGOUR M. : *Le Corps*, coll. « Kididoc », Nathan, 2000.
- MAYLE P. : *Et Moi, d'où je viens ? Les Choses de la vie illustrées sans bêtises*, éd. Christian Bourgeois, 2002.
- PARKER S., GEORGE B. : *Le Corps humain*, coll. « Les Yeux de la découverte », Gallimard, 2004.
- PARKER S : *Le Corps humain*, coll. « Les Clés de la connaissance », Nathan, 2003.
- PARKER S. : *Le Corps humain, cette étonnante machine*, Hachette Jeunesse, 1987.
- PETIT CLAUSENER M. : *La Sexualité expliquée aux ados*, éd. de la Martinière Jeunesse, 1998.
- RASTOIN-FAUGERON F. Dr. : *La Naissance*, coll. « En Grande Forme », Nathan, 2003.
- ROBERT J. : *Ma Sexualité de 6 à 9 ans*, Éditions de l'Homme, 2004.
- ROBERT J. : *Ma Sexualité de 9 à 11 ans*, Éditions de l'Homme, 2003.
- TORDJMAN G. : *Encyclopédie de la vie sexuelle, 10-13 ans*, Hachette Jeunesse, 1998.
- VERDOUX C. : *Encyclopédie de la vie sexuelle, 7-9 ans*, Hachette Jeunesse, 2002.

> Albums, romans

- COLE B. : *Poils partout*, Seuil Jeunesse, 1999.
- COLE B. : *Comment on fait les bébés*, Seuil Jeunesse, 1993.
- COUSSEAU A. : *Des Cerises plein les poches*, coll. « Zig-Zag », éd. du Rouergue, 2004.
- DORAY M. : *Dans le Ventre des dames, des fois, il n'y a pas de bébé*, Didier Jeunesse, 2003.
- DUMONT V. : *J'ai peur du monsieur*, coll. « Les Histoires de la vie », Actes Sud Junior, 1997.
- JOLY F. et CAPDEVILLA R. : *Un Bébé ? Quelle drôle d'idée !*, Hachette, 1999.
- KOCKERE G. de : *Amourons-nous*, éd. du Rouergue, 2003.

- LEE S. : *Mon Meilleur Ennemi*, Histoires comme ça.
- MEBS G. : *Marie Martin*, coll. « Folio Cadet Bleu », Gallimard.
- RIBEIRO C. : *Le Jour des bulles*, coll. « Premiers Romans », Actes Sud Junior, 2002.
- SAINT-MARS D. de : *Max et Lili veulent tout savoir sur les bébés*, Calligram, 1999.
- SAINT-MARS D. de : *Lili a été suivie*, Calligram, 1994.
- SCOTTO T. : *Rendez-vous n'importe où*, Thierry Magnier, 2003.
- SCOTTO T. : *À la folie, plus du tout*, coll. « Premiers Romans », Actes Sud Junior, 2003.
- TEULADE P. : *Graine d'amour*, École des Loisirs.
- THIÈS P. : *Je suis amoureux d'un tigre*, coll. « Mini Souris Sentiments », Syros, 2002.
- UBAC C. et BLAIN C. : *Les Neuf Maisons de Kouri*, Nathan, 2003.
- VERMOT M.-S. : *Un si Petit Frère*, Milan Poche Cadet, 2002.

> CD-Roms

- *Il était une fois la vie*, 2 volumes, TLC Edusoft, 2001.
- *Mon Premier Corps humain super génial*, Havas interactive, Nathan Premiers apprentissages, 1998.

> Cassettes vidéos et DVD

- Émissions « C'est pas sorcier » France 3 : www.cestpassorcier.com
  Les Âges de la vie
  Les Bébés : histoire d'une naissance
  Le Corps humain
  L'Adolescence : vive la crise !
- *Mon corps, c'est mon corps*, vidéo et guide d'utilisation cycles 2 et 3, Office du film du Canada, 5 rue Constantine 75007 Paris, mail : paris@onf.ca
- MADELÉNAT P. : *Les Neuf Mois qui mènent au monde*, coll. « Découverte santé », Pasteur Mediavista.
- *Bien dans son corps n° 3 : Puberté et sexualité*, CNDP, La Cinquième, 1998.
- *Temps d'amour*, ministère de l'Éducation nationale, 1995.

LE VIEILLISSEMENT ET LA MORT

Pour l'enseignant

> Livres

- *La Littérature de jeunesse face à la mort*, TDC (textes et documents pour la classe) n° 843 de novembre 2002, SCEREN, CNDP, www.sceren.cndp.fr
- *La Mort : des livres pour en parler*, Revue Citrouille, n° 19, avril 1998, www.citrouille.net
- ATTIAS DONFUT C. et SÉGALEN M. : *Grands-parents, la famille à travers les générations*, Odile Jacob, 1998.
- DEUNFF J. : *Dis Maîtresse, c'est quoi la mort ?*, accompagné de l'album *Adieu Gentillet*, L'Harmattan, 2001.
- DEUNFF J. et GUICHARD J. : *Comprendre le vivant*, Hachette Éducation, 2002.
- DOLTO F. : *Parler de la mort*, Gallimard, 1998.
- GUIBERT F. de : *Pourquoi on meurt ? La question de la mort*, Autrement Junior, 2001.
- GUY H. : *Travail de deuil*, coll « Cahiers citoyens », Syros Jeunesse.

Pour les élèves

> Albums, romans

- BRAMI E. : *Couleur chagrin*, Gautier-Languereau, 2001.
- BRAUD F. : *Le Couteau de Pépé*, coll. « Les Mini Syros », Syros Jeunesse, 2001.
- COLE B. : *Raides morts*, Seuil Jeunesse, 1996.
- DORAY M. : *Et après...*, Didier Jeunesse, 2002.
- DOUZOU O. : *Jojo la mache*, éd. du Rouergue, 1993.
- DUFRESNE D. : *La Tête à l'envers*, coll. « Biblio Mango », Mango Jeunesse, 2003.
- GAVALDA A. : *35 kg d'espoir*, Bayard Jeunesse, 2002.
- HERBOLD M. : *Papa, on ne t'oubliera pas*, éd. Nord Sud 2002.
- LE PICARD C. : *Louis a perdu sa mamie*, coll. « La Vie comme elle est », Albin Michel Jeunesse, 2002.
- PONTI C. : *L'Arbre sans fin*, L'École des Loisirs, 1992.
- RESSOUNI-DEMIGNEUX K. : *Ce Matin, mon grand-père est mort*, coll. « Roman du monde », Rue du Monde, 2003.
- RIBEIRO C. : *Les Petits Cailloux*, coll. « Premiers Romans », Actes Sud Junior, 2002.
- TEULADE P. : *Bonjour Madame la Mort*, coll. « Lutin », École des Loisirs, 1998.
- WESTERA B. : *Un Nœud à mon mouchoir*, Milan, 2002.

LA SÉCURITÉ DOMESTIQUE

Pour l'enseignant

> Références

- *La Santé des élèves : programme quinquennal de prévention et d'éducation*, Circulaire n° 2003-210 (BO n° 46 du 11 décembre 2003).
- *Politique de santé en faveur des élèves*, Circulaire n° 2002-098 du 25 avril 2002 (BO n° 18 du 2 mai 2002).
- *Politique de santé en faveur des élèves*, BO Spécial n° 1 du 25 janvier 2001.
- *Orientations générales pour la politique de santé en faveur des élèves*, Circulaire n° 2001-012 du 12 janvier 2001.

- *Orientations pour l'éducation à la santé à l'école et au collège*, Circulaire n° 98-237 du 24 novembre 1998 (BO n° 45 du 3 décembre 1998).
- *Politique sociale en faveur des élèves*, Circulaire n° 91-248 du 11 septembre 1991 relative aux missions et fonctionnement du Service social de l'éducation nationale, chapitre « Le service social en faveur des élèves ».
- *Éducation à la santé et à la citoyenneté : apprendre à porter secours*, Note de service n° 97-151 du 10 juillet 1997, BO n° 27 du 17 juillet 1997.
- *Arrêté du 8 novembre 1991relatif à la formation aux premiers secours*, JO du 30 novembre 1991.
- *Arrêté du 29 juin 2001 modifiant l'arrêté du 8 novembre 1991 relatif à la formation aux premiers secours*, JO n° 195 du 24 août 2001.

> Livres

- AMMIRATI C. et GAGNAYRE R. : *Porter secours, guide de l'enseignant, un apprentissage de la maternelle au collège*, Maloine, 2002.

> Internet

- www.eduscol.education.fr : ministère de l'Éducation nationale, de l'Enseignement supérieur et de la Recherche.
- www.educnet.education.fr : ministère de l'Éducation nationale, de l'Enseignement supérieur et de la Recherche.
- www.cndp.fr/outils-doc : base documentaire, ressources pédagogiques, bibliographie multimédia.

> Vidéo et multimédia

- *La Maison de Tête en Bois : la sécurité des enfants à la maison*, CD-Rom, Inspection Académique d'Aix-Marseille, Cycles 1 et 2.
- *Les Mésaventures de Flocon des planètes*, Diapositives, Cycle 1.
- *Prévention des accidents domestiques*, Diapositives, Cycles 1 et 2.
- *Célestin en partenariat avec la MAE*, Dessins animés consacrés aux dangers domestiques, Vidéo de 28 minutes, Cycles 1, 2 et 3.
- *T'es pas cap*, en partenariat avec la CPAM de Bayonne : six petits films pour faire réfléchir les enfants, vidéo de 12 minutes, Cycles 1, 2 et 3.
- *Bada Boum, La prévention des accidents domestiques*, Vidéo de 23 minutes pour les enseignants.
- *L'Étourdi, l'utilisation du gaz domestique*, Vidéo de 12 minutes, Cycles 1, 2, 3 et Collège.
- *Petit Paul au pays de tous les dangers*, 2 vidéos de 30 minutes, Cycles 1 et 2.
- *Charlotte, Flo et Benjamin, Tous les pièges de la maison*, 2 vidéos de 46 minutes.
- *Houlà, maman boboo...*, Informer le jeune public sur les risques et dangers de la vie quotidienne.

L'ÉLECTRICITÉ

Pour l'enseignant

> Livres

- *Le Guide du sauveteur : les gestes qui sauvent*, Croix Rouge française.
- CYMES M. et DEPOIX R. : *Accidents domestiques : sécuriser, anticiper, réagir*, Jacob Duvernet, Guide France Info.

> CD-Rom

- *Vivons la sécurité avec Hugo et Pauline*, Prévention MAIF.

> Internet

- www.maif.fr, rubrique « prévention ».
- www.croix-rouge.fr
- IPES (Institut national de prévention et d'éducation à la santé) : www.inpes.sante.fr
- IPAD (Institut de prévention des accidents domestiques) : www.ipad.asso.fr

Pour les élèves

> Livres

- ESCH J. et WATTS C. : *Urgence, secours et sauvetage*, coll. « Les Yeux de la découverte », Gallimard Jeunesse.
- PENNAC D. et CICCOLINI B. : Le *Serpent électrique*, Gallimard Jeunesse.
- PITTAU et GERVAIS : *C'est dangereux !*, Seuil Jeunesse.

> CD-Rom

- *Lumière ! au cœur de la science*, Gallimard Jeunesse.

LEVIERS ET BALANCES

Pour l'enseignant et les élèves

> Livres

- *Apprendre, expérimenter avec... la balance*, ENSAM et CDDP 92, CRDP de l'Académie de Versailles.
- *Dictionnaire complet des grandes inventions*, coll. « Vu Grand Format », Gallimard Jeunesse.

> Internet

- www.oullins-balances.com/Histoire/

L'ÉNERGIE

Pour les enseignants

> Livres

- *L'Énergie et sa maîtrise*, SCEREN, CRDP Languedoc-Roussillon, 2004.
- *Énergie et environnement : guide pratique pour un enseignement dans les classes de cycle III*, SCEREN, CRDP Grenoble, 1999.

> Vidéos

- Émissions « C'est pas sorcier » France 3, série « Énergie » : www.cestpassorcier.com

  Le pétrole
  Ça gaz
  Nouvelles énergies : la planète carbure au vert

Pour les élèves

> Livres

- GRÉGOIRE F. : *Les Enfants de la mine*, coll. « Archimède », École des Loisirs, 2003.
- MICHEL F. : *L'Énergie à petits pas*, Actes Sud Junior 2003.

INFORMATIQUE ET TIC

Pour l'enseignant

> Livres

- *50 Activités phares avec les TICE*, CDDP Tarn, CRDP Midi-Pyrénées.
- *50 Activités pour apprivoiser Internet*, CDDP Aveyron, CRDP Midi-Pyrénées.
- RUHLMANN D. : *Internet : mode d'emploi pour l'enseignant*, CRDP Bretagne.

> Internet

- www.ccdmd.qc.ca
- www.crdp.ac-grenoble.fr/defi : des défis sur Internet.
- www.educnet.education.fr : documents d'accompagnement du B2I.
- www.europschool.net : échanger avec les TIC, pour des correspondances scolaires européennes.

> Rechercher sur Internet

Pour le travail avec les élèves, nous conseillons d'utiliser le moteur de recherches agréé par l'Éducation nationale, celui du CNDP : www.cndp.fr/spinoo/. Il garantit la qualité des sites proposés.
Pour vos recherches personnelles, choisissez des moteurs de recherches plus performants comme www.google.fr ou http://fr.altavista.com/.
Des CD-Roms validés par l'Éducation nationale et « reconnus d'intérêt pédagogique » (RIP) peuvent être utilisés pour une recherche documentaire. De nombreuses références sont accessibles sur le site : www.eduscol.education.fr/.

Pour les élèves

> Livres

- BALLARIN J.-L. et BENAZET P. : *Guide de l'Internet à l'école*, Nathan, 1999.

Imprimé en Belgique par SNEL Grafics sa – 44783
Dépôt légal : juin 2008 – Collection n° 90 – Édition n° 04
11/6434/2